◎ 中国金融投资管理智库丛书

国际资本流动与宏观经济：
国际经验与中国实践

崔远淼　著

INTERNATIONAL CAPITAL FLOW
AND MACROECONOMICS:
INTERNATIONAL EXPERIENCE
AND CHINA'S PRACTICE

厘清金融一体化进程中跨境资本流动对宏观经济作用的内在机制
基于全球视角探讨跨境资本流动对不同发展水平经济体宏观经济的影响
发掘中国跨境资本波动的内在根源

浙江工商大学出版社 | 杭州
ZHEJIANG GONGSHANG UNIVERSITY PRESS

图书在版编目(CIP)数据

国际资本流动与宏观经济：国际经验与中国实践 / 崔远淼著. —杭州：浙江工商大学出版社，2018.12

ISBN 978-7-5178-3070-2

Ⅰ. ①国… Ⅱ. ①崔… Ⅲ. ①国际资本－资本流动－影响－中国经济－宏观经济－研究 Ⅳ. ①F831 ②F123.16

中国版本图书馆 CIP 数据核字(2018)第 277153 号

国际资本流动与宏观经济：国际经验与中国实践
GUOJIZIBEN LIUDONG YU HONGGUANJINGJI：GUOJIJINGYAN YU ZHONGGUOSHIJIAN

崔远淼 著

责任编辑	唐慧慧	
封面设计	林朦朦	
责任印制	包建辉	
出版发行	浙江工商大学出版社	
	(杭州市教工路 198 号　邮政编码 310012)	
	(E-mail：zjgsupress@163.com)	
	(网址：http://www.zjgsupress.com)	
	电话：0571－88904980,88831806(传真)	
排　版	杭州朝曦图文设计有限公司	
印　刷	虎彩印艺股份有限公司	
开　本	710mm×1000mm　1/16	
印　张	19.5	
字　数	290 千	
版印次	2018 年 12 月第 1 版　2018 年 12 月第 1 次印刷	
书　号	ISBN 978-7-5178-3070-2	
定　价	49.00 元	

本书出版得到以下项目资助：

· 国家自然科学基金项目"国际资本周期性流动的微观机制、宏观经济效应与稳定政策"（项目编号：71473223）

· 浙江省自然科学基金项目"不对称国际经济体系下人民币均衡汇率研究"（项目编号：LY13G030016）

目 录
Content

第一章
背景及文献综述

第一节　现实背景

国际资本周期性流动已成为决定国际经济周期的一个重要因素，其周期性不仅体现在资本流动方面，这些投资决策还可能与新兴经济体和发展中国家的资金供求完全脱钩（Kevin，2013）。

与此同时，国际资本周期性流动呈现出新的特征，体现为发展中国家不仅是国际资本的接收者，而且被动地成为国际资本流动的推动者。世界银行债务报告显示，新兴市场和发展中国家私人净资本流出占国民收入的比例显著上升[①]。双向国际资本流动加重了国际资本流动的周期性。作为国际资本流动的反馈，国际资本流动的周期性波动放大了发展中国家经济周期，加重了金融体系的脆弱性，增加了宏观经济的不稳定性（Forbes et al.，2012）。

---

① 世界银行债务报告系统（Debtor Reporting System）显示，2001—2007 年间新兴市场和发展中国家私人净资本流出占国民收入的比例由 3.2％上升到 8％。

在后金融危机时代，全球经济格局仍具不确定性。美国量化宽松货币政策日趋淡出，欧元区仍未摆脱主权债务危机的阴霾，发达国家仍存在长期低通胀风险，以及新兴经济体内生成的制度缺陷、结构性改革等多重因素，导致国际资本波动重新加剧。IMF《世界经济展望报告（2014）》警告新兴经济体面临着国际投资组合转移和资本外逃的风险。针对当前国际资本周期性波动加剧的情况，Mohan（2013）建议新兴市场经济体应当将资本账户管理作为常规的宏观管理工具。IMF亦部分认同适当进行资本管制的重要性，并为资本管制提供了指南。但是，从实践上看，资本账户管理作为常规宏观管理工具，在实施和有效性上缺乏理论基础；IMF行动指南亦过于宽泛且缺乏针对性。从全球宏观经济稳定的情况来看，研究国际资本流动的周期性特征、宏观经济效应及管理具有重要的现实意义。

当前，中国经济改革进入深层阶段，利率市场化程度日渐提高，人民币汇率形成机制改革及国际化步伐继续向前推进，资本账户开放进入"战略机遇期"[①]，跨境资本流动规模与方向将愈加影响中国宏观经济。国际经验与中国实践表明，资本账户自由化改革并非是对市场放任不管，而是对金融监管提出了更高要求（陈忠，2012），并通过宏观和价格工具及时引导和调控跨境资本流动（巴曙松，2012）。因此，研究政策转换期跨境资本流动特征及内生性问题，对于中国资本账户自由化进程中的宏观经济稳定与政策设计具有深刻的政策内涵。本项目基于国际投资组合视角，在新凯恩斯主义的动态随机一般均衡（Dynamic Stochastic General Eqnilibrium，简称 DSGE）框架内，将居民国际投资组合纳入 DSGE 模型，分析国际资本周期性流动的冲击来源及微观机理，并在将货币、银行中介、政府部门引入模型后，对国际资本波动的宏观经济效应进行理论探讨和实证模拟，进而提出并评估应对国际资本波动的价格工具，为中国跨境资本监管由行政手段向市场化工具转变的政策设计提供参考。

---

① 中国人民银行调查统计课题组：《协调推进利率、汇率改革和资本账户开放（2012）》，《金融市场研究》2012 年第 2 期，第 11—12 页。

第二节 国际资本流动的文献综述及最新进展

围绕国际资本流动这一主题，近十年来①，涌现出大量出色的研究成果。 这些研究不仅表现为研究方法的更替发展，更体现了研究内容的时代特征和动态创新，也反映了开放宏观经济理论前沿发展与最新成果的实际应用。 与研究国际资本流动的影响因素相同，一部分文献从推动与拉动两个层面解释了国际资本周期性流动的原因，正是由于宏观经济的周期性波动，直接或间接地驱动了国际资本呈现周期性流动。 在此基础上，学者们进一步研究了国际资本流动周期的波动特征、测度及国际资本周期性波动对宏观经济的冲击效应。 由于国际资本流动的逐利性，国际资本的周期性流动驱动资产价格的周期性波动；相反地，资产价格的周期又反作用于国际资本流动，导致国际资本流动的周期性流动。 相当一部分文献基于理论与实证视角重点研究了国际资本周期性波动对资产价格周期形成的作用及内在机制。 研究国际资本的波动周期，不得不关注全球金融危机期间国际资本流动的极端表现形式，这些研究围绕国际资本流动极端形式的测度，特别是国际资本流动的"激增"与"中止"等极端形式的划分及内在原因进行了讨论。 国际资本流动的极端形式是国际资本流动周期阶段性的异常表现，其对各国宏观经济周期的冲击一直受到学界和政策制定者的关注。

国际资本流动为什么会发生周期性波动，除了从宏观影响进行讨论之外，大量文献基于国际资产组合视角进一步扎实了微观机理，这些研究经历了从局部均衡到一般均衡、从经典资产组合理论到不完全金融市场的发展，特别是近年来在包含国际资产投资组合的 DSGE 模型求解方法上的突破，为运用 DSGE 模型分析国际资本周期性流动的微观机理和宏观经济效

---

① 本节主要对近十年以来最新研究成果进行了归纳，但也涉及近二十年以来的部分文献。

应提供了更为丰富的方法和全新的视角。 本书将基于上述研究发展脉络进行文献归纳与综述，以期为国内国际资本流动领域的研究提供一些线索与启示。

一、国际资本周期性流动的原因解释

主流观点认为，国际资本周期性流动是全球经济失衡与不平稳融资机制的主要体现，现有文献通常基于两个角度解释国际资本流动的原因，即全球性推动因素和东道国国内拉动因素。

（一）全球性推动因素

早期文献认为，全球推动因素比国内基本面因素在影响国际资本流动上更为重要（Calvo et al., 1993, 1996；Fernandea-Arias, 1996；Chuhan et al., 1998）。 随后的一些研究则强调全球性冲击对金融市场和国际资本流动的传导渠道（Bacchetta et al., 2010；Brunnermeier, 2009；Calvo, 2009；Kalemli-Ozcan et al., 2010）。 从文献上看，全球性因素通常包括世界产出的增长率、全球流动性指数和衡量经济状态的三个指标（Broto, 2011）①。 有些学者则强调全球风险（Gourio et al., 2010）、全球信贷增长（Giannetti, 2007；Calvo, 2009；Kalemli-Ozcan et al., 2010）以及财富和金融杠杆对国际资本流动产生的作用。 Calvo et al.（1993, 1996），Chuhan et al.（1993）以及 Fernandez-Arias（1996）研究发现相当一部分资本会流入拉美国家缘于外国利率的下降。 另外一些学者则研究了脱离国家控制的外部环境因素（即全球性传染）的作用，归纳了经济事件国际传导的不同渠道，包括贸易渠道（直接贸易、第三国市场竞争和进口价格变化）、金融渠道（银行借贷、证券投资）和国家类似度②（Claessens et

---

① 3 个指标分别指通胀、3 个月期国债利率和标准普尔股票交易指数。
② 如共同的地理位置和经济特征。

al. 2001；Claessens et al.，2001）。 实证研究中，一般使用波动指数（Chicago Board Options Exchange）捕捉全球不确定性和风险，包括金融资产风险和投资者风险厌恶水平。 全球流动性以全球货币供给来衡量，包括美国、欧元区和日本的 M2 加上英国的 M4，或是使用储蓄银行和其他金融机构私人信贷增长率（Beck et al.，2009）。 全球利率水平以美国政府、核心欧元区和日本的债券长期平均利率或是简单地以美国联邦储蓄基准利率为代理变量。 全球经济增长情况使用主要工业国实际 GDP 增长率或《世界经济展望》（World Economin Outlook，简称为 WEO）预测的经济增长率来衡量。 国际传染通常使用地理代理变量、出口加权的贸易关联和金融关联。 从实证结果来看，不同方法、不同样本和时期，会得出差异化的结论。

Broto（2011）发现全球因素对国际资本流动周期的作用存在结构性变化，其拐点发生在 2000 年前后。 2000 年之后，全球因素与不同类型国际资本流动毫无例外显著正相关，而且相对之前的波动更为稳定，且作用有所提高。 这说明，随着全球经济环境的变迁，全球性推动因素在国际资本流动中的作用亦相应地发生变化。

（二）国内拉动因素

由于发达经济体经济集体衰退，世界利率持续下降，导致可利用的金融资本增加（Calvo et al.，2003；Fernandez Arias，1996；Bekaert et al.，2011），而发展中国家宏观经济稳定、金融市场自由化改革、国际投资多样化和交易技术发展（Bachetta et al.，1998；Uribe et al.，2006）等因素则影响了全球资本跨国流动。 因此，不同国家的经济周期因素决定和影响跨境资本流动的周期性，即国内经济因素的周期性变化亦是国际资本周期性流动的重要影响因素。

Calvo et al.（1996）认为，20 世纪 90 年代新兴经济体资本内流剧增与国内政策和经济业绩相关。 Griffin et al.（2004）则认为，理解跨境权益资本流动的影响因素，拉动与推动因素同等重要。 Shapiro et al.（1988），Blanchard et al.（1989），Ahmed et al.（1993）使用结构分解方法分析了通胀紧缩冲击、国家产出、利率以及贸易条件等国内宏观经济变量对国际资本流动的冲击作用。 Rebelo et al.（1995），Kiguel et al.（1992）强调财政约束与金融自由化的宏观稳定的经济体是吸引国外资本流入的重要因素，Calvo et al.（1993）使用结构 VAR 模型支持上述结论。 Fernandez-Arias（1996）考虑了三个内部因素：国内投资环境、投资收益与国家信贷可靠性，结果显示 13 个发展中国家中，投资收益解释了 60％的资本内流，国内投资环境解释了 12％，而国家信贷可靠性依赖国际利率，其结论是国内外利差是国际资本流入发展中国家的重要变量。国内货币冲击则通过投资组合选择渠道影响国际资本流动。 Kim（2000）将国内因素划分为国家层面的供给冲击、需求冲击和货币冲击等三类。实证结果显示，技术冲击是影响国际资本流动的重要国内因素，而需求冲击相对来说不重要。

自国际金融危机以来，发达国家经济低迷不前，新兴经济体亦受到多重冲击，国内经济较之于前发生了诸多变化，各国国内金融发展水平成为影响国际资本流动的重要因素，研究的焦点亦转向各国内部的金融因素。这包括国家金融体系规模、深度和脆弱性。 Caballero et al.（2008）认为，全球性资产稀缺是国际金融危机的源头。 经济衰退导致世界性的资产短缺，进而导致大量资本涌向美国资产并创造出严重的资产泡沫。 因而，世界其他国家的金融抑制成为国际资本流动的重要驱动因素。Mendoza et al.（2009）认为，金融市场发展深度不仅影响发达国家累积国外债务规模，而且也影响到国际资产组合结构，导致一些国家同时出现国外净资产下降而股权、外商直接投资（Foreign Direct Investment，FDI）上升的异象。 Bacchetta et al.（2010）认为，近十年来源自新兴经济体的国际资本流动是对流动性资产需求上升的结果。 为解释上述现象，本书作者构建了一个动态开放的宏观经济模型，结果发现对外国债券的需求互补于国内投资，而这一互补效应能否发挥则依赖于新兴经济体增长收敛路径和全要素生产率（Total Factor Productivity，TFP）增长率。 Ju et al.（2011）基于多部门一般均衡模型分析了金融发展对外部融资的作用，该文以相对金融市场规模作为金融发展测度指标，发现高质量金融体系能系统性地提高外部融资总额。 因此，国际资本中的金融资本由南流向北。然而，FDI 则由金融发展充分国家流向金融欠发展国家，与金融资本呈现相对的双向流动。

另外一些学者则从资产质量、经济发展水平和历史因素（Reinhart et al.，2004）分析国际资本流动的拉动因素。 Uribe et al.（2006），Neumeyer et al.（2005）实证结果显示，发展中国家资产价格变化对国际资本流动具有决定性作用。 Smith et al.（2009）利用新兴经济体资本流入数据发现债务、投资组合与国内投资关联度高于 GDP，并发现资本流动具有很大的波动性。 Broda et al.（2009）认为，当他国资产随金融危机而风险增加时，一些国际资本会流向更安全的美国资产（如美国国债）。 Baldwin（2009），Milesi-Ferretti et al.（2011）的实证研究表明，在控制世界经济增长和贸易开放度后，国际资本流动规模与风险显著负相关。 由于不同国家特征差异显著，即便处于相似发展水平的国家，其国际资本流动具有显著的异质性（Milesi-Ferretti et al.，2011），并且金融危机与债务水平能部分解释一国的投资组合（Devereux et al.，2009；Broner et al.，2010；Tille et al.，2010）。 上述研究均基于宏观经济数据进行实证分析。 为了寻求更加翔实的经验支持，一些学者开始使用企业层面的微观数据进行实证检验，发现资产质量影响投资者的资产组合配置，从而决定国际资本的流动方向和规模（Calvet et al.，2009；Froot et al.，2005；Hau et al.，2008；Jotikasthira et al.，2009）。

二、国际资本流动的周期特征、测度及与宏观经济周期协同的研究

（一）国际资本流动顺周期与逆周期之争

Kaminsky et al.（2005）系统概括了国际资本波动的周期性特征，认为资本净流入与产出相关系数为负，则称资本流动具有逆周期特征，即一国经济变坏时，向外国借款，资本净流入；而经济变好时，向外贷款或归

还借款，资本净流出。 国际资本顺周期则表示资本净流动与产出正相关，而资本的非周期性表示资本净流动与产出的相关关系不具有统计显著性。 可见，上述关于净国际资本流的周期性特征关注资本流动是否强化或熨平经济周期性波动。 若国际资本流动有助于稳定国内经济周期波幅，则称为逆周期；反之，如果国际资本流动放大了国内经济周期波动，则为顺周期。 传统小国开放要素禀赋的新古典模型认为，不存在跨期扭曲的条件下，家庭将平滑各期消费，当遭遇临时负向禀赋冲击时，家庭将向国外借款以维持长期消费水平。 因此，在无投资的标准模型中，资本内流将是逆周期且倾向稳定宏观经济周期。

资本跨国周期性流动在国际经济周期中扮演着重要角色（IMF，2003），然而现有实证研究对国际资本流动究竟是正周期还是逆周期存在较大争论。 一些学者的实证检验表明，外国权益资产的国内购买力与本国权益资产的国外购买力正相关，国际资本流动总额（流入和流出总和）具有顺周期性特征（Dvorak，2003；Hnatkovska，2010；Tille et al.，2010）。 Broner et al.（2013）分析了总资本流出和流入的周期性特征，发现国际资本流动总额不仅规模巨大而且呈现出正周期波动。 Kaminsky（2005）收集了 105 个国家的数据，发现 OECD 和发展中国家净资本流入均体现为正周期特征。 Pintus（2007）认为，Kaminsky（2005）实证结论与标准的新古典理论相矛盾，新古典理论认为基于国际风险共享的原因，国际资本流动应当是反周期性的。 Levy-Yeyati et al.（2007）研究了南北国家之间 FDI 流动的周期性特征，认为美国和欧洲国家对外直接投资相对于其产出和利率具有逆周期性特征，而日本具有顺周期性特征。因此，基于不同国家数据的实证结果与基于新古典理论演绎的结果并非完全一致。 其原因主要为开放经济条件下新古典理论模型假定完全市场、禀赋经济与现实不符，故而不同国家、不同历史时期，国际资本流动与宏观经济波动的关系错综复杂。

（二）国际资本流动周期性波动的测度

与国际资本流动周期相关的一个重要问题是如何测量国际资本流动的

周期及其波动。 Neumann et al. （2009），IMF（2007）使用国际资本流的滚动标准差来衡量国际资本波动，计算公式为

$$\sigma_{it} = \left(\frac{1}{n} \sum_{k=t-(n-1)}^{t} (flow_{ik} - \mu)^2 \right)^{\frac{1}{2}} \tag{1-1}$$

式中 $\mu = \frac{1}{n} \sum_{k=t-(n-1)}^{t} flow_{ik}$ ，$flow_{ik}$ 表示 i 国 k 期资本流，n 为选择的窗口期。 然而，这一方法存在内在的缺陷。 由于采取滚动方法来进行计算，窗口期将导致样本从初始期开始损失，窗口期越长，样本损失越多。因此，在应用此方法时需要根据样本长度选择适当的窗口期，以保证充足的自由度。 同时，滚动计算标准差（ σ_{it} ）导致相邻各期严重相关而产生内生性和序列相关问题。 不同时期资本流量均赋予同一权重的做法，导致过度平滑波动过程，弱化国际资本波动幅度。

衡量国际资本波动周期的另外一种替代方法是由 Bekaert et al. （1997），Lagoarde-Segot（2009）提出的基于 GARCH(1，1)计量模型估计方法，其均值方程和方差方程分别为

$$\Delta flow_t = \varepsilon_t \sigma_t \tag{1-2}$$

$$\sigma_t^2 = \alpha_0 + \alpha_1 \Delta flow_{t-1}^2 + \alpha_2 \sigma_{t-1}^2 \tag{1-3}$$

式中，$\Delta flow_t$ 为资本流的一阶差分，ε_t 服从高斯分布，σ_t^2 为条件方差。 这一方法基于均值方程估计出残差，以残差平方作为方差的近似估计量，再由条件方差方程估计出各期条件方差，以条件方差来衡量国际资本波动状态。 这一方法亦存在严重限制。 首先，由于样本数据的不足导致 GARCH 模型估计出现收敛误差。 此外，由于模型需使用最大似然估计方法进行参数估计，倘若样本不满足大样本要求，将导致 ML 估计出现较为严重的参数偏误。

为克服上述方法缺陷，Broto et al. （2011）基于 Engle et al. （2008）模型，对于不同国家通过拟合一个适当的 ARIMA 模型，近似得到国际资本流动的年度方差。 公式为 $\sigma_{it}^2 = \frac{1}{4} \sum_{j=1}^{4} |v_{itj}|$ 。 其中，v_{itj} 表示季度残差绝对值，$j = 1, \cdots, 4$ 代表 t 年四个季度。 与其他方法相比，Broto 方法估计结果能保持与其他方法相同的趋势，但具有程度更小的平滑处理，更

大的波动强度，更能识别金融危机等事件的冲击；同时，具有更小的序列相关性，在刻画危机期间资本流动的周期性特征上更具优势。

从三种方法实践效果比较来看[①]，Neumann et al.（2009）滚动窗口方法掩盖了异常值效应，具有更低的峰度，而 GARCH 方法产生了一个更大的峰度。上述两种方法具有更大的一阶自相关系数，说明出现更强的自相关结构。因而，Broto（2011）方法在金融危机期间能更好地测度国际资本的周期性波动。

Contessi et al.（2013）则使用单变量模型误差项方差变化来测量不同类型国际资本流动的结构性变化，其假定国际资本流 s_t 服从 $AR(K)$ 过程：

$$s_t = \mu + \sum_{k=0}^{K} \alpha_k s_{t-k} + \varepsilon_t \qquad (1\text{-}4)$$

$$\mathrm{Var}(\varepsilon_t) = E(\varepsilon_t^2) \qquad (1\text{-}5)$$

其中 ε_t 为序列不相关的随机误差项，为检验 ε_t 的一次结构突变，在考虑异方差情况下假定：$E(\varepsilon_t^2) = E(\varepsilon_t^2 \mid z_t) = \sigma^2 + z_t' \alpha$，$z_t$ 为外生变量，条件异方差为 $E(\varepsilon_t^2 \mid z_t) = \gamma_0 + D_t \gamma_1$，$D_t$ 反映结构突变的虚拟变量向量，最后使用递归 Chow 检验来推断国际资本流动是否发生结构性变化。此方法的特点是分段进行 Chow 检验，从而能够识别不同时期国际资本流动是否存在结构性波动，进而判断国际资本波动的周期性。难点是相对于传统的 Chow 检验，递归 Chow 检验面临假设检验临界值并非总是可靠的问题。为此，作者基于精确的渐近理论，构建三个 Chow 检验的 F 或 $Wald$ 统计量，分别为：（1）$\sup F = \sup_{t \in [t_1, t_2]} F_t$（称为"Quandt/andrews 统计量"）；（2）$\exp F = \ln\left[\int_{t_1}^{t_2} e^{(F_t/2)} \mathrm{d}w_t\right]$（称为"指数加权 F"）；（3）$ave F = \int_{t_1}^{t_2} F_t \mathrm{d}w_t$（称为"平均 F 统计量"），w_t 为在区间 $[t_1, t_2]$ 中的每个整数 t 均强加一个权重 $1/(t_2 - t_1)$。借助 Hansen（1999）固定解释变量网格自助法统计量的一阶渐近分布来进行统计推

①　Broto et al.（2011）以泰国数据为例，运用三种方法进行波幅、自相关系数实测。

断。 该方法的优点是允许解释变量任意的结构变化和简单的结构迁移
（Structural shift），并适用于存在滞后因变量和异方差的情形，可使用
Hansen 指标和 Monte Carlo 模拟方法计算出上述三个统计量的伴随概率
并进行统计推断。

（三）国际资本流动与宏观经济周期协同性

标准国际经济周期理论（International Business Cycle，IBC）认为，金
融一体化促进资本流入具有正向生产率冲击和相对更高增长率的国家，因
而净资本流动与产出具有同步性，更高的资本波动率意味着更低的产出以
及国际层面更强的风险共享性。 因此，按照 IBC 理论，无论是流入还是
流出，总资本均应是正周期，以反映投资组合分散化策略和不断深入的金
融全球化。 有一部分研究结论直接或间接支撑 IBC 理论，认为国际资本
流动在中高收入国家的经济周期中起着非常重要的作用，跨境资本流与一
部分宏观经济变量具有相关性。 Aguiar et al.（2005）使用企业微观数据
发现国内流动性约束与外国并购呈现同周期变化。 Smith et al.（2009）
聚焦于新兴经济体国家分解的资本流入[①]，发现流入总资本与国内投资正
相关，而债务、证券投资资本与投资的相关度高于与 GDP 的相关度，FDI
与 GDP 的相关度则更高。 同时也发现，不同类型的资本比总资本的波动
更大。 为分析上述特定经济事实背后的逻辑，他们构建小型开放经济模
型来探讨面临融资约束下逆周期融资的内在理论机制。 De Pace（2012）
使用非参数自举法研究了国际资本流动与宏观经济变量的关系，发现跨境
资本波动（以方差表示）及协同波动（以协方差和相关系数表示）与三个
宏观经济变量（产出、投资与实际利率）密切相关。 Contessi et al.
（2013）将国际资本进行分解后研究了其周期性，发现对于大多数国家而
言，内流的债务型国际资本具有正周期性，G7 国家外流的 FDI 相对于所
有宏观经济变量具有顺周期性。

---

① 原文为"disaggregated capital flows"，即将总资本流动分解为权益投资组合、
FDI 及债务等形式。

然而，一些实证检验并未直接支持 IBC 理论预期。 Doyle et al.（2005）基于 GDP 和投资两个外生冲击，使用参数自举法研究发现 G7 国家宏观经济变量与国际资本流动并不存在同周期性，其原因在于仅当资本流动规模较大时才能获得较强的风险共享性。 Contessi et al.（2012）使用标准的统计滤波方法分析了分解的国际资本流与 G7 国家宏观经济变量的协方差和相关度，发现样本国在 1975—2005 年间跨境资本波动显著增加且超过其经济周期的波动频率，并没有发现国际资本流与宏观经济变量的同周期性。 即便经历突变后，净资本流亦未变得与宏观经济变量更具同周期性，其原因在于国际资本流动方差增大，虽然意味着金融一体化程度提高了，但并未出现递增的风险共享现象。 众多学者解释了流动性冲击对不同类型资本流动存在不同的作用，从而解释国际资本流动与宏观经济变量的周期性差异。 当项目具有不同的生产率和收益时，投资者可能由于流动性原因清算低生产率项目，但由于外部投资者难以区分内部信息，而内流 FDI 投资者相对于债务投资者具有更多的信息。 因而，随着经济周期而变化的流动性冲击对于不同类型的资本流动具有不同的作用（Goldstein et al.，2006；Kirabaeva，2009；Kirabaeva et al.，2009）。Contessi et al.（2013）分析了 22 个工业化和新兴国家国际资本流量的二阶矩特征及与经济变量的关系，发现 G7 国家国际资本波动起源于 20 世纪 90 年代，峰值出现在 20 世纪早期，呈倒 U 型波动。 其主要原因在于 20 世纪后期 G7 国家总资本流量及波幅由债务型资本驱动。 而大多数新兴经济体国际资本流入的波动水平高于流出的水平，净资本波动水平由国际资本流入决定。 无论发达国家还是新兴经济体，债务资本波动水平最大。另外一个显著不同的结论是发现新兴经济体内流的 FDI 相对于产出而言具有逆周期性，其原因在于经济衰退和危机期间货币贬值和信贷供给不足导致出现逆周期性的贱价出售机会，亦可能是信息不对称和流动性需求相互作用，以及国内企业估值变化所致（Razin et al.，2007）。 基于上述分析，Contessi et al.（2013）认为，国际资本流动的周期性特征呈现异质性特征，其异质性特征由不同样本国和样本期的特定事实所决定。

三、跨境资本周期性流动对资产价格波动的影响研究

（一）国际资本流动对资产价格波动的实证研究

较多文献认为，随着国际资本的大量涌入，为了阻止货币过度升值和制造业竞争力的恶化，中国人民银行（简称央行）不得不进行外汇干预，吸收过剩的美元资本，扩张基础货币，通过国内银行信贷进入本国经济体系，最终促成国内资产价格泡沫。国际资本流动（特别是证券投资组合）的波动通过资产价格渠道威胁新兴经济体的金融稳定（Forbes et al.，2002；Bekaert et al.，2005；Bae et al.，2003；Karolyi，2003；Bekaert et al.，2011）。部分文献运用 VAR 模型估计了资本流动、资产价格和宏观经济之间的动态关系，并对资本流动冲击的反应进行了识别。Kim（2000）使用 VAR 模型分析了韩国资本流入冲击的资产价格效应，发现资本内流对股票价格具有显著影响，而对房地产价格没有影响。由于 SVAR 模型分析结果依赖于强加的变量递归次序，而三角识别导致研究者对货币政策与资产价格强加事先的因果关系。针对此问题，Uhlig（2005），Sa（2011）运用符号约束来识别资本内流对房地产和股票价格的冲击效应，从而避免人为地设定 VAR 模型变量次序的问题。Kaminsky et al.（2003）分析了金融自由化对股票市场周期的短期与长期影响，发现国际资本在短期内加剧国内股票价格波动，而在长期内则稳定股票市场。Kose et al.（2009）指出，工业化国家能获取适当的风险共享，而新兴市场经济体实际上在快速的金融一体化过程中却承担着资产价格过度波动的后果。Bernanke（2010）明确指出美国资本内流加速房地产价格膨胀速度。虽然其分析对象为美国，但对研究资本流和房地产价格关系具有一定的启发。Kim et al.（2011）运用面板 VAR 模型估计了1999—2006 年五个亚洲国家的国际资本流动与资产价格的关系，发现资本内流能部分解释资产价格波动。Sa et al.（2011）使用面板 VAR 模型分

析了 OECD 国家资本内流冲击，认为资本内流冲击是房屋价格和其他房屋市场变量的重要驱动因素。

Tillmann（2013）基于金融危机爆发以来外资从新兴经济体快速撤出及其后又回流引发资本流动对资产市场冲击的事实，运用符号约束的面板 VAR 模型研究了亚洲新兴市场经济体房地产价格对国际资本流动的反应。研究结果表明，国际资本流入冲击对房价和股票价格上升有重要影响。此外，作者还认为房价反应出现跨国差异的深层原因是货币政策对资本流入的反应不一。Hiroyuki et al.（2015）基于不同货币制度，以十个新兴经济体和发展中经济体为样本，运用 VAR 模型的广义脉冲响应分析资本流动对资产价格的作用。结果显示，无论货币制度如何，国际资产投资组合流入对所有样本经济体的股票价格都有显著的正向影响，这意味着资本流入对股票市场的直接作用渠道至少在样本国家起作用。但资本流入通过增加国内基础货币来提高股价的间接渠道在不同货币制度下有不同的作用。

Wang et al.（2016）构建了多个衡量中国资产市场的指标，运用 SVAR 模型分析了短期国际资本流对中国股票市场和房地产市场价格的影响，发现短期国际资本流入与资产价格是自我实现和互相强化的关系，国际短期资本与国内过剩流动性加剧了国内资产泡沫的膨胀。Lu et al.（2016）采用 DCC-MGARCH 模型分析了中国投机性国际资本流动与房地产价格之间的动态时变条件相关系数，认为两者的相关系数显著正相关；进一步运用 VAR 模型实证研究表明，短期国际资本的流入推高房地产价格。然而，当房地产价格下跌时，两者的相关系数较低，这将导致短期国际资本加速回流至成熟国家金融市场。因而，投资性资本流动是中国等发展中国家资产价格波动的重要驱动因素；相反，资产价格的不同阶段亦对国际资本流向具有重要影响。国际资本流动与资产价格在周期上具有相互强化和推动的作用。

（二）国际资本流动对资产价格作用机制研究

Caballero et al.（2006）基于要素禀赋经济体生产动态无效率的视

角，构建了一个风险中性代理人的跨期迭代模型（OLG），对于 t 代新生代理人在 $(t, t+1)$ 的禀赋为 (W_t, RK_t)。其中 W_t 和 K_t 分别为国际商品和国内生产资本。t 代新生代理人在 $t+1$ 期分为企业家和银行家，企业家从事国内商品生产，而银行家借贷给企业家且自己不进行投资。企业家投资国际商品 I_{t+1}，生产出国内商品 RI_{t+1}。本国生产动态无效率意味着借贷较多的国际商品给外国，跨境资本流出。每个时刻 t，资本流出 W_t，而资本流入 $(1+r^*)W_{t-1}$，r^* 为世界利率。此时，净资本流出为 $Net\ Outflow_t = W_t - (1+r^*)W_{t-1} = (g-r^*)W_{t-1}$。当净资本流出大于零时，说明该经济体高度动态无效率，意味着该经济体存在对高收益资产的潜在需求。尽管经济体具有显著增长潜力，但其企业和政府部门并没有为居民提供充足的价值储存金融工具，导致资本在他国寻求替代的金融工具出现资本流出。因而，国内资产泡沫为国内居民提供了价值储存的投资品，从而减少资本流出，并增加国内投资，因此资产泡沫是有益处的。但是，当泡沫面临崩溃时，资本流动出现逆转。该模型的贡献在于分析了在资产价格的不同阶段国际资本流动与资产价格泡沫相互作用的机制，并解释了资产价格泡沫并非总是有害的。

Aoki et al.（2007）构建了包含同质商品、土地和劳动力的小型开放经济模型，其中生产者使用物质商品、劳动力和土地资本进行生产，其效用函数为 $E_t \left\{ \sum_{s=t}^{\infty} \beta^{s-t} \log c_s \right\}$，约束为 $c_t + q_t(k_t - k_{t-1}) + w_t l_t + m_t = y_t - b_t - b_t^* + \frac{b_{t+1}}{r_t} + \frac{b_{t+1}^*}{r^*}$。式中 c_t 为消费，$q_t(k_t - k_{t-1})$ 为净土地购买，$w_t l_t$ 为工资支付，m_t 为物质资本投入，右端为产出减国内外融资。此外，模型还包括异质性的代理人——劳动者，其效用函数为 $E_t \left\{ \sum_{s=t}^{\infty} \beta^{s-t} u \left[c_s - v(l_s) \right] \right\}$，现金流约束为 $c_t = w_t l_t - b_t - b_t^* + \frac{b_{t+1}}{r_t} + \frac{b_{t+1}^*}{r^*}$。

生产者选择土地、劳动和物质商品进行生产，而劳动者选择消费、劳动供应和国内外借贷决定其预期的动态效用。为分析资本流动与资产价格关系，引入从事国际借贷的外国人，信贷约束为 $b_{t+1} + b_{t+1}^* \leqslant q_{t+1}k_t + \theta y_{t+1}$，即借贷不能超过产出的 θ 部分加上抵押品未来的价值，式中 θ 代表国内金融发展水平。 在经济达到竞争性均衡稳态时，经济体对资本账户自由化的调整依赖于国内金融体系的深化程度 θ 。 若一国金融体系欠发展（ θ 处于较低水平），在资本账户自由化之后，由于国内代理人能以更低利率从国外借入资金，国际资本内流，资产（土地）价格大幅上升。 但这一繁荣在长期不可持续，因为国内金融体系的欠发展导致 TFP 难以随着国际资本流入而相应提高。 国内金融与国外金融的问题通过资产价格相互加重恶化，资本账户自由化后导致国内出现双重危机。 对于中等金融发展水平国家，资本账户自由化导致资本外流和资产价格下降，经济经历短期衰退，但随着 TFP 内生提高，经济将逐渐恢复。 因此，该模型系统探讨了不同金融发展水平下，国际资本流动对资产价格等宏观经济变量产生的效用大小及内生条件。

一般而言，经济周期模型难以产生大的资产价格波动，为了产生资产价格周期性波动，Tomura（2010）考虑到临时性收入高增长具有不确定的持续期[①]，在实际利率内生的经济周期模型中讨论房屋市场繁荣与衰退周期。 在模型中，家庭对未来收入高增长持续期具有不确定性，收入高增长持续期由技术进步和贸易条件外生决定，但家庭对高收入结束时间的分布具有一个先验信息，在收入高增长期，分布连续至随后的所有高收入时期，并且存在对未来总收入相应上升的预期。 该模型区别其他模型之处在于将"房屋服务"引入家庭效用函数：

$$E_0 \left\{ \sum_{t=0}^{\infty} (\beta')^t [ln(c'_t - v'_t(n'_t)^{\phi}) + \theta ln(s'_t) + \theta ln(l'_t)] \right\}$$

$$(1\text{-}6)$$

其中 n'，s' 和 l' 分别表示劳动时间、住宅和房屋土地，劳动的负效用由 $v'_t = (c'_t)^{\eta} (v'_{t-1})^{1-\eta}$ 表示。 最后两项为由住宅和土地提供的效用。

---

① 参考 Rob(1999)，Zeira(1999)以及 Barbarino et al.(2007)研究企业对未来产品增长具有不确定性背景下股票市场的繁荣衰退周期。

家庭预算约束为 $c'_t + P_{s,t}\left[s'_t-(1-\delta_s)s'_{t-1}\right] + Q_t(I'_t-I'_{t-1}) + \dfrac{b'_{D,t+1}}{R_{D,t}} +$

$\dfrac{b'_{F,t+1}}{R_{F,t}} + \dfrac{\xi}{2}\left(\dfrac{b'_{F,t+1}}{Y_t}\right)^2 Y_t = W_t n'_t + b'_{D,t} + b'_{F,t} + \Gamma'_t$。

式中 $P_{s,t}$ 为住宅价格，Q_t 为房屋土地价格，$b'_{D,t+1}$ 为国内发行供两国居民持有的债券，W 为工资率，Γ'_t 为从代表性企业获得的净收入，ξ 代表本国资本开放程度。动态均衡下，本国实际利率、住宅和土地价格分别为 $R_{D,t}=\left(\beta' E_t\left[\dfrac{c'_t}{c'_{t+1}}\right]\right)^{-1}$，$P_{s,t}=\dfrac{\theta_s c'_t}{s'_t}+\beta' E_t\left[\dfrac{c'_t}{c'_{t+1}}P_{s,t+1}(1-\delta_s)\right]$ 及 $Q_t=\dfrac{\theta_l c'_t}{l'_t}+\beta' E_t\left[\dfrac{c'_t}{c'_{t+1}}Q_{t+1}\right]$。

由动态均衡结果可得，当经济体进入高速增长周期时，随着预期总收入上升，对房屋需求提高，导致未来预期的房屋价格上升。但随着收入高增长的结束，家庭调整对未来收入的预期，房屋价格预期下跌。国际资本流动对形成由预期驱动的房价周期起着关键作用。在无国际资本流动的情况下（$\xi=0$），预期变化将不会导致当前房价快速下降。因为在高速增长周期内，对未来高收入预期减少了支撑未来消费的当前储蓄，且国内信贷供给短缺提高了国内实际利率（$R_{D,t}$）。实际利率提高抵消了未来高房价对当前房价的正向效应，从而当前房价对家庭预期不敏感。然而，如果本国存在跨境资本流动（$\xi>0$），在快速增长期间，国内信贷短缺将由国际资本内流抵消，信贷交易成本变低，国际资本内流抵消了国内快速增长过程中国内储蓄不足的问题。即在家庭调整对未来收入预期时，会引起住宅与土地价格中的第一项 $\dfrac{\theta_s c'_t}{s'_t}$ 和 $\dfrac{\theta_l c'_t}{l'_t}$ 发生较大变化（即租金的上升）。因此，国内实际利率波动减弱，房屋价格对家庭预期变得非常敏感，随着经济条件变化的家庭预期导致房屋和土地价格发生周期性波动[①]。

Duffie et al.（2011）基于资产定价的视角探讨了国际资本流动的作

---

① Aizenman et al.（2009）通过对 43 国（包括 25 个 OECD 国家）横截面数据的实证检验支撑这一理论，即经常项目赤字与房屋价格呈现负向关系。

用，提出了一个仅依赖投资水平来区分不同资本市场的资产均衡流动模型。模型包括本国套利者、投资者和金融中介（资产管理者），仅通过金融中介进行资本流动，不同市场具有内生的资本调整和风险溢价。具有无限生命的投资者效用函数设定为

$$E\left\{\int_0^\infty e^{-rt}\left(\left[W_{at}^C\,\boldsymbol{\pi}\,(X_{at})+W_{bt}^C\,\boldsymbol{\pi}\,(X_{bt})\right]\mathrm{d}t-K_{t-}\mathrm{d}\mid C\mid_t\right)\right\} \quad (1\text{-}7)$$

其中 a 和 b 代表两个不同金融市场，X 代表可利用的总资本水平，$\boldsymbol{\pi}(\cdot)$ 代表分红收益，C 代表特定投资者从市场 a 向市场 b 转移的净累计资本，W 代表不同市场的实际资本水平。考虑一个中介政策 Γ，对于 x 和 y 资本水平，中介最优值为

$$V(x,\,y)=\sup_\Lambda E\left(\int_0^\infty e^{-rt}\Lambda(X_t,\,Y_t)(X_t qF^\Gamma(X_t,\,Y)-c)\mathrm{d}t\right)$$
$$(1\text{-}8)$$

$It\hat{o}$ 等式为

$$U(V,\,x,\,y,\,l,\,\Gamma)=-V_x(x,\,y)l_x+V_y(x,\,y)l_x+\boldsymbol{\eta}\,[v(y,\,0)]$$
$$+V(x,\,0)-2V(x,\,y)+l(xqF^\Gamma(x,\,y)-c) \quad (1\text{-}9)$$

Hamilton-Jocobi-Bellman 方程为：

$$0=\sup_{l\in[0,\,\bar\lambda]}\{-rV(x,\,y)+U(V,\,x,\,y,\,l,\,\Gamma)\} \quad (1\text{-}10)$$

为获取更高平均收益，投资者在不同市场间进行资本移动，金融中介则最优地权衡中介成本和向投资者收取的佣金。存在金融中介垄断时，资本流动随着中介成本（c）上升而递减，随着收益率系数（k）提高而增加，随着时间贴现（r）提高而减少，不同资产风险升水向一般水平恢复的速度是递减的。而不断增加的中介能力依条件差异而提升或减少国际资本流动；时间折扣率越小越能促进国际资本流动，资产收益波动提高风险升水水平，并在给定的中介水平下，增加资本异质性波动。因此，国际资本流动是资产定价的重要决定因素。

上述研究拓展传统的基于局部均衡视角的局限，创新性地运用一般均衡模型探讨国际资本流动与资产价格相互作用的内在机制，进一步扎实了国际资本流动对资产价格作用的微观基础，为此领域的实证研究指明了新的研究方向。

四、国际资本极端流动的测度及内在根源

（一）国际资本极端流动的定义及测度

国际金融危机的经验表明，当金融危机爆发时，国际资本表现为以极端形式流动，即出现资本流动的突然逆转、突然中止或资本外逃。其研究起点是如何划分国际资本极端流动周期的各个阶段。极端资本流动周期划分起源于东南亚金融危机之后，Calvo（1998）首次对国际资本"突然中止"进行了研究，将国际资本流入的"突然中止"定义为国际资本流入的急剧减少，其后的研究将周期划分标准进行了拓展。Calvo et al.（2002）将突然中止的起始点定义为相对于流动的历史均值，净资本流动变化下降一个标准差；结束点定义为超过一个标准差。Calvo et al.（2004），Guidotti et al.（2004）将国际资本"突然中止"定义为未预期的国际资本流入急剧减少，并伴随着对实体经济的严重破坏和高昂的经济代价。为了使"突然中止"具有可操作性，将"突然中止"定义为满足以下三个条件：①"突然中止"开始的标准是，与前一年同期相比，资本流动相对于样本均值至少下降两个标准差。②"突然中止"结束标准为国际资本年度波动相对于样本均值超过一个标准差。③基于对称性考虑，"突然中止"第一阶段定义为国际资本年度波动相对于样本均值超过一个标准差。国际资本波动测度为

$$C_t = \sum_{i=0}^{11} P_{t-i} \quad t = 1, 2, \cdots, N.$$

$$\Delta C_t = C_t - C_{t-12} \quad t = 13, 14, \cdots, N. \tag{1-11}$$

其中，P_t 为月度净资本流动，C_t 为 12 个月的净资本流动总额，用于衡量年度国际资本净流量。

Calvo et al.（2004）重点研究了国际资本极端流动周期中的"突然中止"阶段，并激发大量学者关注国际资本极端流动。但其仅考虑了国际

资本极端流动的单一阶段，并未对资本极端流动周期进行全面分析，其后的学者从不同层面进行了延伸与拓展，逐渐展现出国际资本极端流动周期全貌。

Agosin et al.（2012）进一步将国际资本流动的极端形式划分为"激增阶段"（Boom episodes）和"突然中止"。其"激增阶段"划分标准为

$$FF_{it} = \begin{cases} 1 & \text{如果 } F_{it} > \overline{F}_i + \sigma_{F_i}, \text{且} \left| \dfrac{F_{it}}{\Delta GDP_{it}} \right| > 5\% \\ 0 & \text{其他} \end{cases} \quad (1\text{-}12)$$

按照上述规则，如果存在资本流动激增，则 $FF_{it} = 1$。F_{it} 表示国家 i 在时间 t 的资本流，$\overline{F}_i$ 表示国家 i 在不同时期的国际资本流均值。该方法具有两个基本特征：一是年度资本流动大于样本均值一个标准差被定义为资本流动的"激增"；二是资本流与 GDP 的比例代表资本流相对经济规模出现的较大偏离。

而对于"突然中止"，划分标准为

$$SS_{it} = \begin{cases} 1 & \text{如果 } \Delta F_{it} < \Delta \overline{F}_i - \sigma_{\Delta F_i}, \text{且} \left| \dfrac{\Delta F_{it}}{\Delta GDP_{it}} \right| > 5\% \\ 0 & \text{其他} \end{cases}$$

$$(1\text{-}13)$$

与"资本激增"不同的是，其不再直接使用资本流指标，而是将资本流增量（ΔF_{it}）作为处理变量。一般而言，使用增量指标在捕捉资本流"突然中止"时更为迟钝，需要较大的资本流变化才可能被识别。金融危机期间，往往国际资本流在短时间内急剧下降。因而，使用增量指数能更好地处理国际资本极端变化的情形。

Reinhart（2009）采取同样的方法来衡量国际资本流动的剧烈变化，但认识到传统"突然中止"定义可能包含资本外逃（Faucette et al.，2005；Cowan et al.，2007）。基于此，Cowan et al.（2008），Rothenberg et al.（2011）指出，基于净资本流衡量的"突然中止"不能区分外国投资者行为和本国居民资本外逃行为。他们使用标准的方法衡量真实"突然中止"，即当总资本内流减少量多于总资本外流的增加量，而资本流出增加量多于资本内流减少量的情形，定义为突然外逃。Rothenberg et al.

（2011）则认为，以前相当一部分研究将突然外逃估算成突然中止。

上述文献在分析国际资本流动周期时仅考虑了国际资本流入的激增或突然中止，而没有考虑国际资本的流出。 Forbes et al.（2012）进一步同时考虑国际资本流入和流出的周期性波动，使用一种新的方法将跨境总资本流动周期划分为激增、中止、外逃及缩减四个阶段。 该方法不同于以往文献之处是：①使用总资本流量代替净资本流量；②使用实际总资本流量而非使用经常项目作为净资本流量的代理变量；③分别测量资本流出和资本流入。 具体测度方法：

$$C_t = \sum_{i=0}^{4} Ginflow_{t-i} \quad t = 1, 2, \cdots, N.$$
$$\Delta C_t = C_t - C_{t-4} \quad t = 5, 6, \cdots, N. \tag{1-14}$$

该方法使用季度而非月度数据进行计算，计算 ΔC_t 过去 5 年的流动均值和标准差。 "激增"和"中止"使用资本流入来测度，而"外逃"和"缩减"使用资本流出来定义。 上述方法为划分国际资本流动周期中的极端流动周期提供了导向。

（二）国际资本极端流动的内在根源

2007—2008 年全球性金融危机引发学术界对金融危机与国际资本流动关系的广泛争论，研究聚集于全球冲击对国际资本流动到底有多重要。由于国际资本流动规模越来越大，仅仅研究净资本流动并不能反映国际资本流动全貌，最近的文献将研究视角转向资本流动总量。 Milesi-Ferretti et al.（2010）发现金融危机期间，国际资本缩减的幅度与该国对银行资本的依赖、宏观经济条件和国际贸易流向的关联程度非常高。 Broner et al.（2010）分析了资本流动与经济周期和金融危机的关系，发现不同类型国家呈现不同的特征，其中发达国家总资本流入随权益和其他投资减少而减少，而资本外流受权益资产、负债和其他投资的显著影响；发展中国家资本流入随债务和其他投资减少而减少，资本流出则受储备和债务投资组合影响。 Forbes et al.（2012）基于总资本流动的研究为解释金融危机和国际资本波动提供了新的视角，其研究发现国际资本的极端流动与全球性风险显著相关，而与国内宏观经济条件和资本管制并不相关。 通过贸易、银行体系和地理区位传染显著影响到国际资本流动"中止"和"收缩"。 Marcel（2012）基于微观数据进行了讨论，结果发现危机期间，全球流动性与风险是决定资本流动的关键因素；同时发现金融危机期间，模型参数发生了较大的变化。 危机之前，全球风险增加导致国际资本从发达经济体流向新兴经济体；而危机期间，国际资本逆转。 这说明危机期间资本具有寻求安全庇护的动机。 此外，上述效应在不同国家呈现较大的异质性，而这一异质性可由一国制度质量得以解释。 这一研究结论有助于理解金融危机时期风险的动态变化，以及对未来金融危机管理提供有用的指导。 除金融危机引发国际资本以极端形式流动外，特定事件（如战争、政治危机等）亦可能引发国际资本以极端形式跨境流动。

国际金融危机爆发前夕，大量国际资本流入内生地导致国内宏观经济发生变化，如实际汇率大幅升值、银行信贷过度膨胀以及企业和银行资产负债表错配。 如此规模巨大的国际资本流入不能被经济体吸收并最终触发大规模的资本回撤。 Agosin（2012）研究发现，规模巨大的国际资本内流是新兴经济体预测国际资本"突然中止"的重要指标，而且一国出现"突然中止"的概率与国际资本激增的时间长度正相关。 这一研究结论颠覆了传统研究强调基本面恶化导致国际资本流入突然中止的观点。

五、国际资本周期性流动的微观基础：国际资产组合——一般均衡模型的应用

（一）国际资本流动微观基础：国际投资组合模型的应用与发展

基于国际投资组合视角探讨国际资本周期性流动微观基础的传统由来已久。 Grubel（1968），Levy et al.（1970）首次将 Markowiz 投资组合理论应用于国际资本市场的投资行为研究。 Grubel 拓展了 Markowitz 投资组合理论的均值—方差投资组合理论，应用于国际分散化投资，认为跨国投资组合能有效地分散风险，显著提高投资收益和个体福利。 Levy et al.

（1970）则拓展了 Markowitz 投资组合理论的分析框架，提出有效国际投资组合和国际投资组合的有效边界，相比于投资单一国家，国际投资组合具有更高的收益或更低的投资风险。此后，大量文献使用投资组合均衡方法分析开放宏观经济问题。按照此方法，仅当本国货币和其他金融资产总量与资产需求总量相等时，金融市场才达到均衡。这些模型广泛应用于研究固定汇率和浮动汇率制度下国际资本如何流动的问题。20 世纪 80 年代之前，文献的一个共同特征是将资产需求视为预期资产收益、收入、财富和资产价格的函数，其缺陷是资产需求并非最优化推导的结果，均衡方法亦局限于局部均衡。然而，投资组合均衡模型并不否认使用微观经济理论的效用最大化行为来推导资产需求，而是将效用最大化行为视为资产需求函数的微观基础。虽然部分文献考虑到不同价格体系下国际收支和商品市场均衡的一般均衡框架和个体最优化行为，但在均衡模型中仅考虑一种无风险的债券可被交易，单一资产模型难以分析总资本流动和资产头寸，而且单一资产的跨国交易与商品进出口贸易并无实质差异。更为重要的是，这些文献均基于完全金融市场假设，而现实的金融市场均存在摩擦。因此，模型内生缺陷导致国际资本流动独立于资产市场结构，仅能分析稳态处的国际投资组合，而无法从动态分析国际投资组合选择的内在机理及宏观经济效应。

然而，近二十年来国际资本流动格局已经发生较大变化，特别是跨国权益投资成为重要的国际资本流动形式。Gourinchas（2006）指出，未来的研究方向是基于不完全市场构建国际投资组合的一般均衡模型。因此，20 世纪 70 年代出现的投资组合均衡方法已事过境迁，近年来该领域研究动向是将国际投资组合理论与一般均衡宏观经济模型相结合，来弥补局部均衡和传统宏观计量模型的缺陷，为全面理解金融市场结构、国际资本流动和宏观经济波动的内在逻辑关系提供了恰当方法和理想工具。

Barro et al.（1995）构建了包含国际资本流动的一般均衡新古典模型，在 C-D 生产函数中包括了人力资本（H）：$Y = AK^{\alpha}H^{\eta}(Le^{gt})^{1-\alpha-\eta}$，家庭为标准的无限生命的 Ramsey 消费者，其效用函数设定为

$$U = \int_0^\infty \left(\frac{C^{1-\theta} - 1}{1 - \theta} \right) e^{-(\rho - n)} \mathrm{d}t \qquad (1-15)$$

存在市场摩擦且非完全资本跨国流动条件下，该模型分析了不同要素作用下的全球收入收敛水平。研究发现，开放经济模型预测比实证结果具有更高的收敛率，其内在原因在于开放经济条件下的国际资本流动发挥作用。Barro 模型的创新之处在于将国际资本流动引入新古典一般均衡模型，讨论了完全资本流动和不完全资本流动情景下的宏观经济效应，但模型并未基于国际投资组合视角探讨国际资本流动。

Obstfeld et al.（1996）发展了新开放宏观经济学（NOEM），将微观基础引入动态一般均衡模型，为开放宏观经济学提供了新的研究工具。为突破 Arrow-Debreu 式国际资产交易，模型通过引入证券投资组合更为贴切地描述了现实世界的资产交易。考虑一个两期 N 国，国际金融市场可为他国家庭提供资本积累的模型，生产性投资是驱动国际资本流动的重要因素。

Kraay et al.（2000，2002）使用部分均衡模型分析典型消费者如何分配储蓄与消费，以及如何在国内外进行资产配置。消费者效用函数设定为

$$E \int_0^\infty \ln(c) \cdot e^{-\delta t} \cdot \mathrm{d}t \qquad (\delta > 0) \qquad (1-16)$$

式中 α，k 和 k^* 分别为消费者财富存量和持有的国内、国外资产。其预算约束为 $\mathrm{d}\alpha = [\pi k + \pi^* k^* + \rho(\alpha - k - k^*) - c] \mathrm{d}t + k\sigma \cdot \mathrm{d}\omega + k^* \sigma^* \cdot \mathrm{d}\omega^*$。代表性消费者最优化问题可以由一阶条件求解，得出资产组合配置的收入效应和替代效应。该模型虽未考虑一般均衡，但创新之处为基于国际资产组合的视角分析国际资本流动的福利效应，特别是区分了稳态处国际资产组合的投资份额和最优投资组合份额的差异。

Kollmann（2006）构建了两国新古典一般均衡模型，讨论了单一禀赋、差异可贸易商品条件下代表性家庭的国际资产均衡组合，家庭具有本国消费偏好，家庭效用函数为 $E_0 \sum_{t=0}^{T} \beta^t U(C_t^i)$。存在股票、一期无风险

债券可交易资产，家庭预算约束为 $\sum_{j=i}^{2} P_{j,t} S^i_{j,t+1} + A^i_{t+1} + \sum_{j=1}^{2} \eta_{j,t} c^i_{j,t} = \sum_{j=1}^{2} S^i_{j,t}(P_{j,t} + \eta_{j,t}\delta_{j,t}) + A^i_t(1+r_t)$。其中 $P_{j,t}$ 为股票 j 的价格，$\eta_{j,t}$ 为商品价格，$S^i_{j,t+1}$ 为 i 国股票 j 的数量，A^i_{t+1} 为债券持有数量。假定家庭初始债务持有量为零，各国仅持有本国股票，然后考虑两期均衡资产组合在 Pareto 效率均衡条件下的最优化。参数结果不仅解释了典型投资者投资组合本国偏好的事实，而且外国净资产头寸的变化是由权益资产价格波动而驱动，并发现一国权益资产与负债高度正相关。这在一定程度上解释了国际资产组合与国际资本流动的内在关联。

传统开放宏观经济模型通常使用国外净资产和经常账户余额表示国际金融关联度，并使用标准的完全市场方法分析国外资产头寸。然而，传统方法的根本问题是标准模型中资产组合均衡与宏观经济结果之间相互依赖，导致传统的求解方法不能应用于存在多种资产的非完全金融市场。这意味着对于非完全金融市场而言，标准的一阶和二阶近似方法难以获取明确的最优投资组合，也无从获取非随机稳态。

（二）国际资本周期性流动的微观基础：国际资产组合 DSGE 模型发展应用

随着宏观经济理论的发展和深入，基于实际经济周期框架上发展起来的 DSGE 模型逐渐成为主流的宏观经济研究方法。然而，DSGE 模型需要在确定性稳态处线性化，然后求解出线性差分方程组。当 DSGE 模型包含投资组合选择时，投资选择的不确定性导致无法在确定性稳态处求解。因此，传统 DSGE 模型仅包括关于消费、休闲和投资的决策，忽视了投资组合选择。但是，上述缺陷在近年来有所突破。

Devereux et al.（2006）发展了带有投资组合选择的两国开放的 DSGE 模型求解方法，这一方法与稳定的最优投资组合相似。本国代理人效用函数设定为 $U_t = E_t \sum_{\tau=t}^{\infty} \beta^{\tau-t}[u(C_\tau) + v(\cdot)]$，其中 C 为国内外商品消费，$v(\cdot)$ 表示与资产组合无关的其他偏好，本国代理人消费价格指

数为 P。假定 n 种资产，收益向量为 $r'_t = [r_{1,t}r_{2,t}, \cdots, r_{n,t}]$。预算约束为 $W_t = \alpha_{1,t-1}r_{1,t} + \alpha_{2,t-1}r_{2,t} + \cdots + \alpha_{n,t-1}r_{n,t} + Y_t - C_t$，每期末代理人选择一个资产组合进入下阶段，可以得到 $n-1$ 个一阶条件：$E_t[u'(C_{t+1})r_{n-1,t+1}] = E_t[u'(C_{t+1})r_{n,t+1}]$。同样地，外国代理人在 a_t^* 资产组合选择下的一阶条件，市场出清条件为 $\alpha_t = -a_t^*$。由于标准宏观经济模型对数线性近似不能直接应用于资产组合问题的求解，为解决资产组合均衡不能由一阶条件获取，以及均衡投资组合不能由非随机稳态给出的问题。作者就两个方面进行了改进：一是进行了 Taylor 高阶近似解决第一个问题；二是在求解投资组合选择的近似点 $\overline{a}$ 时，将 $\overline{a}$ 内生化处理。即在非随机稳态的邻域求解投资组合问题的最优一阶条件，$\overline{a}$ 解被定义为满足投资组合一阶最优条件的二阶 Taylor 近似。结合本国和外国最优条件，均衡条件必须满足：

$$E_t[(\hat{C}_{t+1} - \hat{C}_{t+1}^* - \hat{Q}_{t+1}/\rho)\hat{r}_{x,t+1}] = 0 + O(\varepsilon^3) \quad (1-17)$$

$$E[\hat{r}_x] = -\frac{1}{2}E[\hat{r}_x^2] + \frac{1}{2}\rho E_t[\hat{C}_{t+1} + \hat{C}_{t+1}^* + \hat{Q}_{t+1}/\rho)\hat{r}_{x,t+1}] + O(\varepsilon^3)$$

$$(1-18)$$

式（1-17）提供了投资组合均衡的方程，式（1-18）提供了预期超额收益均衡方程。$O(\varepsilon^3)$ 代表其方程中其他二阶近似项，ε 为对称性扰动的边界值，结合其他变量的一阶条件，可以推导出一般均衡条件下资产组合向量的均衡解。其求解基本步骤为：①使用标准方法求解一阶近似非投资组合方程的状态空间解；②从第一步中获取的前定变量和跳跃变量表达式中抽取超额收益和外生冲击、投资组合超额收益的一阶精确关系；③求解均衡 $\widetilde{a}$ 的表达式。DS 方法[①]为求解包含资产组合选择的 DSGE 模型提供了一个很好的思路，此后较多文献沿袭该方法求解包含投资组合决策的 DSGE 模型。

在此基础上，Devereux et al.（2009）进一步构建了新兴市场资本流动的资产组合 DSGE 模型，分析了新兴经济体国家资产组合头寸的决定因

---

① 此后较多文献将 Devereux et al.(2006)的方法简称为 DS 方法。

素，比较了新兴经济体与发达经济体最优风险共享的潜在决定因素，以及不同金融市场框架下国际风险共享如何达成的问题。该两国单商品模型具有两个基本特征：一是本国具有相对较低的产出和生产率波动冲击；二是不同国家具有不同资产市场结构，仅使用本国货币发行的债券被接受。考虑到三种不同的资产市场结构：第一种情况是不存在跨国资产组合，两国资本流动仅由非政府无风险债券融资，此时总资本流与净资产流尚无差异（NP）；第二种情况是不对称的金融市场结构，国家间存在两种可交易的资产：外国权益资产（如本国 FDI）和本国货币发行的名义债券（EB）；第三种情况是存在两种权益资产和自由交易的真实债券（EQ）。典型家庭的效用函数为 $U = E_0 \sum_{t=0}^{\infty} \theta_t \left[\dfrac{C_t^{1-\rho}}{1-\rho} - \dfrac{\chi}{1+\mu} H_t^{1+\mu} \right]$。除典型家庭外，竞争性企业最大化企业红利现值，目标函数为 $E_t \sum_{i=0}^{\infty} \zeta_{t+i} D_{t+i}$。在全球商品和资产市场出清的条件下得到本国净资产头寸：$\Delta NFA_t = CA_t + r'_{xt} \alpha_{t-1}$。在求解包含上述资产组合 DSGE 最优解时，仍然是运用 DS 方法求解。模型结果发现，在非完全金融市场条件下，金融一体化的风险共享效应依赖于资本流动的类型以及最优国际资产组合的规模。与以前文献不同的是，该模型在 DSGE 模型中结合投资组合选择进行了政策分析，突破了以往模型中忽视国际资产组合的约束。不足之处在于仅考虑了单一商品，忽视消费的本国偏好和交易成本。

Amdur（2010）提出两商品两国的 DSGE 模型分析跨国债券资产组合的均衡，两国具有服从一阶自回归随机禀赋商品，家庭效用函数为

$$E_t \left\{ \sum_{j=0}^{\infty} \beta^j \left[\dfrac{(C_{t+j}^i)^{1-\gamma}}{1-\gamma} \right] \right\} \tag{1-19}$$

可交易资产均为真实且无限存在的本国货币发行的债券，其收益以禀赋商品衡量，$R_t^i = \dfrac{P_{B,t}^i + P_t^i}{P_{B,t-1}^i}$，其中 P_t^i 为 i 国禀赋商品的价格，$P_{B,t}^i$ 为以禀赋商品衡量的债券收益。假定 i 国 t 期末持有的金融财富为 $W_t^i = A_t^{i,H} + A_t^{i,F}$，预算约束可表示为 $W_t^i = W_{t-1}^i R^F + A_{t-1}^{i,H}(R^H - R^F) + P_t^i Y_t^i - P_{C,t}^i C_t^i$。使用 DS 方法求解投资组合均衡解。结果显示，无论是债券还是权益资产的国际配置，在

两国两商品禀赋 DSGE 模型中，当商品之间的替代弹性足够低时，本国能保持长头寸外国资产；而对于一般弹性，每国将持有短头寸外国债券，即禀赋商品替代弹性是影响国际资本流向的重要变量。

Till et al.（2010）为分析日益增加的国际资产交易行为，结合消费、休闲、投资和资产组合选择决策构建了两国、两商品和两资产的 DSGE 模型。 与其他模型不同的是，该模型并没使用小国开放模型，而是两国规模相当，每个国家生产不同产品，生产率具有外生自回归过程，消费为本国偏好的 CES 函数，价格水平由国内外消费商品价格和权重决定。 对权益资产的要求权均为本国和外国产出的 $1-\theta$，未偿付的权益均正规化为 1，时间 t 一单位本国权益价格为 $Q_{H,t}$，在 $t+1$ 期获得分红，并在 $t+1$ 以 $Q_{H,t+1}$ 价格出售。 由此可分别得到本国和外国权益资产的总收益：

$$R_{H,t+1} = 1 + (Q_{H,t+1} - Q_{H,t})/Q_{H,t} + (1-\theta)A_{H,t+1}/Q_{H,t}$$

$$(1\text{-}20)$$

$$R_{F,t+1} = 1 + (Q_{F,t+1} - Q_{F,t})/Q_{F,t} + (1-\theta)P_{F,t+1}A_{F,t+1}/Q_{F,t}$$

$$(1\text{-}21)$$

式中，A_{t+1} 为 $t+1$ 期产出，下标 H，F 分别代表本国和外国。 考虑到金融市场不完全和信息收集成本，假定跨国持有权益的冰山成本为 $e^{-\tau} < 1$，在 t 期末代理人持有本国权益比例为 $K_{H,t}^H$，故本国代理人权益资产组合的总收益为 $R_{t+1}^{p,H} = [K_{H,t}^H R_{H,t+1} + (1-K_{H,t}^H)R_{F,t+1}]P_t/P_{t+1}$，同理可得到外国代理人权益组合收益。

为解决非完全金融市场导致财富分配不稳定的隐患，模型引入有限生命代理人，为分析代理人投资组合最优决策，模型抽象掉其他所有决策，并使用消费篮子（W_t）来测度两国总财富。 在市场出清的条件下，本国代理人 j 效用函数为 $U_{t+1}^j = (W_{t+1}^j)^{1-\gamma}/(1-\gamma)$，代理人下一期面临的死亡概率为 ψ，则 Bellman 方程为

$$V(W_t^j) = \beta(1-\psi)E_t V(W_{t+1}^j) + \beta\psi(W_{t+1}^j)^{1-\gamma}/(1-\gamma)$$

$$(1\text{-}22)$$

代理人在收益方程和财富积累的约束下通过投资组合选择以最大化 Bellman 方程。

模型共由 11 个方程组成，求解方法建立在标准的近似方法之上，但由于需要求解稳态，而跨国投资组合选择增加了模型求解难度，需要特别处理代理人国际资产组合以最优化财富水平，即 Bellman 方程。为此，作者对于不同变量使用不同阶数进行近似处理。当冲击波动任意小时，变量值使用零阶近似；当变量值与随机冲击标准差成比例时，使用一阶近似；而当变量值与随机冲击方差成比例变化时，使用二阶近似；如此类推。最后，模型结果显示：①资本流入和流出的节奏可能被国际资产组合增长和重新配置所冲击；②即使随机冲击波动不变，国际资产投资组合在状态空间内生地随着时间而波动；③国际投资组合份额随着预期超额收益波动而变化；④预期超额收益与储蓄、相对资产价格和平均资产组合份额相关，而预期超额收益与国际资本流动没有必然关联。该方法与 DS 方法的不同之处在于：对于不同变量使用不同阶数近似获取线性方程，其最高阶数高于 DS 方法的二阶近似。该研究为求解包含国际资产组合的 DSGE 模型提供了替代方法。

Evans et al.（2012）通过引入权益与债券的动态投资组合选择拓展包含生产的标准国际资产定价模型，存在一个连续企业分别生产贸易品和非贸易品，企业无限生命、完全竞争并发行分红的股票。家庭产生消费并对不同资产进行投资，家庭效用函数为 $E_t \sum\limits_{i=0}^{\infty} \theta_{t+i} U(C_{t+i}^T, C_{t+i}^N)$，家庭可以持有国内贸易与非贸易权益资产、国际债券和国外可贸易品权益，总消费支出为 $C_t = C_t^T + Q_t^N C_t^N$，$Q_t^N$ 为国内贸易品衡量的国内非贸易品价格。家庭预算约束为 $W_{t+1} = R_{t+1}^w(W_t - C_t)$，$W_t$ 为金融财富，R_{t+1}^w 为两期间的财富收益，收益取决于家庭对金融资产的配置，可表示为 $R_{t+1}^w = R_t + \alpha_t^H(R_{t+1}^H - R_t) + \alpha_t^F(R_{t+1}^F - R_t) + \alpha_t^N(R_{t+1}^N - R_t)$，其中 H 表示本国，F 表示外国，N 表示本国非贸易部门，R_t 为债券收益。模型设定与前述文献较为相近，不同的是对企业的设定，企业最优化目标为 $E_t \sum\limits_{i=0}^{\infty} M_{t+i, t} D_{t+i}^T$，$M_{t+i, t}$ 为两期间的边际替代率，D_t^T 为 t 期每股分红。

由于金融市场非完全和多种资产组合的存在，传统近似方法无法求解随机差分非线性系统方程。为了解决实体经济与金融产品的相互作用，对不同家庭金融财富分配行为进行不同的处理，特别是世界经济冲击如何影响已知最优资产组合选择下的财富分配，以及财富分配如何影响资产市场出清价格。因此，财富分配是求解上述方程组的关键。

为处理财富分配，必须考虑状态向量中所有家庭财富。由于状态向量中变量过多，不适合使用状态空间离散化方法求解。同时，须处理好长期的财富分配问题。求解方法的一个显著特征是在初始财富分配邻域处求解经济体均衡行为。该方法的优点是无须假定长期冲击如何影响财富的跨国分配，但其缺陷是仅有财富维持在初始分配点才能精确求解。

除财富分配问题外，资产组合选择的存在也需要引入新的求解技术。传统扰动方法（Perturbation solution）要求在唯一的非随机稳态处运用高阶 Tayolr 近似求解最优和市场出清条件，但由于投资组合不存在唯一的资产组合稳定状态。而该文使用的连续时间近似方法不仅不需要非随机稳态处存在唯一资产组合配置，而且还能解决内生性问题。因此，EH 方法不仅为求解不完全市场中包含资产组合的 DSGE 模型提供了更多选择，而且在资产组合持有和 Eular 方程残差方面具有更高的精度。

上述方法的发展与应用将最优投资组合决策包含在 DSGE 模型来解决开放国际宏观经济问题，扫除了技术障碍。

六、国内相关研究、展望及对中国的启示

（一）国内相关研究

随着中国经济持续增长和对外金融开放步伐的加快，跨境资本流动规模和结构出现新格局。由于合格跨境战略投资者（QFII 和 QDII）的引入、人民币升值预期和西方国家量化宽松政策倾向等因素，中国跨境非FDI 资本流动（包括热钱）规模急剧扩张，国际资本流动的任何风吹草动无不牵动着中国乃至全球宏观决策部门和投资者的神经。国内外众多学者对中国跨境资本流动进行了广泛研究，包括：国际资本流动对中国货币

政策抵消作用（范从来，2003；田素华等，2008；黄武俊等，2009；黄驰云等，2011），对中国资产价格和物价水平的冲击（李海海等，2006；何慧刚，2007；李宝伟，2008；赵文胜等，2011），以及对中国宏观经济稳定性的系统性影响（中国社科院经济增长前沿课题组，2005；梁权熙等，2011；张志明等，2013）。部分学者还分析了国际金融危机期间资本外逃及影响（陈平，2002；李庆云，2000；王世华等，2007；杨俊龙，2010）。这些研究从不同侧面反映了中国跨境资本流动的事实，运用理论、实证和模拟方法对国际资本流动与宏观经济关系进行有益讨论，有助于理解全球国际资本流动周期性特征及其与全球宏观经济关系，对国际资本流动宏观审慎管理的制度设计具有很强的借鉴意义，也为中国渐近金融开放的政策设计提供了理论参照。

（二）研究展望及对中国的启示

（1）国际资本周期性流动及宏观经济效应的微观机制方面

现有研究仅根据无资产组合的均衡理论方法难以描述国际资本流动的内生机制及宏观经济绩效的全景，而基于历史数据的宏观计量结果无法得到经济变量间的动态和内在机理演绎的验证（卢卡斯批判，1976）。国际资本流动受投资者资产国内外配置影响，而现有研究并没有考虑典型代理人行为微观基础来分析和评估国际资本流动行为本身及其宏观经济效应，根据上述研究方法得出的结论难以为宏观政策设计提供有效的借鉴。当前，中国国内经济条件相比于改革初期发生了结构性变化，中国经济总量居世界前列，外汇储备充足，人民币国际化稳步推进，跨境资本流动规模、结构及流向更趋复杂。与此同时，国内面临产能过剩、金融开放进程中金融风险控制等结构性问题。如何在资本账户开放过程中释放固有冲突，稳步解决现实经济问题成为中国金融改革的重要理论问题与现实矛盾。因此，借助国际资本流动领域前沿理论，结合中国现实背景运用微观经济理论模型探讨中国资本账户开放过程中的国际资本流动的内生机制，以及国际资本流动周期性波动对中国宏观经济的冲击，无疑具有很强的理论价值和现实意义。

（2）国际资本流动与资产价格关系方面

现在的文献着重探讨国际资本流动对资产价格的作用，而忽视资产价格对国际资本流动的作用。 然而，国内资产泡沫为国内居民提供了价值储存的投资品，从而减少资本流出，并增加国内投资。 因此，适当的资产泡沫是有益的（Caballero et al.，2006）。 Aoki et al.（2007）模型显示，不同金融发展阶段，国际资本流动对资产价格的作用存在显著差异。因此，在探讨中国跨境资本流动与资产价格关系时，必须考虑中国现实经济背景，考虑资产价格泡沫严重程度以及中国金融发展深度及稳健性等诸多条件。 特别重要的是，中国当前宏观经济处于结构转换和金融开放的关键期，在分析国际资本流动与国内资产价格关系时，须考虑我国宏观经济政策转换的事实。 因此，在分析中国跨境资本流动及其资产价格效应时，不能忽视政策动态转换的特征和影响。

（3）国际资本波动及监管评估方面

国际资本流动的周期性特征，加重了全球宏观经济周期性波动及宏观政策调整的难度，但现有研究均没有评估国际资本监管工具的实际效应及对宏观经济的冲击。 当前，我国资本账户自由化改革处于"战略机遇"期，随着资本账户开放进程的推进，跨境资本流的规模将趋于增大，流向也亦将复杂。 建立在净资本流动基础上的资本流动波动测度方法已不能适合中国资本流动的现实情况。 因此，在评价中国资本流动时，借鉴国际经验，基于不同资本流动类型建立一套跨境资本流动预警体系成为当前资本流动监管的重要内容。 此外，在评估国际资本流动监管工具层面，现有研究并未结合一般均衡理论来进行政策模拟，这些均是今后研究的重要内容。

————第二章————
金融一体化、国际资本流动与全要素生产率[①]

第一节　历史背景及研究思路

一、历史背景

国际资本流动兴起于 20 世纪 60 年代，随着 70 年代布雷顿森林体系的瓦解而大力推进，虽然金融危机使金融一体化进程在短期内有所停滞，但该过程长期内仍持续推进。从流量角度看，全球资本流动在过去 20 多年显著增长，1980—1999 年全球总资本流动占全球 GDP 平均比重不超过 5%，而到 2007 年该比例提高至近 20%（IMF，2012）。2007—2008 年的金融危机使跨境资本流动经历了断崖式下降（图 2-1），但近年开始显

① 本章与李昌克合作完成，部分修改发表在《系统工程理论与实践》2016 年第 4 期。

示出复苏迹象。 同时尽管发展中国家的资本流动规模快速增加，但发达国家仍是全球资本流动的驱动力，资本并没有体现出从富余的发达国家流向匮乏的发展中国家（Gourinchas et al.，2013）。 从存量角度看，以一国持有的国外总资产与国外总负债之和占全球 GDP 比重来衡量金融一体化水平（Lane et al.，2001，2007），该指标在发达国家和新兴经济体中分别从 1980 年的 68.4％、34.9％上升至 2007 年的最高点 438.2％、73.3％（Lane，2012），表明各国（尤其是发达国家）极大程度地融入了世界金融，但存在显著的南北差异。 进一步地，从法定角度看（图 2-2），发达国家的金融一体化进程始终稳步进行，近十年几乎所有发达国家取消了对资本账户的管制，而发展中国家的金融一体化进程主要起步于 20 世纪 80 年代末期，随后 20 多年整体上逐步取消资本管制，但仍存在较大的开放空间。 是否进一步开放资本账户，以及如何把握资本账户开放进程是发展中国家面临的一个重要问题。 以我国为例，我国资本账户长期以来受到严格管制（黄玲，2011a），近年随着人民币资本项目可兑换的演进，我国正逐步尝试对外金融开放：2013 年 1 月，深圳前海人民币跨境贷款业务启动，是继 2010 年 8 月中国人民银行允许部分境外机构进入境内银行间债市，以及 2011 年 12 月人民币合格境外机构投资者试点"开闸"后，境外人民币回流的又一新渠道；2013 年 9 月，国务院批准设立中国（上海）自由贸易实验区，在风险可控的前提下，可在区内对人民币资本项目兑换进行先行先试。 正如 Tarapore（1998）所言，发展中国家面临的问题将不是要不要开放资本账户，而是如何渐进有序地安排资本账户开放。

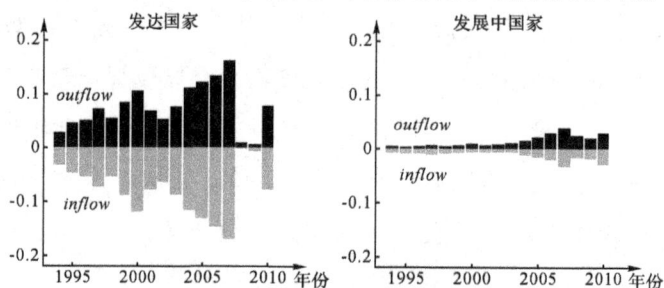

图 2-1　资本流动占全球 GDP 比重图（％）

数据来源：IMF，BOPS 数据库。

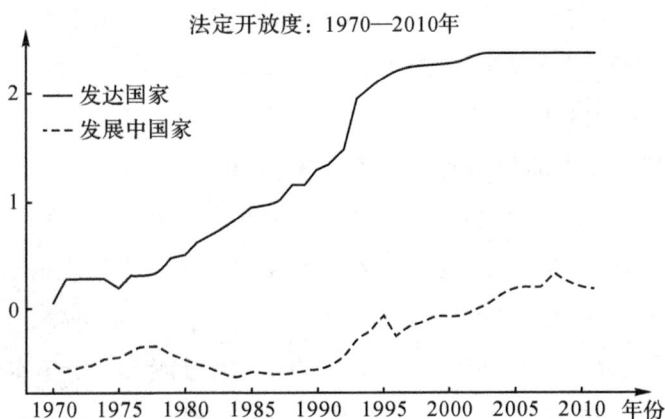

图 2-2　法定开放度

数据来源:Chinn et al.(2006,2008),数据更新至 2010 年。

　　伴随着全球经济一体化与金融自由化在广度与深度两个维度上的发展与交叉,国际金融一体化的内涵得以不断拓展与深化,并吸引着理论研究者的眼球。 基于经济增长理论,金融一体化具有改善经济环境和提高经济运行效率而促进一国经济持续增长的内生机制。 但是,一些国家并没有实现金融一体化的增益。 很多国家在金融一体化过程中伴随有国内经济剧烈波动,1997 年的东南亚金融危机使人们对资本账户问题进行了重新审视,一些经济学家认为发展中国家在资本账户开放上走得太快(Rodrik, 1998; Stiglitz, 2000)。 当前,全球经济仍然持续低迷,金融危机冲击下的全球宏观经济走向仍不明朗,众多国家对推进金融一体化仍存顾虑,有些国家存在重新加强资本管制的迹象(Jinjarak, et al.,2013)。 面对复杂的国际经济环境,金融一体化能否给不同发展水平的经济体带来经济增益是各界关注的焦点。 研究金融一体化对一国经济增长的作用机制,把握金融一体化与经济增长关系的动态演变过程中的逻辑框架,无疑对金融一体化的制度安排具有较强的现实指导意义。

　　一般理论认为,金融一体化通过直接和间接渠道作用于经济增长,其中直接渠道为资本形成,即通过吸引国外资本缓解国内储蓄缺口,提升国内资本形成水平;间接渠道为效率增长,即提高资本配置效率来促进一国经济增长。 学者对金融一体化的经济增长效应进行了广泛的实证检验,但不同学者因样本、指标、估计方法选取的不同而得出不同的结论，金融一体化能否促进经济增长尚无定论。综观现有文献，它们的一个共同特征是仅对金融一体化与经济增长结果进行分析，缺少对中间渠道进行识别的环节。由于经济增长可能是多种因素作用的最终结果，而宏观计量估计结果仅反映两者之间的关系，至于金融一体化对经济增长的传导渠道是否通畅缺少实证支持。对金融一体化与经济增长的中间渠道进行检验，既能拓展金融一体化内涵，又能得出较具有借鉴意义的结论。从资本形成角度看，现有研究表明金融一体化对资金成本的降低作用和投资的促进作用是有限和短暂的（Henry，2000，2003）。Gourinchas et al.（2006）表明金融一体化对资本积累的影响微不足道，而其对全要素生产率作用的重要性远大于对资本积累的作用，因为后者是发展中国家缩小与发达国家之间差距的主要途径。同时，无论从经济增长还是经济发展角度，学者纷纷将分析重点从要素积累转向全要素生产率，强调全要素生产率在经济长期增长中的重要性（Hall et al.，1999）。Jones et al.（2009）表明要素投入差异对收入差距的解释能力不足一半，落后国家之所以落后，不仅仅是因为要素投入不足，更重要的是其对要素的整合能力低，即全要素生产率低。因此，在金融一体化的过程中，探索其全要素生产率增长效应这个中间渠道对长期经济发展以及社会福利具有实际意义。

通常认为，金融一体化能促进经济增长的观点与新兴经济体在资本账户开放之后快速增长的事实不无相关。图 2-3 给出了各类经济体在1975—2010 年的累计经济增长情况。为了便于比较，选取 1975 年为基期，设为 100。可以看出，新兴经济体作为一个整体，自 1975 年起其经济增长速度远高于发达国家和其他发展中国家，尽管在剔除了中国和印度之后，新兴经济体与发达国家的差距变得不显著，但仍远高于其他发展中国家。结合图 2-1，可以发现的一个显著特征是，发达国家的资本流动规模与其经济增长速度明显不匹配，发达国家主导着全球资本流动，其累计增长速度仅与新兴经济体（剔除中国和印度）相当。这是否意味着金融一体化对发达国家和发展中国家的作用机制存在差异。鉴于此，本书将探讨金融一体化对不同发展水平国家全要素生产率的影响，从而为不同发展水平国家金融一体化进程的政策安排提供借鉴。

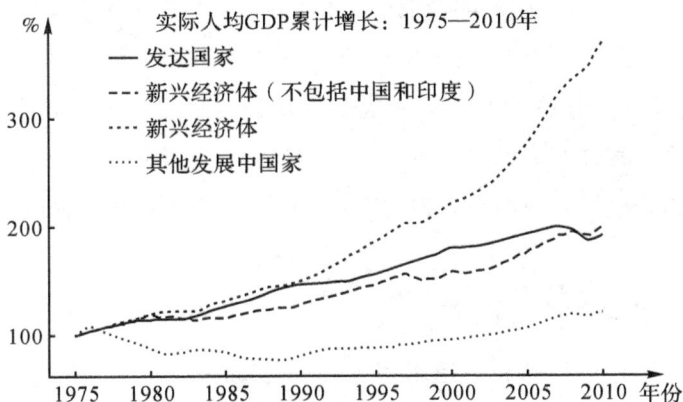

图 2-3　实际人均 GDP 累计增长（%）

数据来源：PWT7.1。

二、研究思路和方法

（一）本章研究思路

本章试图通过理论分析并重点依赖于实证检验，探讨金融一体化对不同发展水平国家全要素生产率的影响，以期对现有文献做出边际贡献。

本章认为，由于跨境资本的技术差异程度的不同，金融一体化对全要素生产率的作用随发展水平不同而不同。 对于发展中国家，他们与发达国家存在差距，金融一体化能使发展中国家通过技术引进等手段从国外进口技术，而对于发达国家，他们自身处于世界技术前沿，金融一体化导致的同质资本流动是否具有效率提升作用有待检验。 基于这样的基调，本章从文献回归、理论渠道分析、实证检验三个层次分析金融一体化的全要素生产率增长效应，并时刻区别发达国家和发展中国家。 通过对相关国内外文献的系统梳理，从理论上理清金融一体化对经济增长的作用途径及其主次顺序，分析金融一体化对不同发展水平的国家的影响，指出现有文献的不足之处及可能潜在的创新点，为本章实证奠定基础。 实证部分为本章核心内容，本章从多角度进行了实证分析，给实证结果提供了相当高的稳健性，包括对不同发展水平国家的分样本回归、加入变量交互项检验、资本流动类别检验、5 年非叠加数据回归，同时本章对内生性问题进行严格处理，通过严格检验筛选合适工具变量，采用更为有效的广义矩估计 GMM 进行估计。 通过实证结果得出本章的研究结论和政策建议。

（二）本章研究方法

本章在写作过程中充分运用理论分析与实证检验相结合的方法，依据理论选取设定控制变量，以期通过控制变量来识别金融一体化对全要素生产率的中间作用途径。 同时本章定性分析与定量分析相结合、文字分析和图表分析相结合，更具体直观表达观点。

在计量实证过程中，本章选取固定效应面板数据模型作为基准模型，考虑到变量内生性问题，本章通过严格检验筛选工具变量，采用广义矩估计 GMM 进行估计。 在实证部分，本章从多角度、多层次进行了检验，保证了实证结果的可信性和稳健性，其中涉及：①整体样本回归、分样本回归，通过比较揭示整体样本回归对金融一体化作用机制的掩盖作用，区分不同发展水平是必要的；②加入发展水平交互项回归，交互项往往用于揭示变量对不同水平影响的边际效应，本章更进一步涉及边际效应的置信区间估计；③将跨境资本按构成类别分为 FDI、股权资本和债权资本，通过细分进一步探索不同资本流动的作用效应；④考虑到经济周期的影响，本章最后将所有变量进行 5 年非叠加均值处理，用以平滑经济波动，并采用内生变量滞后一期的方法控制内生性。 需要说明的是，通常对门槛效应一般有三种方法：分样本检验、交互项检验、面板门槛模型（Hansen，1999），尽管 Hansen（1999）的模型能对门槛变量的临界值自动划定，进而避免主观样本划分带来的弊端，但该模型并不能有效处理变量的内生性问题，而本章的实证结果表明内生性问题对本章研究结论至关重要。 因此，在对门槛效应的处理上，我们主要采用前两种方法，并对内生性问题进行严格处理。

在对金融一体化经济增长效应的实证研究中，面板数据模型被广泛采用（详见：Kose et al.，2006；Edison et al.，2004；Bonfiglioli，2008；Kose et al.，2009b），在分析金融一体化对全要素生产率的影响时同样采用了面板数据模型。

第二节　金融一体化与全要素生产率相关研究综述

本节主要从金融一体化测度、金融一体化与经济增长关系、金融一体化与全要素生产率关系三个层面，对现有经典文献进行回顾总结。

一、金融一体化测度

根据 IMF（2012），金融一体化[①]是指各国取消对资本流动收取费用、课征税收等限制跨国资本流动的措施，意味着本国货币在国际金融交易中能自由兑换，但不排除在特定环境下短期内重启管制措施、也不排除为维护金融稳定而采取的宏观审慎措施。金融一体化的测算分为法定层面（De jure）和事实层面（De facto）。法定层面指政府对资本账户的管制程度，泛指政府对于各类国际资本交易的限制性法规条令，包括对货币兑换的限制，对进出境资本的数量及行业的限制以及对跨境资本经营的征税等；事实层面指标，又称定量指标，主要反映经济体实际上多大程度上融入了金融一体化，一般以实际资本流动衡量。由于资本管制的具体实施效果难以保障，一国实际金融开放程度与其法定开放程度往往存在差异。从现有文献看，两个层面上的金融一体化测算方法较多且不一致，Eichengreen（2001），Edison et al.（2004），Kose et al.（2006），Quinn et al.（2011）对金融一体化的衡量指标进行了全面的分析比较。

---

①　本章将金融一体化、金融开放、资本账户开放视作等同概念。

本研究对几种经典指标进行概述。

（一）法定层面

法定层面开放度量最主要的依据是 IMF 发布的《汇兑安排与汇兑限制年报》（AREAER），它公布了各国在资本账户管制上的信息，用资本账户"完全开放"和"不开放"两个虚拟变量来表示。虽然这一指标体系较为全面，自 1967 年就存在，并且涵盖了 100 多个国家，由于它仅为二元变量，无法显示出金融开放强度和不同类别管制差异。该方法被指责为太粗糙，不能给出多少有用的信息（Eichengreen，2001）。

另一个指标是利用 AREAER 中的信息构造一个份额指数，即 SHARE 指数。该指数的主要思想是将一个样本区间内资本账户开放的年数除以总年数，得出比例来衡量开放程度，如 1990—1999 年间，一个国家有四年开放，则 SHARE 指数为 0.4，SHARE 指数介于 0—1 之间，0 表示样本期间资本账户完全关闭，1 表示样本期间资本账户完全开放。由于 SHARE 源于 AREAER，因而同样具有覆盖面全、时间阔度长等优点，同时可以使研究样本区间被任意选择，具有较大的灵活性，但 SHARE 指标不能反映货币当局政策的反复变更，如十年内，头五年开放后五年关闭、头五年关闭后五年开放、每年间隔开放，这三种情况下，SHARE 指数都为 0.5，由此导致的问题使该指标的科学性收到严重质疑（Henry，2007），同时资本账户开放的强度仍无法在这一指标中得到体现。尽管如此，SHARE 指数仍是被广泛采用的指标之一。

为了体现资本管制强度，Quinn（1997）提出了更为数量化的强度指标 Quinn 指标，通过对资本账户资料重新整理，对各国资本账户收入与支出管制强度打分：0 表示禁止交易、0.5 表示部分限制、1 表示对交易征收较大税收、1.5 表示税收较轻、2 表示没有限制。由于区分资本账户收入与支出交易，Qiunn 指数处于 0—4 之间，0 表示完全封闭，4 表示完全开放。最初该数据仅包括 1950—1997 年的 21 个 OECD 国家和 1857 年、1973 年、1982 年、1988 年的 43 个非 OECD 国家，因而不能很好地揭示发展中国家的金融开放进程，Quinn et al.（2008）将数据扩大至 94 个国家在 1950—1999 年的数据。

Schindler（2009）提出了一种新的指标，该指标对资本类型、流动方向等因素进行了细分。 对于强调资本流动类型与方向重要性的学者而言，该指标提供了很好的参考，但该指标仅包含 1995—2005 年的数据。

另一个细化改良的指标 Chinn-Ito 指数近年来被广泛采用（Chinn，et al.，2008）。 Chinn-Ito 指数构造源于 IMF 发布的各成员国对 4 个问题的回答，包括是否存在多重汇率、是否存在对经常账户下的交易管制、是否存在对金融账户下的交易管制以及是否要求出口创汇上缴。 各国逐年对上述 4 个问题的"是"和"否"回答构成 4 个虚拟变量。 Chinn-Ito 指数以第一标准化主成分来衡量一国的法定开放程度的指数，这一指数赋值在 -1.84 和 2.45 之间，赋值越大表明资本管制程度越低，即法定金融开放程度越高。 Chinn-Ito 指数数据库现已更新至 2011 年，包含 182 个国家于 1970—2011 年的数据。 鉴于该指数数据的改良性与完整性，本研究采用 Chinn-Ito 指数来衡量法定金融一体化程度。

另外在证券市场开放上，一些学者通过分析整理一国证券市场开放的时间，将开放前和开放后的年份分别设置为 0 和 1，分析证券市场开放前后经济变量的变化情况，这种方法较适合用于事件分析，代表的研究有 Henry（2000），Bekaert et al.（2005）。

（二）事实层面

事实层面上并没有太多指标选择，大致可以分为三类：第一类是基于价格差异的指标。 这种方法的基本思想是随着金融一体化的进行，资本实现了自由流动，利率或者收益率将会出现趋同现象，国内和国外利率应该符合利率平价关系，因为出现差异时，国际套利将会使之消失。 尽管理论上可行，但它的一个重要缺陷是数据可得性弱，尤其是发展中国家的数据。

第二类是国内投资储蓄相关性分析法（Feldstein et al.，1980），其基本思想是在封闭经济体内，一国的投资与储蓄应该高度相关，而在经济开放条件下，资本将跨国界充分流动，二者之间不再具有明显的相关性，通过检验国内投资与储蓄之间的相关性可以判断一国的开放程度。上述两种方法主要由于数据可得性以及长时间跨度和多国家研究的现实可操作性问题并没有得到较多的应用。

第三类是基于资本流动的数量指标，即通过衡量实际跨境资本流动来判断一国开放强度。这类指标可以分为流量指标和存量指标。流量指标以一国当年资本流动数量（流入或流出或两者之和）占 GDP 比重作为衡量指标（Kraay，1998），反映金融开放的短期指标，这种指标事实上与国际贸易上用进出口总额占 GDP 比重来衡量贸易开放度一样。然而流量指标可能会存在较大的波动同时容易产生较大测算误差（Kose et al.，2009a），存量指标则能一定程度上减少这种情况。广泛采用的一个存量指标是一国持有的外国资产与负债头寸占 GDP 比重（Lane et al.，2001，2007），存量指标实际上是对流动资本历史数据的累积，用以反映金融开放的长期水平。本章采用该指标衡量金融一体化的长期水平，数据来自 Lane et al.（2007）测算编制的 EWNMT II 数据库，该数据库现已更新至 2011 年，包含 178 个国家在 1970—2011 年间的数据，该数据库还包含了各类资本构成的情况，且数据均剔除估值效应。

二、金融一体化与经济增长

金融一体化常常被认为对经济增长起到促进作用，一个直觉性的解释是自由市场效率和资本的趋利性。然而这种直觉上的经济效应并非那么显性，一些经济学家认为金融一体化"口惠而实不至"。本节对金融一体化的经济增长效应的各方观点进行一个回顾，现有相关文献可谓汗牛充栋，但遗憾的是，各方并没有形成一致的观点。在对相关文献进行回顾前，我们必须指出几篇非常系统全面的综述性文章：Eichengreen（2001），Edison et al.（2004），Kose et al.（2009a）以及 Obstfeld（2009），上述文献对金融一体化各方面影响具有翔实的介绍，包含经济增长、经济波动、消费平滑、金融危机等，在金融一体化与经济增长的分析上，上述作者得出的结论具有较强的一致性，即金融一体化与经济增长之间的关系不确定。鉴于此，本节将先后认为，金融一体化能促进经济增长和金融一体化不能促进经济增长的文献进行回顾，再进一步对金融一体化的门槛效应进行回顾，以期平缓前者矛盾。需要说明的是，由于上述综述文献的存在，本章在文献回归时，在不失全面性的前提下，将重点放在上述文献没有或较少涉及的近期文献。

（一）支持金融一体化能促进经济增长的研究

较早证实金融一体化能促进经济增长的一篇文献是 Quinn（1997）写的，该文从法定金融一体化程度分析，以 1989 年 Quinn 指数减去 1960 年 Quinn 指数来衡量长期金融开放变化程度，将其纳入标准的经济增长回归框架，基于 58 个国家的数据，实证表明金融开放与经济增长存在显著的正向关系。Quinn et al.（2008）基于扩展的数据库，进一步确认了 Quinn（1997）的结论，且表明金融一体化的经济增长效应在发达国家和新兴经济体均成立，不存在显著的条件因素，同时他们还从三方面指出现有文献得出不一致结论的原因：金融一体化变量测算误差、样本区间选择差异、回归方程中解释变量的共线性问题。

Klein et al.（1999）则尝试通过金融发展这个中间渠道来连接金融一体化与经济增长，其基本思路是先将金融发展对金融一体化进行回归（采用 SHARE 指标，回归方程包含其他标准控制变量），发现金融一体化能促进金融发展，进一步将经济增长与金融发展进行回归，证实金融发展能促进经济增长，进而得出结论认为金融一体化能促进经济增长。但该结论主要由金融一体化程度较高的 OECD 国家驱动，在其他非 OECD 国家不成立，因而他们得出结论，只有在国内金融发展到一定程度的情况下，金融一体化才能发挥作用。Bailliu（2000）基于 40 个发展中国家在1975—1995 年间的数据得到了类似的结论。这种金融一体化的金融发展观在后来得到了一定的支持，如 Mishkin（2006，2009）强调金融一体化对于发展中国家十分重要，因为它可以通过弱化政府以及特殊利益群体的势力、强化竞争、先进技术引进等方式作用于国内金融发展，提高资本利用效率，促进经济增长；另一方面，金融开放会激励国内政府对制度进行改革，以使其更加有利于金融体系运作。尽管 Mishkin 承认全面的制度改革并非易事，以及金融一体化潜在的弊处，但他坚持认为金融一体化能带来经济长期稳定增长，只要相关的政策、制度框架等辅助措施到位。

作为金融开放的一部分，证券市场开放对经济增长的作用具有较一致的结论。Bekaert et al.（2005）基于 1980—2007 年 95 个国家的数据，实证表明证券市场开放能使经济增长率平均提高 1%，且在控制了可能的并发改革变量之后结论仍成立。Henry（2000）采用事件分析法考察了 11个发展中国家证券市场开放前后投资率的变化情况，他发现证券市场开放后，绝大多数样本国家短期内投资有显著增加，但 Henry 并没有直接将投资的增加归因于证券市场的开放，因为证券市场开放往往与其他一些改革措施相伴，如贸易开放。在处理了这些潜在问题后，结论仍成立。Henry（2003，2007）进一步证实了证券市场通过降低资金成本，促进投资，进而促进经济增长。需要指出的是，Henry 的观点强调金融开放促进经济短期增长，而非长期，且金融开放对经济增长的途径仅为资本积累，不包含技术提升。Henry 于 2007 年发表的文章被广泛引用，一个主要原因是该文指出了现有文献之所以不能捕捉到金融一体化的经济增长效应，出于三个原因：根据基本的索洛增长模型，资金成本的降低对经济增长只有短期影响，而现有文献试图捕捉金融一体化对经济增长的长期影响；由于金融一体化对经济增长的影响因发展水平的不同而不同，现有文献较少区分发达国家和发展中国家；指标测算存在较大误差，严重质疑SHARE 指标的可行性。然而 Henry（2007）的论点遭到了 Rodrik et al.（2009）的全面反驳，Jeanne et al.（2012）也间接认为，即使 Henry（2007）的观点是正确的，他也仅仅只是证实了证券市场开放对经济增长有促进作用，而非金融一体化的全部。

Kose et al. 在 2006 年发表的文章及于 2009 年 Kose et al.（2009a）正式在期刊上发表的论文在对金融一体化相关文献进行全面的整理分析后，表明金融一体化与经济增长之间的关系是模糊的。然而，他们仍支持金融一体化，认为前人研究没能证实金融一体化能促进经济增长是因为他们没把握对方向。 金融一体化对经济增长的促进作用并非主要是通过降低资金成本促进投资，而更重要的是对生产率提升促进经济增长，其途径包括纪律效应、金融发展、制度改革等，这些间接渠道被称为"伴随收益"（collateral-benefits）。 然而他们同时也承认这些"伴随收益"目前仅停留在推测的程度，缺乏翔实的证据。

（二）不支持金融一体化能促进经济增长的研究

较早表明金融一体化与经济增长没有相关性的文献有 Alesiaa et al.（1993）和 Grill et al.（1995），尽管这都不是这两篇文章的主题。 前者基于 20 个 OECD 国家在 1950—1989 年间的数据，以二元指标衡量金融开放，采用 OLS 对混合面板数据模型进行估计，表明金融开放的对立面即资本账户管制并没有抑制经济增长；后者是前者的升级版，基于 61 个国家在 1966—1989 年间的非叠加 5 年均值数据，以 SHARE 指标衡量金融开放程度，采用工具变量法对系数进行了估计，结果同样不支持金融开放能促进经济增长。 Kraay（1998）得出了类似的结论，他以 SHARE、Quinn 指标以及净资本流入三个指标来衡量金融一体化水平，采用 OLS 和工具变量（以金融开放指标的滞后期作为工具变量）对模型进行估计，发现法定层面（SHARE、Quinn 指标）的金融一体化对经济增长并没有显著影响，而事实层面的数量指标在一些设定下能捕捉到促进效应，但并不稳健。

提及金融开放的质疑者，必不可少的一位学者是哈佛大学肯尼迪政府学院的 Rodrik。 在一篇被广泛引用的文章中，Rodrik（1998）基于 100 个国家在 1975—1989 年间的数据，以 SHARE 指标衡量金融开放程度，采用 OLS 对金融开放能否促进经济增长进行了实证检验。 实证结果表明，金融开放与经济增长并没有显著关系，同时他还发现金融开放与投资和通货膨胀率也没有显著关系，进而得出金融开放与经济表现没有相关性的结论。 但他也指出了文章中可能存在的问题，包括内生性问题和 SHARE 指标能否有效反映金融开放程度（Henry 于 2007 年提出了类似的以及更多的质疑，见上文）。 约十年之后，Rodrik et al.（2009）发表了一篇名为"金融全球化为何令人失望"的文章，再一次给金融开放泼了一把冷水，该文开篇便认为试图证实金融一体化能促进经济增长的行为都是徒劳，并对三篇被广泛引用的文章进行了批评，包括 Henry（2007），Kose et al.（2006）和 Mishkin（2006）。 Rodrik et al.（2009）指出，金融一体化未能给发展中国家带来收益是因为这些国家存在投资约束，而非传统理论认为的储蓄约束，发展中国家缺的不是资金，而是如何将资金用在合适的地方的方法。 发展好的国家往往是借钱给富裕的国家，依赖国际贷款的国家往往表现很差。 Rodrik（2011）进行了同样的解释，即使在一个存在储蓄约束的国家，由于市场不完整（包括信息不对称、代理成本、道德风险等因素），金融一体化带来的可能更多的是危机，而之所以金融开放持续推进则要归因于政治经济学。 上述观点与 Stiglitz（2010a，2010b）的观点有较强的一致性。

Prasad et al.（2007）支持了 Rodrik（2011）的观点，他们在研究资本北南流向是否会抑制发展中国家的经济增长时发现，经常账户盈余与经济增长之间存在正向关系，意味着一国经济增长随着对国外资本依赖程度的降低而提升。 尽管这种结果并没有在所有模型设定中都成立，但没有任何一种设定结果能表明外国资本流入能促进经济增长。 他们认为，这主要是因为发展中国家（即使是较成功的发展中国家）国内金融市场发展不完善等因素导致其对国外资本的吸收能力有限。 Aizenman et al.（2007）通过构造自我融资比率指标来检验金融一体化对发展中国家国内融资来源的影响，他们发现发展中国家平均 90% 的融资来自自我融资，而非国外融资，且这个比例自 1990 年以来相当稳定，表明金融一体化的深入没有产生自我融资的稀释，金融一体化并没有像理论预期那样通过引进国外储蓄创造国内增长红利；恰恰相反，证据表明高自我融资率的国家，其经济增长率要显著高于高外部融资率的国家。 Gourinchas et al.（2007）同样对传统的理论模型产生了质疑，由于不同国家经济发展水平差异主要由全要素生产率引起，因而依据传统理论，国外资本流入应该与一国全要素生产率的增长率正相关；事实上，他们发现资本往往流向生产率增长慢的国家。

Jeanne et al.（2012）采用 meta-analysis 方法对金融一体化的经济增长效应进行了全面的再检验。基于 2340 个回归结果，他们发现没有稳健的证据能证明金融一体化可以促进经济增长，证券市场除外。这种结果存在于各种模型设定，包括以总量和分类别衡量金融一体化、以法定和事实指标来衡量金融一体化、各种样本区间设置、各种估计方法、各种样本国家组合、各种条件变量及其他控制变量。

（三）一个缓冲：门槛效应的研究

由前文可知，金融一体化能否促进经济增长存在极大争议，一些学者提出了门槛效应来解释这种矛盾（Kose et al.，2009a）。门槛效应一般是指只有当一国具备适当条件时，金融一体化才能促进一国经济稳定增长，而当一国不具备基本条件时，金融一体化反而导致更大的宏观经济波动。鉴于门槛效应的存在，IMF 也承认，不区分条件的全面开放资本账户的政策安排是不合适的（IMF，2012）。事实上，上文提到的部分文献也涉及了门槛效应，如 Bekaert et al.（2005）指出在制度好的国家，证券市场开放对经济增长的促进作用更大。该部分尝试对门槛效应文献进行一个回顾，以期缓解上述冲突。

较早对金融一体化的门槛效应进行探索的一篇文章为 Edwards（2001）基于 60 个国家的数据，在回归方程中加入金融开放指标及其和经济发展水平的交互项，加权最小二乘法估计结果显示，金融开放指标为负，而交互项为正，表明在经济发展水平较低的时候，金融一体化抑制经济增长，而只有当经济发展水平达到一定程度时，金融开放才会促进经济增长。因而 Edwards（2001）得出结论，即金融开放与经济增长之间的正向关系必然要求一国的经济发展水平达到一定程度。然而 Arteta et al.（2001）从三方面对 Edwards（2001）提出了质疑，包括一体化指标选择、估计方法合理性、工具变量的有效性。在对问题进行改进处理后，他们并没有发现能证明金融开放对中高收入国家的促进作用大于对贫困国家的促进作用的稳健的证据。

除了以经济发展水平作为门槛变量外，学者更多的是将门槛变量细分到具体的经济变量，如国内金融发展、制度质量以及公共治理、宏观政策稳定等。 从国内金融发展水平看：理论上，国内金融市场的发展能够在强化对外资吸收能力的同时，减少外资涌入对宏观经济的冲击（Mishkin，2008）。 一些学者以国内金融发展水平为门槛变量，研究国外直接投资对经济增长的影响，实证表明金融发展确实存在门槛效应，但门槛值差异很大，例如 Hermes et al.（2003），Alfaro et al.（2004），Carkovic et al.（2005）得出的以私人信贷占 GDP 比重衡量的国内金融发展的门槛值在13%—48%之间。 Masten et al.（2008）同时运用宏观和微观数据对欧洲国家进行了考察，他们发现金融发展对于低发展水平的国家经济增长促进作用更大，而金融一体化的收益在高金融发展水平的国家更大。 Eichengreen et al.（2011）基于行业层面数据发现金融开放对于具有融资依赖的企业有显著的促进作用，但这种促进作用仅局限在具有较好金融体系的国家。 从制度因素看，良好的制度因素会吸引更多国外直接投资以及股权资本流入，而这两种类型的资本相较于债务资本更加稳定且更易于产生金融一体化的间接收益（Wei，2001）。 Bekaert et al.（2005）和 Chanda（2005）捕捉到了制度因素的门槛作用，而 Quinn et al.（2008）发现并不存在门槛效应。

Kose et al.（2011）尝试提供一个统一可行的实证框架来研究金融一体化的门槛效应。 他们采用了多种模型设定和估计方法来检验金融一体化的门槛效应，包括虚拟变量设置、交互项设置、非参数估计方法，并强调往往被忽视的置信区间的估计，所考察的门槛变量有金融市场发展、制度质量、贸易开放、劳动市场刚性和整体发展水平。 但他们的实证结果表明所有的门槛变量并非同等重要，只有金融发展和制度质量变量存在较为清晰的门槛效应。

上述文献都试图去证明当一国跨过某个门槛值之后，金融一体化对经济增长才会有促进作用，而事实上也存在另一种观点，假设一个处于世界前沿的国家，其技术等都处于领先水平，那么金融一体化对其又有什么影响呢？ Klein（2003）在 Arteta et al.（2001）的研究基础上，加入发展水平的二次交互项，并对边际效应的置信区间进行计算，结果表明金融一体化对经济增长存在倒 U 形效应，即资本账户开放对最穷的或者最富有的国家没有显著作用，而对中等收入国家有显著的作用，因为贫穷国家一般不具备获取一体化增益的先决条件，而发达国家由于自身行业具有完善的多样性，同时其技术、金融发展以及制度均处于世界前沿水平，金融一体化无论对其的直接收益还是间接受益均是有限的（Edison et al.，2004）。Klein（2005）进一步考察了制度因素作为门槛变量对经济增长的影响，同样，他发现只有那些制度质量处于中间水平的国家，金融一体化才能促进其经济发展。事实上，Klein（2005）使用的制度指标与 Klein（2003）使用的经济发展指标具有极高的相关性。因此，关于门槛效应，同样没有定论，主流观点认为跨越门槛值能促进经济增长，而以 Klein 为代表的非主流观点认为存在多重门槛，当经济发展到较高水平时，受技术前沿的限制，发达国家将难以进一步从金融一体化中受益，同时大量资本流动对宏观经济稳定的冲击以及资产泡沫等问题会对经济产生不利影响。我们的一个主要任务是对门槛效应的具体形式进行探索。

从上述文献可以看出，金融一体化与经济增长之间的关系尚无定论，一些学者认为应该更换角度思考，探索金融一体化对经济增长的中间作用途径。Kose et al.（2009a）指出，金融一体化与全要素生产率之间的关系将是今后研究的一个重要方向。本节对相关文献进行回顾，这部分文献与主题直接相关。

现有仅少数学者对金融一体化与全要素生产率的关系进行检验，主要集中在近五年。Bonfiglioli（2008）首次对二者关系进行了实证分析，基于 70 个国家于 1975—1999 年间的数据，她发现金融一体化对全要素生产率具有稳健的促进作用，而对资本积累几乎没有影响。Kose et al.（2009b）基于 67 个国家于 1966—2005 年间的数据，实证表明法定层面的金融一体化对全要素生产率增长具有稳健的正效应，而事实层面上金融开放的增长效应则不清晰，其中 FDI 和股权负债对全要素生产率有显著的正效应，而债务负债与全要素生产率存在负相关。不同于以上学者，Bekaert et al.（2011）探讨证券市场开放与全要素生产率增长率之间的关系，基于 96 个国家于 1980—2006 年间的数据，实证表明证券市场开放对全要素生产率增长有推动作用，与 Bonfiglioli（2008）不同的是，他们发现金融一体化对物质资本积累同样具有促进作用，但是其作用幅度要远小于对 TFP 的作用，进而解释了金融开放对经济的增长作用是长期的，而不是暂时的。 Gehringer（2013）基于 1990—2009 年欧盟国家的数据，对金融一体化能否促进全要素生产率提升进行了实证检验。 结果表明，金融一体化促进了全要素生产率的提升，且主要体现在法定金融开放度指标。 此外，Henry et al.（2008）基于制造业部门数据，表明股票市场开放对劳动生产率（非全要素生产率）具有促进作用，而 Levchenko et al.（2009）基于行业数据并未证实金融一体化对全要素生产率有任何提升作用。

但需要指出的是，正如金融一体化对经济增长的作用存在门槛效应一样，金融一体化对全要素生产率的影响同样可能存在门槛效应。 除 Gehringer（2013）外，上述文献并没有重点对这一因素进行考察，他们主要采取的方法是将发达国家和发展中国家样本混合处理，得出平均影响效应，而忽视不同国家之间可能存在的差异。 正是由于可能存在的异质性问题，Gehringer（2013）将样本局限在有较强共性的欧盟国家，这对于本章写作是一个借鉴点。

第三节　金融一体化与全要素生产率：来自 OECD 国家的经验

一、OECD 国家金融一体化与全要素生产率测算

（一）金融一体化水平测算

金融一体化测算方法较多，采用两种方法来衡量，即法定金融一体化

水平（de jure）和事实金融一体化水平（de facto）。 选取 Chinn-Ito 指数衡量法定金融一体化水平，其指标制订源于 IMF 发布的各成员国对 4 个问题的回答，包括是否存在多重汇率、是否存在对经常账户下的交易管制、是否存在对金融账户下的交易管制、以及是否要求出口创汇上缴。各国逐年对上述 4 个问题的 "是" 和 "否" 回答构成 4 个虚拟变量。Chinn-Ito 指数以第一标准化主成分来衡量一国的法定开放程度的指数，这一指数赋值在 -1.84 和 2.45 之间，赋值越大，表明资本管制程度越低，即法定金融开放程度越高。 事实金融一体化水平（de facto）选取国外总负债（Total Liabilities，TL）占 GDP 比重来衡量。 Kose et al.（2009）指出，作为累积存量概念的国外总负债与对外金融开放概念最为接近。 相关数据来自 Lane et al.（2007）测算编制的 EWNMT II 数据库，该数据库提供了 178 个国家于 1970—2007 年间的金融一体化事实指标。 同时，利用 IMF 国际金融统计数据库 （IFS）将相关数据扩展至 2010 年。

从表 2-1 可以看出，无论从事实层面还是法定层面，样本国家金融一体化总体水平在不断提高。 法定层面上，英国、美国、加拿大和德国等 OECD 核心国家几乎没有过资本管制，而葡萄牙、希腊等 OECD 外围国家的资本管制也逐渐放松，2000 年以后基本无管制（冰岛除外）。 事实层面上，多数国家呈现出上升趋势，尤其是 2000 年以后，债务累积速度有所增加，同时外围国家对外总负债占 GDP 比例一般要高于核心国家，而债务负债占总负债很大一部分，这在一定程度上影响着外围国家的债务偿还能力。 从两类金融一体化指标来看，核心国家有着较高的法定金融一体化水平和较低的事实金融一体化水平；而外围国家有着相对较低的法定金融一体化水平和较高的事实金融一体化水平。 不同类型的国家反映了不同的金融一体化水平和不同的金融风险。

表 2-1　部分 OECD 国家金融一体化水平平均值一览表

年份国家	1981—1985	1986—1990	1991—1995	1996—2000	2001—2005	2006—2010
英国	2.29	2.45	2.45	2.45	2.45	2.45
	1.340	1.646	1.856	2.649	3.448	1.854
加拿大	2.45	2.45	2.45	2.45	2.45	2.45
	0.729	0.783	0.922	1.119	1.090	1.032
法国	−0.32	−0.05	1.64	2.45	2.45	2.45
	0.457	0.584	0.835	1.299	1.938	2.657
德国	2.45	2.45	2.45	2.45	2.45	2.45
	0.347	0.449	0.524	0.979	1.524	1.882
美国	2.45	2.45	2.45	2.45	2.45	2.45
	0.250	0.384	0.462	0.678	0.927	1.484
葡萄牙	−1.16	−0.52	0.95	2.40	2.45	2.45
	0.791	0.552	0.593	1.228	2.211	2.856
希腊	−1.16	−1.16	−0.32	0.87	2.25	2.45
	0.408	0.532	0.491	0.674	1.199	1.840
冰岛	−1.43	−1.85	0.18	1.13	1.13	−0.24
	0.544	0.569	0.637	0.808	1.924	7.568
西班牙	−0.11	−0.11	0.79	2.29	2.45	2.45
	0.347	0.359	0.544	0.905	1.525	2.141

注：各国第一行数据为 Chinn-Ito 指数，第二行数据为事实金融一体化程度。

（二）技术效率与 TFP 增长率测算

基于传统"索洛残值"对 TFP 增长率进行测算需要设定具体的生产函数，而生产函数本身具有不可知性，因此采用"索洛残值"法测算 TFP 势必产生较大偏差，故采用非参数估计的较长数据包络方法（Data Envelopment Analysis，DEA）对 TFP 进行测算，使用 Malmquist 指数测算 TFP 变化率。由于目前该体系发展较为成熟完善，我们给出简单计算说明：图 2-4 中，X_i 为投入要素，Y 为单产出，S 为线性规划得到的技术前沿，A 与 B 点分别为 t 期和 $t+1$ 期某一决策单元的投入情况，则该决策单元 t 期的技术效率值为 OC/OA，t 至 $t+1$ 期的 TFP 增长率即

$$\text{Malmquist} = \left[\left(\frac{OF}{OB} \Big/ \frac{OC}{OA} \right) * \left(\frac{OE}{OB} \Big/ \frac{OD}{OA} \right) \right]^{1/2} \qquad （2\text{-}1）$$

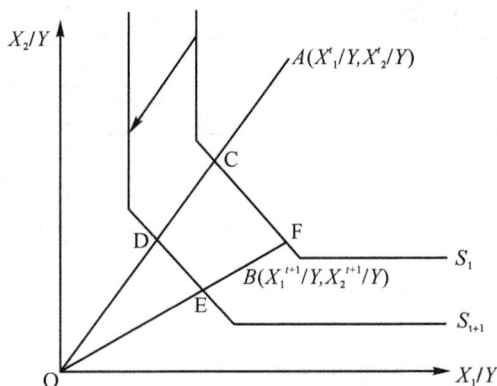

图 2-4　技术效率

代表性 OECD 国家的技术效率及 TFP 增长率测算结果见表 2-2。测算使用的数据指标中，产出选用各国不变价格的实际 GDP，数据根据 PWT7.1 不变价格链式序列人均国内生产总值与样本国家的人口数相乘得到；劳动投入数据根据 PWT7.1 计算得到；资本数据使用"永续盘存法"对其进行估算，其中投资额由 PWT7.1 中投资份额乘实际人均 GDP 再乘人口得到。上述变量均基于 2005 年不变价格计算。关于基期资本存量，采用增长率法来确定，即 $K_0 = I_0 / (g + \delta)$，其中 g 为基期 t_0 至 t_{10} 投资的几何平均增长率，折旧率 δ 取 7%，$PWT7.1$ 提供了 1950—2010 年的投资序列，其余年份资本存量根据公式 $K_{t+1} = (1 - \delta) K_t + I_t$ 确定。部分国家投资序列并非始于 1950 年，我们则根据 $PWT7.1$ 提供的最早年份为基期。事实上，我们研究的样本期间为 1980—2010 年，在 7% 的折旧率下，基期资本存量估算存在的一些误差对研究影响并不大，如 $(1-0.07)^{30}=0.11$，即基期为 1950 年估算的资本存量折旧至 1980 年仅剩余 11%。其中技术效率即超效率 DEA 模型由 EMS 软件运算而得，$Malmquist$ 指数由 $DEAP2.1$ 运算而得。

表 2-2　全要素生产率及 Malmquist 指数平均值

时间 国家	1981—1985 年	1986—1990 年	1991—1995 年	1996—2000 年	2001—2005 年	2006—2010 年
英国	0.937	0.987	0.959	0.996	0.997	0.962
	1.007	1.006	1.001	1.004	0.999	0.976
加拿大	0.899	0.905	0.855	0.898	0.916	0.864
	0.999	0.995	1.001	1.014	0.996	0.979
法国	0.780	0.820	0.819	0.846	0.868	0.855
	1.003	1.018	1.004	1.010	1.002	0.985
德国	0.652	0.706	0.755	0.776	0.802	0.812
	1.001	1.021	1.015	1.012	0.999	1.001
美国	0.891	0.927	0.930	0.975	0.973	0.979
	1.009	1.007	1.007	1.000	1.003	0.998
葡萄牙	0.624	0.665	0.643	0.623	0.574	0.566
	0.975	1.024	0.978	0.990	0.981	1.003
希腊	0.641	0.652	0.676	0.711	0.773	0.788
	0.986	1.005	1.007	1.015	1.014	0.986
冰岛	0.673	0.716	0.666	0.736	0.787	0.771
	0.994	1.023	0.977	1.030	1.021	0.954
西班牙	0.704	0.747	0.731	0.755	0.768	0.720
	0.999	1.015	0.993	1.012	0.995	0.977

注：各国第一行数据为技术效率，第二行数据为 Malmquist 指数。

TFP 增长率（Malmquist 指数）包括技术进步率和技术效率提高。表 2-2 显示，代表性国家技术效率整体呈现上升趋势，21 世纪的技术效率值要显著大于 20 世纪 80 年代，表明存在追赶效应，且样本国家技术效率提升是经济增长的重要引擎。从横向比较来看，核心国家均高于外围国家，其中英国和美国始终处于效率前列，其 TFP 的提高将主要依赖于技术进步。从生产率指数看，Malmquist 指数大于 1 表明经济绩效相对改善，反之则下降。表中一个信息是无论是核心国家还是外围国家，最近五年或十年平均的 Malmquist 指数更频繁地出现波动。

三、金融一体化与生产效率:基于 OECD 国家的实证分析

(一)模型设定、变量及数据

计量模型的数据具有空间与时间两种特征,为了检验全要素生产率与金融一体化之间的关系,使用面板数据计量模型进行回归,模型设定如下:

$$Mal_{i,t} = \alpha_i + \beta_1 facto_{i,t} + \beta_2 jure_{i,t} + \beta_3 X_{i,t} + \varepsilon_{i,t} \qquad (2\text{-}2)$$

其中被解释变量为 TFP 增长率即 Malmquist 指数。解释变量包括事实金融一体化(facto)和法定金融开放程度(jure)。金融一体化对技术效率的影响机制在前文已做概括,故不再赘述。实证目的是使用不同指标来检验金融一体化是否具有"进口"生产效率的功能。X 为其他控制变量矩阵,我们参照 Kose et al.(2009)的做法,选取变量如下。

(1)贸易开放程度(进出口总额/GDP)

国际贸易理论认为,出口贸易能通过国际市场的竞争效应与学习效应,通过"干中学"来提高生产效率;而进口贸易所引致的模仿等技术溢出效应直接提高国内技术水平。我们预期贸易开放度对技术效率具有正效应。

(2)政府规模(政府支出/GDP)

政府支出对技术效率的影响机制比较复杂,已有的文献基于内生经济增长模型强调政府对科研与教育的投入能提升人力资本的积累,进而促进技术进步与实现内生增长。因此,政府支出规模对技术进步的效应取决于其支出结构,不同的财政支出结构具有不同技术进步效应。

同时我们选取了金融深化程度(私人部门获得信贷/GDP)以及资本强度(资本存量/人口数)作为解释变量,但实证结果难以通过显著性检验,故没有将这些指标列入模型,以上变量数据均来自 PWT7.1。

为控制选择制度、地理和文化等无法观测变量对回归结果产生不确定

性影响，选取经历了较为完整的金融一体化进程的部分发达国家，同时考虑到数据完整性与可靠性，选取 29 个 OECD 国家于 1980—2010 年间的数据作为样本。

（二）实证结果

由于事实金融一体化指标与法定金融一体化指标均是衡量金融一体化程度的指标，二者可能存在一定的相关性，简单计算 Chinn-Ito 指数与国外总负债（TL）的相关系数为 0.29，不存在严重的共线性。 这一方面是由于一国的实际金融开放程度与资本管制的严格程度往往存在差异（黄玲，2011），同时由于 Chinn-Ito 指数具有阶梯状特征，一定程度上削弱了相关系数。 因此，该指数模型中充当着类似虚拟变量的角色。 表 2-3 给出了实证结果。

表 2-3　回归结果

	(1)Pooled	(2)FE	(3)RE	(4)静态 IV-GMM	(5)动态 IV-GMM
法定金融一体化	0.0014	0.0005	0.0013*	0.0011	0.0028
	(0.0009)	(0.0015)	(0.0008)	(0.0014)	(0.004)
事实金融一体化	−0.0035**	−0.005***	−0.0037***	−0.0072***	−0.0063**
	(0.0015)	(0.0014)	(0.0014)	(0.0014)	(0.0029)
贸易开放度	0.0151***	0.0338***	0.016***	0.0407***	0.0115
	(0.0041)	(0.0112)	(0.005)	(0.0107)	(0.2154)
政府规模	−0.0298	−0.2288***	−0.0348**	−0.2479***	−0.8141***
	(0.02)	(0.06)	(0.03)	(0.06)	(0.24)
Malmquist 滞后一期					−0.0256
					(0.1048)
Malmquist 滞后二期					−0.2372***
					(0.0397)
常数项	1.0011***	1.0308***	1.0018***		1.4199***

续　表

	(1)Pooled	(2)FE	(3)RE	(4)静态 IV-GMM	(5)动态 IV-GMM
	(0.004)	(0.0132)	(0.0044)		(0.1597)
面板设定 F 检验		[0.0000]			
B-P 检验			[0.0957]		
Hausman 检验			[0.0000]		
DWH 内生性检验				[0.0109]	
Kleibergen-Paap rk LM 检验				[0.0000]	
Sargan-Hansen 检验				[0.9411]	[1.0000]
Arellano-Bond AR (1)检验					[0.0058]
Arellano-Bond AR (2)检验					[0.6886]
观测值	837	837	837	787	760

注：＊＊＊、＊＊、＊ 分别表示在 1％、5％、10％ 水平下显著,( )内为稳健标准误,[ ]内为相应检验的 P 值。结果由 Stata 而得。

表 2-3 前三列分别给出了混合回归（Pooled）、固定效应（FE）和随机效应（RE）模型,其中固定效应的面板设定 F 检验强烈拒绝原假设,认为个体效应十分显著,固定效应模型优于混合回归,同时 B-P 检验在 10％ 显著性水平下拒绝"不存在个体效应"的原假设,认为随机效应优于混合回归。 为进一步确定固定效应与随机效应的适应性,采用 Hausman 检验,结果强烈拒绝原假设,此时随机效应估计结果有偏,应采用固定效应。

基于固定效应模型,法定金融一体化对 TFP 没有显著作用,而事实上金融一体化即国外总负债占 GDP 比重却显著抑制了 TFP 增长。 因此,对于发达国家而言,并没有捕捉到金融一体化的生产率促进效应。究其原因,一方面,样本均为发达国家,而发达国家由于自身行业具有完善的多样性,同时其技术、金融发展以及制度均处于世界前沿水平,金融一体化无论对其的直接收益还是间接受益均是有限的（Klein，2003），Arteta et al.（2001）亦表明金融一体化的经济增长效用随经济发展水平增加而递减；另一方面，发达国家一般具有较高程度的金融开放水平，全球资本流动主要集中在发达国家之间（IMF，2012），随着金融一体化的深入，各国要素禀赋发生变化，金融一体化的影响体现出边际效用递减规律。同时应该注意，使用国外总负债来衡量事实金融一体化水平，这包括 FDI 负债、股权投资负债以及债务负债，各类别负债往往认为对经济有不同影响（Kose et al.，2009），文中样本国外债务负债的量要远远大于其余两个构成，样本期间国外债务负债约是 FDI 负债的 10 倍，是股权投资负债的 60 倍，区分不同资本构成将有助于稳健性分析，具体见下文。在控制变量方面，贸易开放能显著促进全要素生产率的提高，这也与多数文献相一致；政府规模抑制了 TFP 增速，一方面发达国家财政支出主要投向于社会、医疗保障，而对研发、基础设施投资等支出较少；同时，政府支出对私人投资具有挤出效应，而政府投资的效率往往要远小于私人投资效率（Pritchett，2000）。

事实上，由于资本流动可能流向 TFP 增长快的国家（Prasad，2007），从而导致金融一体化与 TFP 之间存在方向因果关系，致使模型存在内生性问题。首先采用 DWH 检验模型设定中是否存在内生性，选取事实金融一体化水平 facto 的二阶和三阶滞后项作为工具变量，而法定一体化水平主要由政策制定者决定，将其同其他控制变量设为外生变量，并采用 GMM 重新估计模型。为确保工具变量符合两个基本要求，从两方面进行检验：一是 Kleibergen-Paap rk LM 检验，用来检验工具变量识别不足问题；二是 Hansen J 检验，用来检验工具变量过度识别问题。最终估计结果见表 2-3（4）列。由 Kleibergen-Paap rk LM 检验和 Hansen J 检验看出工具变量选取不存在识别不足和过度识别问题。在此基础上 DWH 检验在 5% 水平上拒绝原假设，认为模型存在内生性问题。在控制了内生性问题后，所有解释变量的经济含义及显著性没有发生实质性变化，但事实层面指标的系数显著变大。

考虑到 TFP 变动具有一定的连续性特征，因此加入 TFP 增长率的滞后项来捕捉这一特性。 虽然滞后项的加入一定程度上减少了模型的设定偏误，但这带来了内生性问题。 我们采用一阶差分 GMM 进行估计。 把技术效率的滞后项以及事实金融一体化水平 facto 设为内生变量，采用其高阶滞后项作为工具变量，结果见表 2-3 中（5）列。 其中序列相关检验表明差分后的残差不存在二阶相关，说明原模型误差项没有序列相关性。Sargan 检验表明工具变量不存在过度识别问题。 核心解释变量系数未发生实质性变化，但贸易开放度系数不具显著性。 整体上认为结论是稳健的，相关经济含义不再赘述。

四、稳健性检验

正如上文所提，区分不同类别的资本流动有助于分析实证结论的稳健性。 跨境资本主要包括直接投资（FDI）、股权投资和债务投资。 其中 FDI 具有较大的沉没成本，其跨国流动具有相对稳定、不易发生资本回流的特征。 一般理论认为，FDI 给东道国带来的增益要大于其他类别的资本流动所带来的增益。 Alfaro et al.（2009）表明 FDI 对经济增长的促进作用主要通过全要素生产率提升而非资本积累。 股权投资与 FDI 有相似的性质，具有较好的稳定性。 现有关于股票市场一体化的研究得出较为一致的结论，即股票市场一体化能通过资本积累和提升生产率来促进一国经济增长（Bekaert et al.，2005）。 债务投资尤其是短期债务往往被认为会导致宏观经济不稳定（Stiglitz，2010），当债务积累超过一定水平时，债务会抑制经济增长（Imbs et al.，2005；Reinhart et al.，2010）。

我们分别以 FDI、股权投资负债和债务投资负债占 GDP 比重衡量金融一体化水平来进行稳健性检验。 同时，在估计方法上，我们采用 Baltagi et al.（2002）提出的半参数固定效应模型。 为避免所有解释变量完全非参数化带来的维度的限制，假设被解释变量 TFP 增长率与其他控制变量之间仍为线性关系，而与核心解释变量之间的关系不确切。 具体模型设定如下：

$$Mal_{it} = X_{it}\beta + f(FL_{it}) + u_i + \varepsilon_{it} \quad (i = 1, \cdots, n; t = 1, \cdots, T)$$

$$(2\text{-}3)$$

其中 X 包含上文控制变量，FL 分别为 FDI、股权投资以及债务投资负债占 GDP 比重来衡量事实一体化程度。由上文分析可知，法定层面一体化水平均不显著，故此处不包含法定层面的金融一体化指标。具体估计过程分三阶段。第一阶段：通过一阶差分剔除个体效应 u_i，式（2-2）转化为

$$Mal_{it} - Mal_{i,t-1} = (X_{it} - X_{i,t-1})\beta + f(FL_{it}) - f(FL_{i,t-1}) + \varepsilon_{it} - \varepsilon_{it-1}$$

$$(2\text{-}4)$$

第二阶段：采用序列 $p^k(FL)$ 近似 $f(FL)$，其中 $p^k(FL)$ 一个典型的例子为样条序列，式（2-3）转化为

$$Mal_{it} - Mal_{i,t-1} = (X_{it} - X_{i,t-1})\beta + [p^k(FL_{it}) - p^k(FL_{i,t-1})]\gamma + \varepsilon_{it} - \varepsilon_{it-1}$$

$$(2\text{-}5)$$

对式（2-4）采用普通最小二乘法进行回归得到参数估计 β'、$\hat{\gamma}$，并进一步拟合出个体效应 $\hat{u}_i$。第三阶段：根据拟合得到的参数值构建 TFP 增长率残值与 FL 之间的关系，即 $\hat{\alpha}_{it} = Mal_{it} - X_{it}\beta' - \hat{u}_i = f(FL_{it}) + \varepsilon_{it}$，其中 $\hat{\alpha}_{it}$ 可以理解为 TFP 增长率在控制了其他参数变量（包括个体效应）的影响之后的纯剩余。该式已转化成标准的非参数模型，可以使用标准的估计方法进行估计，例如核估计、局部回归估计等，采用 B 样条法进行估计。由于其余解释变量没有发生大的变化，仅给出核心变量的非参数估计结果（见图 2-5）。

可以看出，无论是从国外总负债占 GDP 比重，还是各类资本构成看，除股权负债的曲线部分较为平滑，整体上所有曲线都显著向下倾斜，表明随着金融一体化的深入，TFP 的增速受到抑制。因此，上文结论是稳健的。

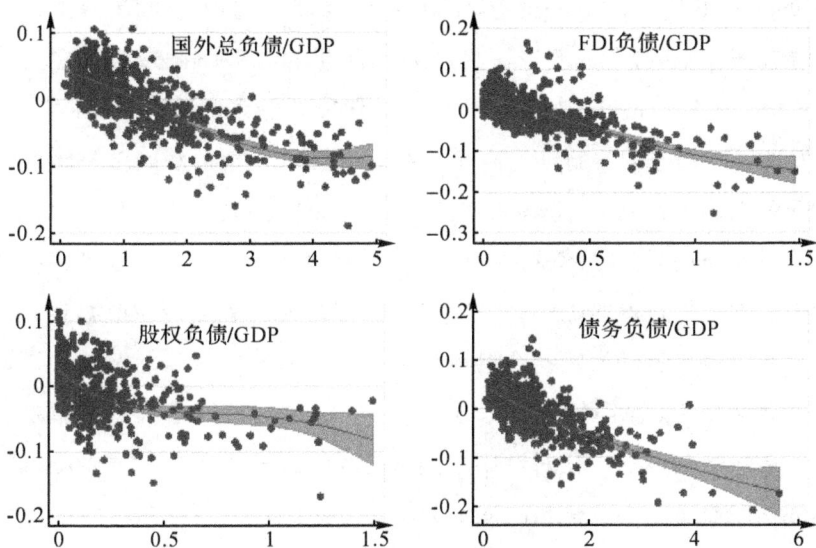

图 2-5 半参数模型估计结果

注:各图纵轴为纯剩余 TFP 增长率,曲线为 B 样条光滑曲线,阴影区域为 95% 置信区间。

五、结论

现有文献对金融一体化的经济增长效应进行了广泛的检验,但缺少对传导渠道的分析。 选取 OECD 国家于 1980—2010 年间的样本数据,综合运用面板参数估计和半参数估计方法对金融一体化的 TFP 增长效应进行了检验,结论如下:

①从金融一体化水平的比较来看,OECD 核心国家有着较高的法定金融一体化水平和较低的事实金融一体化水平;而外围国家有着相对较低的法定金融一体化水平和较高的事实金融一体化水平。 而从技术效率看,核心国家具有较高的技术效率。 表明不同结构的金融一体化水平与技术效率的关联度存在较大差异。

②法定金融一体化对 TFP 增长率没有显著作用,而事实金融一体化

显著抑制 TFP 增长。 这表明实际金融开放程度与资本管制的严格程度往往存在差异。 尽管众多理论认为金融一体化的经济增益效应存在门槛效应（Kose et al.，2011），且多数 OECD 国家跨越了门槛值。 需要注意的是，发达国家由于自身行业具有多样化，其技术、金融发展以及制度均处于世界前沿水平，金融一体化的直接收益还是间接受益均有限，这种近似同质的资本流动对生产率的"进口"能力值得怀疑；同时，全球跨境资本流动仍主要集中在发达国家，跨境资本效应体现出边际效应递减现象，且大量的跨境资本流动对银行金融体系稳定性、资产泡沫化、宏观稳定等均具有一定的影响。 因此，金融一体化对于发达国家似乎并没有增益，但这并不意味着金融一体化对发展中国家无益，进一步研究发展中国家的金融一体化增益是我们下一步的研究方向。

③采用半参数估计方法的稳健性分析表明，FDI 负债、股权负债以及债务负债对 OECD 国家的 TFP 增速均起到了抑制作用，表明发达国家金融一体化对 TFP 抑制作用是稳健的。 因此从生产率角度看，考虑潜在的金融危机、债务危机等因素，发达国家是否要进一步深化金融一体化值得商榷。

第四节 金融一体化与全要素生产率：机制及跨国经验

一、提出问题

虽然 IMF 对资本账户开放进程尚无具体时间表，但过去 20 年全球资本流动规模显著增加，资本流动占 GDP 比重升至 20%，全球金融一体化趋势明显（IMF，2012）。 金融一体化不仅体现为发达国家之间的资本流动，而且体现为新兴经济体和发展中国家资本流动（Milesi-Ferretti，

2010)。 Mohan（2013）建议新兴市场经济体应当将资产账户管理作为常规的宏观经济管理工具，IMF 部分认同适当资本管制的重要性，并为资本管制提供了操作指南。 面对复杂的国际经济环境，对于不同发展水平经济体，如何在金融一体化过程中实现其潜在增益并规避风险成为关键问题。 从金融一体化对一国经济的增长促进机制来看，可分为资本积累和效率促进型增长模式。 当一国处于经济发展初期时，技术水平较低，其与发达经济体技术差距较大，金融一体化更多地通过增加资本存量推动经济增长。 由于资本边际效应递减，当资本积累程度和技术水平提高时，金融一体化对经济增长的作用体现为全要素生产率的提高。 无论从全球资本积累的现实状况，还是从长期经济增长潜力来看，效率促进型增长模式具有重要的政策内涵。 因此，基于金融一体化的技术效率视角，探讨金融一体化对不同发展水平国家是否存在显著差异具有很强的现实意义。倘若金融一体化无助于技术效率提升，表明国家并没有实现金融一体化的潜在增益；如果金融一体化能显著提升技术效率，则表明通过推进金融开放能产生技术外溢效应。 为此，基于全要素生产率视角研究金融一体化的技术效率传导机制及效应，对把握金融一体化与经济增长关系的内生机制，对金融一体化的制度安排无疑具有较强的借鉴意义。

在研究样本选取上，考虑到数据的齐整性，本研究最终选取 80 个国家于 1975—2010 年间的数据。 由于我们研究的一个重点是分析金融一体化对不同发展水平国家经济增长的影响，虽然我们在实证当中也采用了交互项形式的实证策略，这种方式不需区分样本国家的发展水平，仅需要对整体样本进行回归处理。 事实上，在实证模型的右边即自变量中除了金融一体化指标外，还有其他控制变量，而这些控制变量对经济增长的作用同样可能存在异质性，如果对每个可能存在异质性影响的变量均采用交互项形式进行处理会大大降低可操作性。 因此在实证过程中更多的操作是基于分样本回归的，对可能存在的异质性影响进行集中处理。

因此在样本划分上，将样本分为发达国家和发展中国家，并进一步将发展中国家区分为新兴经济体和其他发展中国家，三类样本代表三个不同发展水平阶段。 需要说明的是，正如上文提到的不足点，这样的样本划分方式的确存在瑕疵，一方面是因为国家划分往往随着时间演变而出现一定差异（IMF，2013），另一方面是不能保证所有发达国家样本的发展水平都高于发展中国家，也不能保证所有新兴经济体的发展水平高于其他发展中国家，但在差异存在的情况下，整体上还是认为样本划分是公允的，且给实证的内生性处理带来便利。现有关于发达国家和发展中国家的划分观点较一致，而关于新兴经济体和其他发展中国家的划分则存在一定争议（张宇燕等，2010）。最终样本划分依据 Kose et al.（2011）所提的方法，一方面是由于 Kose et al.（2011）研究的主题是金融一体化对经济增长的门槛效应，且表明这种划分能较好反映门槛水平，这与主题直接相关，样本划分参考性较强；另一方面他们对样本选择进行了一些改进处理，包括剔除东欧转型期国家（数据可疑）、剔除人口少于 100 万以下的国家等。

二、相关文献

伴随着全球经济一体化与金融一体化在广度与深度两个维度上的发展与交叉，国际金融一体化的内涵得以不断拓展与深化，并吸引着理论研究者的眼球。无论从新古典经济增长理论，还是从效率市场及新经济增长理论视角来看，金融一体化具有促进一国经济增长的内在机制，包括平衡国际资本供需的地理差异（Prasad et al.，2003）、平滑国际生产与消费的跨期波动（Obstfeld，2009）、投资与制度溢出效应（Mishkin，2009）以及实现资本市场一体化的风险共享和低融资成本。这些促进机制可归纳为两个层面：一是资本形成型的增长，即通过金融一体化吸引国外资本缓解国内储蓄缺口，提升国内资本形成水平。二是效率型增长，通过提升全要素生产率（TFP），提高资本配置效率来促进一国经济增长，其具体途径包括促进国内金融部门发展、强化公司治理以及政府纪律效应等（Kose et al.，2006；Mishkin，2009）。从资本形成角度看，现有研究表明金融一体化对降低资金成本的作用有限，对促进投资的作用十分温和

（Henry，2003，2008）。 Gourinchas et al.（2006）研究表明金融一体化对资本积累的影响微不足道，而对 TFP 作用的重要性远大于对资本积累的作用，因为前者是发展中国家缩小与发达国家之间差距的主要途径。因此，从长期经济发展角度考虑，理论研究应当重点从金融一体化的要素积累效应转向全要素生产率效应，强调金融一体化对全要素生产率的重要性。 Jones et al.（2009）认为要素投入差异对收入差距的解释能力不足一半，落后国家之所以落后不仅仅是因为要素投入不足，更重要的是其对要素的整合能力低，即全要素生产率低。 较多学者对金融一体化的经济增长效应进行了广泛的实证检验[①]。 这些实证检验的一个共同特征是仅对金融一体化与经济增长结果之间进行分析，缺少对中间渠道的识别。 由于经济增长可能是多种因素作用的最终结果，而宏观计量估计结果仅反映两者之间的关系，至于金融一体化对经济增长的传导渠道是否通畅则缺少实证的支持。 对金融一体化与经济增长的中间渠道进行检验，既能拓展金融一体化内涵，又能得出较具借鉴意义的一般结论。 因此，在经济金融一体化的过程中，将研究视角从"金融一体化与经济增长的最终结果"转向"金融一体化与全要素生产率的关系"，是对国际金融一体化研究领域的补充与发展。

　　已有一部分文献围绕金融一体化对经济增长作用的中间渠道而展开。Klein（2003）尝试以金融发展作为金融一体化与经济增长之间关系的中间渠道进行了有益探讨，其研究思路是先将金融发展对金融一体化进行回归，发现金融一体化能促进金融发展，进一步将金融发展与经济增长进行回归，结论显示金融发展能促进经济增长。 但该结论仅在 OECD 样本国家成立，而在非 OECD 国家不成立。 Bailliu（2000）基于 40 个发展中国家于 1975—1995 年间的数据得出类似结论，基于金融发展来分析金融一体化效应的观点得到了广泛支持。 Mishkin（2009）强调金融一体化对于发展中国家十分重要，因为它可以通过弱化政府以及特殊利益群体的势力、强化竞争、引进先进技术等方式作用于国内金融发展，提高资本利用

---

① 参见 Kose et al.（2006）及 Obstfeld（2009）的系统性综述。

效率，促进经济增长。另一方面，金融开放激励国内政府对制度进行改革，以提高金融体系运作效率。尽管 Mishkin 承认全面的制度改革并非易事及金融一体化存在潜在弊端，但他坚持认为只要相关政策、制度框架到位，金融一体化能带来长期稳定增长。

Kose et al.（2006）指出金融一体化与全要素生产率之间的关系将是今后研究的一个重要方向。Bonfiglioli（2008）首次对二者关系进行了实证分析，基于 1975—1999 年 70 个国家面板数据的实证检验表明，金融一体化对全要素生产率具有稳健的促进作用，而对资本积累几乎没有影响。Kose et al.（2009）基于 1966—2005 年 67 个国家的数据进行了实证检验，结果表明法定层面的金融一体化对 TFP 增长具有稳健的正效应，而事实层面的金融一体化对 TFP 作用则不太清晰，其中 FDI 和股权负债对全要素生产率具有显著的正效应，但债务负债与全要素生产率存在负相关。不同于以上学者，Bekaert et al.（2011）探讨证券市场开放与 TFP 增长率之间的关系，其实证结果发现金融一体化对物质资本积累同样具有促进作用，但是其作用幅度远低于对 TFP 的作用，进而解释了金融一体化通过 TFP 长期作用于经济增长。Gehringer（2013）基于 1990—2009 年欧盟国家进行的实证结果表明，法定层面的金融一体化能显著提升全要素生产率。此外，Henry（2008）基于制造业部门的实证检验表明，股票市场开放对劳动生产率具有促进作用，而 Levchenko et al.（2009）基于行业数据的检验并未证实金融一体化对全要素生产率有任何提升作用。

上述文献的通常做法是将发达国家和发展中国家样本进行混合处理，得出金融一体化对全要素生产率的平均影响程度。但不同发展水平国家金融一体化的先决条件以及作用效果往往存在较大差异，对样本不加区分的处理方法将得出偏误的结果。Henry（2007）指出，多数实证文献难以捕捉到金融一体化经济效应的一个重要原因是未区分发展中国家与发达国家。Klein（2003）认为，资本账户自由化对经济增长存在倒 U 型效应，处于倒 U 型两端的分别为贫穷国家和发达国家。由于贫穷国家一般不具备获取一体化增益的先决条件，而发达国家由于具有行业多样化，其技术、金融发展以及制度均处于世界前沿水平，金融一体化的直接和间接效应均有限。 中等收入国家则处于倒 U 形中端，金融一体化存在显著的经济效应。 因此，不同发展水平国家的样本混合分析得出结论的适用性备受质疑。 金融一体化对全要素生产率的影响是否受到一国发展水平的影响呢？ 同时，不同国际资本流动形式在不同发展水平国家对全要素生产率的影响是否存在显著差异？ 本研究将基于不同层面探讨金融一体化对不同发展水平国家（发达国家、新兴经济体和其他发展中国家）全要素生产率的影响，从而为不同发展水平国家推动金融一体化进程的政策安排提供借鉴。

三、全球主要国家金融一体化水平测算

Kose et al.（2009a）指出，现有文献未能一致捕捉到金融一体化的经济增长效应的一个原因是存在指标驱动，指标的正确选取与构建对实证结果存在重要影响。 根据前文分析，在法定层面的选取 Chinn-Ito 指数，在事实层面上选取国外总负债（Total Liabilities , TL）占 GDP 比重来衡量，Kose et al.（2009b）指出，作为存量概念的国外总负债与对外金融开放概念最为接近[①]。

图 2-6 给出了不同发展水平国家两类金融一体化指标平均值的动态过程。 从法定层面看，发达国家法定金融一体化进程始终稳步进行，近十年几乎所有发达国家取消了资本管制，而发展中国家金融一体化进程起步于 20 世纪 80 年代末期，随后逐步取消资本管制，但仍存在较大开放空间。 1995 年以后，不同发展水平国家的法定金融一体化水平较为稳定。 新兴经济体与其他发展中国家的差距并不显著。 从事实层面看，1995 年以前发达国家与发展中国家差距并不显著，但之后发达国家金融一体化速

---

① 需要说明的是，本书在写作过程中，Lane et al.（2007）测算编制的 EWNMT II 数据库仅更新至 2007 年，2007—2010 年的数据基于 IMF 国际金融统计数据库（IFS）扩充。

度明显高于发展中国家，反映出发达国家跨境资本流动显著增加。 需要说明的是，尽管由前文分析可知，发达国家是全球资本流动的主要驱动力，但由于发达国家本身 GDP 基数大，在剔除掉这个规模因素后，发达国家的金融一体化程度也可能低于发展中国家。 同理，新兴经济体的金融一体化指标也可能低于其他发展中国家。 同时，可以看出事实金融一体化程度与法定金融一体化程度往往存在较大差异，法定开放度高，其事实开放度不一定也高，再者由于法定开放度指标存在上下限，当全部资本管制取消后，Chinn-Ito 指数为常数，与事实一体化指标将彻底不相关。更多关于金融一体化水平的比较分析可参考黄玲（2011a）的研究。

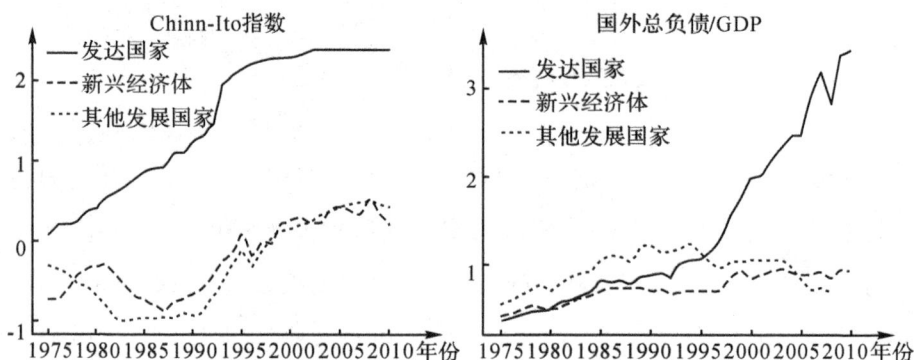

图 2-6 金融一体化水平变化趋势图

数据来源：Chinn et al.（2008）；Lane et al.（2007）；IMF，IFS。

四、全要素生产率测算

生产率指的是在给定投入要素水平下，最大化其产出的能力。 由于传统的单一指标（如劳动生产率）存在片面评价等问题，众多研究学者纷纷将研究方向从单要素生产率转移至全要素生产率（Total Factor Productivity，TFP）。 测算 TFP 有参数与非参数方法。 传统的参数方法主要基于新古典生产函数，将 TFP 增长率视为产出变动不能由投入变动引起的部分，即索洛残值。 事实上，由于新古典生产函数本身具有较强的理论假设，其具体函数形式设定、弹性确定均存在一定任意性，测算得到的 TFP 难免存在较大误差。 而非参数估计方法能有效避免模型设定任意性等缺点，本研究将基于非参数估计方法数据包络分析（Data Envelement Analysis，DEA）对其进行测算。

在 DEA 框架下，Malmquist 指数是用来反映一个决策单元的生产率在两个周期之间的变化率。 自 Fare et al.（1994）进行开创性的工作以来，研究学者提出了不同的 Malmquist 指数，表 2-4 给出了主要五种 Malmquist 指数的简要比较。 本研究强调指数传递性的重要性，因为若指数不存在传递性，则会出现测算变量的水平值与指数累计相乘不符的情况，这种矛盾显然是难以接受的。 同时出于各国技术水平差异，难以引入组群因子，本研究最终选取 Pastor et al.（2005）提出的 Global Malmquist 指数。

表 2-4 五种 Malmquist 指数比较表

指数名称	基本思想	优点	缺点	出处
Malmquist	计算两期 Malmquist 指数，取其几何平均		不具传递性、交叉参比可能无解	Fare et al.（1994）
Sequential Malmquist	将计算期之前的决策单元纳入前沿构造	避免技术退步	不具传递性	Shestalova（2003）
Global Malmquist	将所有决策单元直接纳入全生产前沿构造	传递性、不存在交叉参比	随观测期增加需要重新构造前沿	Pastor et al.（2005）
Metafrontier Malmquist	引入组群因子，假设不同组群使用不同技术。本质上同 Global Malmquist	区分技术与效率，放宽决策单元使用相同技术的隐含假设	组群因子确定困难	Oh et al.（2010）
Biennial Malmquist	以相连两期决策单元构造两期的"Global Malmquist"	避免交叉参比，不随观测值添加而重新计算	不具传递性	Pastor et al.（2011）；成刚等（2012）

Global Malmquist 指数的基本思想是将参考集归一，将所有决策单元

纳入生产前沿的构造，采用各期生产可能集的并集作为参考来计算两个周期之间生产率的变化，由于两个周期参考的生产可能集是相同的，从而不存在交叉参比的问题，计算得出的是单个的 Malmquist 指数，无须采用两个指数平均的方式进行计算。下面给出简要介绍。

记一个面板数据包含 $i=1, 2, \cdots, I$ 个决策单元和 $t=1, 2, \cdots, T$ 期时间跨度。x 为投入变量，y 为产出变量。定义当期生产可能集 $T_c =\{(x^t, y^t) \mid x^t$ 能够生产 $y^t\}$ 其中 $\lambda T_c^t = T_c^t$，$t=1, \cdots, T$，$\gamma > 0$，下标 c 表示技术满足规模报酬不变。定义全局（Global）生产可能集为 $T_c^G = conv\{T_c^1 \cup \cdots \cup T_c^T\}$，表示在技术凸性条件下对各期生产可能集进行包络。

以当期生产可能集 T_c^s 为参考集的 Malmquist 指数为

$$M_c^s(x^t, y^t, x^{t+1}, y^{t+1}) = D_c^s(x^{t+1}, y^{t+1})/D_c^s(x^t, y^t) \qquad (2\text{-}6)$$

其中以产出为导向的距离函数为

$$D_c^s(x, y) = \min\{\phi > 0 \mid (x, y/\phi) \in T_c^s\}, \quad s = t, t+1 \qquad (2\text{-}7)$$

由于 $M_c^t(x^t, y^t, x^{t+1}, y^{t+1}) \neq M_c^{t+1}(x^t, y^t, x^{t+1}, y^{t+1})$，为避免参考集选取的随意性，Fare et al.（1994）建议取其几何均值，即

$$M_c(x^t, y^t, x^{t+1}, y^{t+1}) = [M_c^t(x^t, y^t, x^{t+1}, y^{t+1}) \times M_c^{t+1}(x^t, y^t, x^{t+1}, y^{t+1})]^{1/2}$$

$$(2\text{-}8)$$

以全局生产可能集 T_c^G 为参考集的 Malmquist 指数为

$$M_c^G(x^t, y^t, x^{t+1}, y^{t+1}) = D_c^G(x^{t+1}, y^{t+1})/D_c^G(x^t, y^t) \qquad (2\text{-}9)$$

其中 $D_c^G(x, y) = \min\{\phi > 0 \mid (x, y/\phi) \in T_c^G\}$。

为了更直观说明问题，本研究给出了图示说明。在图 2-7 中，y_1、y_2 为产出变量。T_1、T_2、T_3 分别表示各期的生产可能集，T_G 为在技术凸性条件下对 T_1、T_2、T_3 的包络，即全局参考集。假设一决策单元第一期产出水平为 a_1，第二期的产出水平为 a_2。则该决策单元第一期至第二期的生产率变动为

$$M_c^G(x^1, y^1, x^2, y^2) = D_c^G(x^2, y^2)/D_c^G(x^1, y^1) = (oa_2/ob_2)/(oa_1/ob_1)$$

$$(2\text{-}10)$$

其中，第一期和第二期全要素生产率（水平值）分别为 oa_1/ob_1 和 $oa_2/$

ob_2。　Global-Malmquist 指数计算如图 2-7 所示。

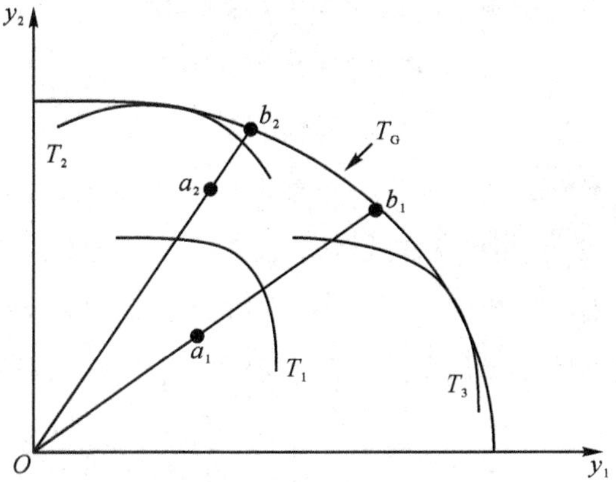

图 2-7　Global-Malmquist 指数计算图

TFP 计算需要确定投入和产出变量。　为避免汇率上扭曲真实购买力水平影响跨国、跨期数据的真实可比性，本研究的投入产出数据均来自 Heston et al.（2012）编制的 PWT7.1。　产出选用各国不变价格的实际 GDP，由不变价格链式序列人均国内生产总值（rgdpch）与各国人口（pop）数相乘得到；劳动投入数据来源于 PWT7.1 中不变价格链式序列人均国内生产总值（rgdpch）与各国人口（pop）数相乘再除以劳均 GDP 的值（rgdpwok）；PWT7.1 中没有直接的资本存量数据，本研究采用永续盘存法进行估算，其中投资额由 PWT7.1 中投资份额（ki）乘以总产出得到。　上述变量均根据 2005 年不变价格计算。　关于基期资本存量，本研究采用增长率法来确定，即 $K_0 = I_0 / (g + \delta)$，其中 g 为基期 t_0 至 t_{10} 投资的几何平均增长率，折旧率 δ 取 7%，PWT7.1 提供了 1950—2010 年样本国投资序列，其余年份资本存量根据公式 $K_{t+1} = (1 - \delta) K_t + I_t$ 确定。　部分样本国投资序列并非始于 1950 年，我们则将 PWT7.1 提供的最早年份作为基期。　事实上，我们研究的样本期间为 1975—2010 年，在 7% 的折旧率下，基期资本存量估算存在的一些误差对本研究影响并不大，如 $(1 - 0.07)^{25} = 0.1629$，即基期为 1950 年时估算的资本存量折旧至 1980 年仅剩余 16.29%。　关于人力资本，由于人力资本以何种形式与劳动力结合存在着一定的争议（Bils et al.，2000；Bosworth et al.，

2003）。 因此本研究参考 Bekaert et al.（2011）的做法，未将人力资本纳入全要素生产率的核算，而是在后文分析中将人力资本纳入解释变量进行分析。 TFP 由 DEAP2.1 运算得到（Coelli，1996）。

图 2-8 给出了按上述方法测算得到的部分年份 TFP 水平值的箱型图。可以看出，发达国家的全要素生产率要明显高于发展中国家，且生产率差距随时间推移出现逐渐扩大的趋势，生产率高的国家其 TFP 增长率亦高，并未体现出收敛的趋势；发展中国家的生产率分布差异整体上大于发达国家；新兴经济体和其他发展中国家整体上表现出生产率收敛趋势。

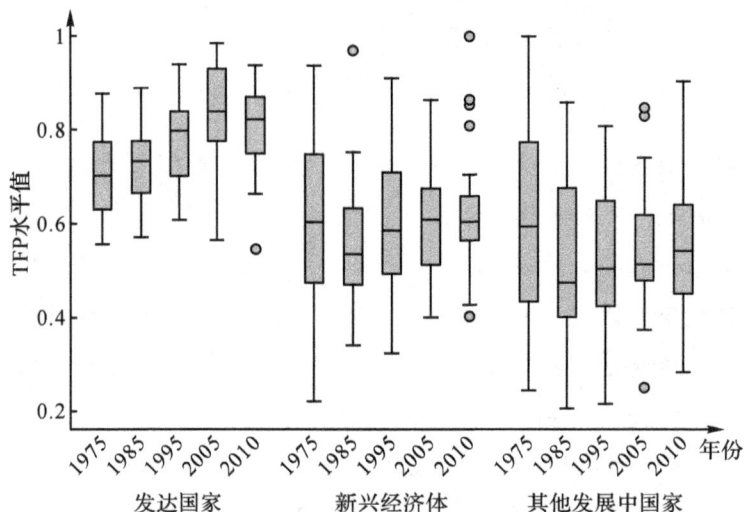

图 2-8 三类经济体全要素生产率差异箱型图

五、金融一体化对 TFP 作用机制的理论解释

金融一体化对 TFP 的作用机制可从两个层面来理解：一是不同资本流动形式对技术进步的作用渠道；二是金融一体化对 TFP 的内生传导机制。 不同资本流动形式对东道国技术进步的作用渠道存在差异。 外商直接投资对东道国技术外溢效应包括技术转移和技术扩散、竞争与示范效应及管理与技术人员外流的人才流动效应。 除直接投资外，金融一体化使

全球资本市场一体化程度提高，信息不对称程度减少，促进了资本自由流动，从而使投资更为有效。资本市场一体化也使得劳动力市场、产品市场和土地市场的统一成为可能，让不易上市资产可通过中介机构或证券市场进行交易和转让。这样既扩大了交易范围，又减少了资产未来收益的不确定性，使投资者决策更具理性，促进资源合理配置和有效利用。因此，金融一体化通过降低资本错配提升投资效率，促进生产率提升。此外，金融一体化有利于促进国内金融部门发展和提高金融体系运行效率。通过金融一体化在本国金融业引入优胜劣汰机制，有助于淘汰竞争性差的低效率金融机构，形成有效的价格传导机制，促进资金流向高生产率部门，进而提升生产效率。同时，通过国际资本流动，引入国外先进金融技术、管理方式，促进竞争并提高金融服务质量（Kose et al.，2009；Mishkin，2009）。最后，金融一体化而加剧的国际资本流动潜在地对一国金融秩序形成冲击，对金融监管当局提出新的挑战，促进形成健全的金融监管体制，从而为一国技术进步提供良好的宏观环境（Mishkin，2009）。综上所述，金融一体化程度提高蕴含着技术转移、模仿与学习过程。从金融一体化对技术进步的作用渠道来看，金融一体化是技术落后国家技术进步的重要内生变量和驱动技术进步的重要因素。

Nelson et al.（1966），赖明勇等（2005）分析了直接投资对技术进步的传导机制。他们将技术模仿国的技术进步率设置为吸收能力（人力资本的函数）与两国技术差距乘积的函数，技术差距对技术模仿国技术进步率具有线性影响。其结论认为，当技术模仿国技术进步来源于技术模仿、学习与吸收时，技术差距越大，技术模仿国就越能从外国直接投资中受益。本研究参照其建模思想构建起一个简单的两国模型。本研究模型的不同之处在于：将技术差距对技术进步的影响设置为非线性结构，技术差距对技术进步的影响随着技术差距变大而变小，即技术差距对技术进步的影响呈边际递减规律。非线性结构解决了随两国技术差距变大，技术差距对技术进步影响不变的假定，更加符合现实情况。但是，非线性结构无法解决两国技术差距变小时技术外溢效应变小的现实。为解决此问题，本研究以分段函数形式设置一个阈值，当技术差距小于临界值时，技术模仿国技术水平维持初始水平，无任何形式的技术进步。 模型设置及推导如下：

A 国具有较高的技术水平，B 国技术水平相对较低。 A 国初始技术水平为 n_0 ，其技术水平（ TFP_t^A ）以外生的创新率 g 进行技术扩张。 其函数为

$$TFP_t^A = n_0 e^{gt} \qquad (2\text{-}11)$$

其瞬时技术进步为

$$\dot{TFP_t^A} = \mathrm{d}TFP_t^A / \mathrm{d}t = TFP_t^A * g \qquad (2\text{-}12)$$

对 B 国而言，技术进步体现为以国际资本流入为载体，即金融一体化（ FL_t^B ），并与两国技术差距（ $Z_t = TFP_t^A - TFP_t^B$ ）相关。 设定为

$$\dot{TFP_t^B} = \begin{cases} f(FL_t^B) \cdot \log(TFP_t^A - TFP_t^B)(Z_t > \beta) \\ 0 \quad (Z_t \leqslant B) \end{cases} \qquad (2\text{-}13)$$

式（2-13）等价于：

$$\frac{\dot{TFP_t^B}}{TFP_t^B} = \begin{cases} \dfrac{f(FL_t^B) \cdot \log(TFP_t^A - TFP_t^B)}{TFP_t^B} & (Z_t > \beta) \\ 0 & (Z_t \leqslant \beta) \end{cases} \qquad (2\text{-}14)$$

其中， β 为常数， $f(0) = 0$ ， $f(FL_t^B) > 0$ 。 技术进步率以分段函数来表示，意味着当两国技术差距过小时，B 国技术吸收能力为 0，不存在技术溢出效应。 而当技术水平随着技术进步而提高时，技术差距变小，技术进步率因技术差距小而变缓。 对式（2-14）微分方程求解，并将式（2-11）代入得：

$$TFP_t^B = \begin{cases} n_0 1 e^{gt} - e^{-1} \cdot f(FL_r^B) - c_0 & (Z_t > \beta) \\ c_1 & (Z_t \leqslant \beta) \end{cases} \qquad (2\text{-}15)$$

其中 c_0、c_1 均为常数。

由式（2-11）、式（2-15）可得到 B 国技术水平的稳定均衡路径为（仅当 $Z_t > \beta$ 时存在稳态）

$$TFP_t^{B*} = \frac{f(FL_t^B)(n_0 e^{gt} - c_0)}{f(FL_t^B) + g} \qquad (2\text{-}16)$$

稳态处两国技术水平差距为

$$\frac{TFP_t^A - TFP_t^{B*}}{TFP_t^{B*}} = e^{\frac{g}{f(FL_t^B)}} \tag{2-17}$$

在稳态处展开分析：

（1）A 国外生技术进步率（ g ）

当 A 国无技术进步时（ $g = 0$ ），B 国技术水平与金融一体化水平无关，其稳定的技术水平为 $n_0 - c_0$ 。 A 国初始技术水平决定 B 国技术水平，A 国初始技术水平越高，则 B 国技术水平也将提高。 两国技术差距仍然存在且恒定，B 国技术水平不可能超越 A 国。 当 A 国存在正向的技术进步（ $g > 0$ ），且 B 国金融一体化处于稳定水平时，A 国技术进步率越高，两国技术差距呈现指数式扩大。 本研究这一结论与 Nelson-Phelps（1966）、赖明勇（2005）存在差异。 赖明勇（2005）搭建的模型显示，当 A 国无任何技术进步时，B 国通过技术模仿将缩小两国技术差距，并将使技术创新国技术优势殆尽。 但本研究模型显示两国技术不可能完全趋同，技术模仿不可能导致技术创新国丧失技术优势。 当 A 国存在正向技术进步时，赖明勇（2005）认为两国技术差距与 A 国外生技术进步率成比例扩大，而本研究模型则显示 B 国仅通过技术模仿提升技术水平将使两国技术差距呈指数式扩大。

（2）B 国金融一体化水平（ $f(FL_t^B)$ ）

当 B 国跨国资本流趋于零时，即 $\lim f(FL_t^B) = 0$ ， TFP_t^{B*} 接近于零，由式（2-16）可得两国技术差距趋向于无穷大，B 国技术水平无法紧跟技术先进国的技术进步。 当 B 国金融一体化水平大于零时（ $f(FL_t^B) > 0$ ），B 国稳定技术水平亦大于零，而且两国技术差距将随着 B 国金融一体化水平提高而缩小，B 国可以通过金融一体化的技术外溢缩小与 A 国技术水平的差距。 考虑一种特殊情况，当 B 国金融一体化水平趋于无限大时，两国技术差距仍然存在固定差异。 本研究模型说明技术模仿国仅仅通过技术外溢效应不可能超越 A 国技术水平，这一结论与赖明勇（2005）认为技术外溢将导致两国技术趋同的结论存在差异。 本研究结论认为，模仿国不存在自主创新的条件下，仅依赖技术模仿不可能达到与技术创新国同等的技术水平。

从技术差距上看，新兴经济体国家与发达国家技术差距低于发展中国家与发达国家的技术差距，发达经济体内部各国技术差距最低。基于各国 TFP 统计数据和上述理论传导机制，可得出如下结论：金融一体化对不同发展水平国家技术外溢效应存在差异。虽然发达国家金融一体化程度较高，但由于发达国家拥有较一致的前沿技术、制度、管理等水平，因而尽管大规模的资本流动在发达国家之间流动，但其对生产效率的"进口"能力有限；此外，由于发达国家金融一体化水平较高，受金融一体化边际技术外溢效应递减规律约束，其从金融一体化中获取的技术效率最低。由于新兴经济体处于金融开放的稳定阶段，金融一体化边际技术外溢效应处于中等水平。更为重要的是，新兴经济体与发达国家技术差距适当，对国际资本技术外溢的吸收能力强，故其从金融一体化中获取的技术效率最高。其他发展中国家金融一体化边际技术外溢效应最高，但由于其金融一体化程度较低，影响其整体技术外溢水平。更为重要的是，由于其他发展中国家整体技术水平低，与发达国家技术差距过高，技术差距对技术水平的非线性结构影响金融一体化的技术外溢效率。为检验上述结论，下文将基于不同视角运用计量分析方法进行实证检验。

六、模型、变量及数据

本研究采用面板数据方法对金融一体化与 TFP 增长率进行实证分析，将模型设定为个体效应模型，用以捕捉个体异质性，模型设置如下：

$$Mal_{it} = FL_{it}\alpha + X_{it}\beta + u_i + \varepsilon_{it} \quad (i = 1, \cdots, n; t = 1, \cdots, T)$$

$$(2\text{-}18)$$

其中 Mal 表示 TFP 增长率即 Global Malmquist 指数，FL 表示金融一体化指标，包括法定层面指标（Chinn-Ito 指数）和事实层面指标国外总负债占 GDP 比重（Total Liabilities/GDP，TL）。$u_i + \varepsilon_{it}$ 为复合扰动项，其中 u_i 代表不可观测的非时变个体异质性，ε_{it} 为随个体与时间改变的扰动项。假设 ε_{it} 为独立同分布，且与 u_i 不相关。本研究采用固定效应模型作为基准模型，主要原因是无论 u_i 与解释变量是否相关，固定效应模型都是一致的，只有在 u_i 与解释变量不相关的前提下，随机效应模型更有效，而从经济理论角度看，不可观测的异质性通常会对解释变量有影响（陈强，2010），比如本研究中，一国的文化习俗等非时变因素往往会对跨境资本的流动存在影响。 X 为一组与 TFP 增长率相关的控制变量，控制变量的选取遵循两个原则，一是已有的研究经济增长的文献中确认的对经济增长有影响的变量，降低遗漏变量偏误的可能性；二是对中间渠道的控制，如上文分析，金融一体化可能通过所谓的伴随收益间接作用于TFP，那么对这些中间变量进行控制后，若金融一体化指标变量仍显著成立，则认为金融一体化对 TFP 的确有影响，且其作用途径可能不仅包含伴随收益，还有直接的技术溢出效应等，或者是其他未被挖掘的渠道。控制变量选取如下：①生产率初始值（tfp_i），考虑技术扩散等因素，加入生产率初始值捕捉生产率的趋同效应。 ②人口增长率（pop-growth），人口增长率越高，则社会将更多的资本投入新生人口培育，而非生产性投入，使得资源稀释，在给定资源情况下，产出减少。 ③人力资本，人力资本指劳动力素质，体现劳动力异质性。 大量研究表明了人力资本在技术吸收、创新等方面的重要性。 本研究纳入两种形式的人力资本：健康形式与教育形式（韦尔，2010）。 其中健康形式采用出生婴儿预期寿命（le），教育形式采用全社会中学入学率（sch），数值越高表明人力资本越高。 ④政府支出（gov），经济理论表明政府支出对私人投资具有挤出效应，且政府投资的效率往往要远小于私人投资效率（Pritchett，2000）。 ⑤贸易规模（openk），对外贸易通过多个渠道促进生产率提高，包括专业化分工、强化竞争等。 ⑥金融发展水平（priv）。 金融发展在资源优化配置等方面具有显著的作用。 Beck et al.（2000）指出，金融发展与生产率的关联要比金融体系发展与要素积累的联系更为密切。⑦通货膨胀（inf）。 通货膨胀反映了一国宏观经济的稳定性。 ⑧政治制度（polity2）。 制度因素对生产率的促进作用已得到越来越多人的认可（Hall et al.，1999；Acemoglu et al.，2001）。 经济制度包含私人化、产权保护等一系列措施。 政治制度与经济制度之间的关系存在一定争议，有学者认为政治制度与经济制度往往具有相互强化的作用（Friedman，2002），即一国的民主化程度越高一般意味着其经济制度越有效。 照其思路，本研究选取政治制度作为制度的代理变量。 各变量测算及来源见表 2-5。

表 2-5　控制变量情况

变量	指标	来源
人力资本	出生婴儿预期寿命、全社会中学入学率	World Development Indicators（WDI）
金融发展水平	私人部门信贷占 GDP 比重	WDI
政府支出	政府支出占 GDP 比重	PWT7.1
贸易规模	进出口总额占 GDP 比重	PWT7.1
通货膨胀	通货膨胀率	WDI
民主程度	政治制度	Marshall et al.（2011）编制的 Polity IV 数据库，取 Polity2 指数
人口增长率		WDI
生产率初始值		1975—1984 年取 1975 年的 TFP 水平值作为初始值，1985—1994 年取 1985 年 TFP 水平值作为初始值。依此类推

　　在模型估计上，我们关心变量之间的因果关系，但相关关系并不代表因果关系。 OLS 能够成立的最重要条件是解释变量与扰动项不相关（即零均值假设），否则 OLS 估计量是不一致的，即无论样本容量多大，OLS 估计量都不会收敛到真实的总体参数。 任何实证研究中，欲从变量之间的相关性推导出变量之间的因果性必须克服内生性问题。 本研究中内生性问题主要源于两方面，一方面，研究可能存在遗漏变量，当遗漏变量与随机误差项存在相关性时便会产生内生性问题，尽管我们对一些变量进行了控制，但我们并不能排除遗漏变量的可能；另一方面，解释变量与被解释变量之间可能存在互为因果关系，即跨境资本流动可能对 TFP 起到促进作用，反过来，TFP 高速增长可能会吸引更多投资。 虽然固定效应模型能消除不可观测的非时变因素与解释变量之间相关的内生性问题，但当

时变误差项与解释变量相关时,固定效应模型估计量仍有偏且大样本下不一致,即固定效应模型只能部分解决内生性问题。针对内生性问题,本研究始终通过严格检验筛选工具变量,在工具变量个数多于内生变量个数时,采用更为有效的广义矩估计 GMM 进行估计。本研究对 GMM 的操作较多参考连玉君等(2008)提出的方法。工具变量就像随机实验那样,既能避免在回归中加入过多控制变量,又能解决控制变量被遗漏或者存在未知控制变量时带来的问题(Angrist et al.,2008)。

各变量的统计性描述见表 2-6。可以看出,由于面板数据截面多且时间跨度长,多数变量在整个样本期间存在较大变异。

表 2-6　变量统计性描述

变量名	观测值	均值	标准差	最小值	最大值
TFP 增长率	2798	1.002	0.044	0.682	1.337
事实开放度	2721	0.998	1.118	0.0279	17.21
法定开放度	2806	0.183	1.561	−1.856	2.456
初始 TFP	2880	0.612	0.174	0.206	1
中学入学率	2333	64.48	33.35	1.708	162.3
生命预期	2880	66.22	10.64	26.82	82.93
政府支出	2880	9.907	5.980	1.125	49.37
贸易规模	2880	63.58	43.59	8.394	433.0
金融深化	2800	48.21	42.37	1.542	234.5
通货膨胀	2646	0.303	3.046	−0.114	117.5
人口增长率	2879	1.749	1.108	−7.533	11.18
民主程度	2843	3.654	6.875	−10	10

七、实证结果:整体样本检验

尽管本研究最终是要检验不同类型国家金融一体化的 TFP 增长效应。但为了同现有文献进行对比,同时作为一个基准结果便于后文比较。 本研究首先将样本视为整体，不区分国家类型，分析变量之间的关系。 表 2-7 给出了相应回归结果。

表 2-7　整体样本回归结果

	（1） FE	（2） GMM	（3） FE	（4） GMM	（5） FE	（6） GMM
TFP 初始值	−0.1014***	−0.1151***	−0.1021***	−0.1157***	−0.1049***	−0.1216***
	（−7.48）	（−5.46）	（−7.51）	（−5.40）	（−7.05）	（−5.60）
中学 入学率	−0.0001	−0.0001	−0.0002**	−0.0002**	−0.0001	−0.0002
	（−0.89）	（−0.89）	（−2.05）	（−2.29）	（−1.07）	（−1.55）
生命 预期	0.0008**	0.0008	0.0009**	0.0009*	0.0008*	0.0009*
	（2.29）	（1.62）	（2.39）	（1.85）	（1.90）	（1.67）
政府 支出	−0.0026***	−0.0027***	−0.0023***	−0.0023***	−0.0024**	−0.0024***
	（−5.36）	（−2.95）	（−4.66）	（−2.59）	（−2.63）	（−2.58）
贸易 规模	0.0001	0.0000	0.0001**	0.0001*	0.0001	0.0000
	（0.92）	（0.40）	（2.08）	（1.87）	（0.46）	（0.28）
金融 发展	−0.0002***	−0.0003***	−0.0002***	−0.0002***	−0.0003***	−0.0003***
	（−4.91）	（−5.99）	（−4.74）	（−4.48）	（−3.94）	（−6.04）
通货 膨胀	−0.0015***	−0.0015**	−0.0013***	−0.0013*	−0.0014***	−0.0014*
	（−3.24）	（−1.97）	（−2.81）	（−1.75）	（−12.42）	（−1.87）
人口 增长率	−0.0047***	−0.0058***	−0.0039**	−0.0043*	−0.0046*	−0.0054**
	（−2.93）	（−2.65）	（−2.44）	（−1.87）	（−1.74）	（−2.45）
民主 程度	0.0003	0.0004	0.0003	0.0003	0.0003	0.0005
	（1.28）	（1.32）	（0.94）	（0.95）	（0.98）	（1.44）
事实 开放度	0.0029**	0.0064***			0.0028*	0.0063***
	（2.32）	（3.48）			（1.81）	（3.34）
法定 开放度			0.0021**	0.0026**	0.0020	0.0025*
			（2.00）	（2.07）	（1.41）	（1.93）
常数项	1.0519***		1.0510***		1.0561***	
	（40.90）		（41.86）		（30.06）	

续　表

	（1）	（2）	（3）	（4）	（5）	（6）
	FE	GMM	FE	GMM	FE	GMM
观测值	1954	1895	2003	1945	1928	1867
固定效应 F	2.1639***		2.0282***		2.3826***	
DWH检验		[0.00]		[0.64]		[0.00]
KP LM		[0.00]		[0.00]		[0.00]
KP Wald F		598.21*		2391*		1068*
Hansen J		[0.54]		[0.75]		[0.67]

注：*、**、***分别表示在10％、5％、1％水平上显著。（　）内为对应系数的 t 值，[　]内为对应检验的 p 值。FE 和 GMM 分别表示采用 OLS 和 GMM 估计的固定效应。所有系数估计及参数检验均由 STATA11 完成。

表 2-7（1）列以金融一体化事实开放度作为解释变量，采用固定效应进行回归。面板设定 F 检验显著拒绝原假设，认为存在个体效应，固定效应模型优于混合回归。以国外总负债占 GDP 比重衡量的事实证明金融一体化指标在 5％水平下显著，金融一体化能促进生产率提升。（2）列考虑了模型的内生性问题，由上文分析，金融一体化与全要素生产率可能存在反向因果关系。出于同样的考虑，本研究将事实一体化、金融发展、贸易规模三个变量设置为内生变量，将其余变量设为外生变量，选取内生变量的滞后期作为工具变量，采用 GMM 重新进行估计。选取内生变量的滞后期作为工具变量需要同时处理好三个问题：工具变量识别不足、弱识别，以及过度识别问题。首先，由于经济惯性的存在，识别不足问题往往不存在，即工具变量满足与内生变量相关性的要求。更多的是需要同时处理弱识别和识别不足问题，当滞后阶数选取较小时，弱识别问题往往不存在，而可能因相邻扰动项存在自相关，导致工具变量的外生性不满足；当滞后阶数选取较大时，过度识别问题被弱化，而此时可能存在弱识别问题，导致估计量的方差过大。为确保工具变量的合理性，本研究进行了严格的检验筛选。（2）列选取内生变量的滞后一期和滞后两期

作为工具变量，并给出了多种检验工具变量合理性的方法的估计量。 本研究采用 Kleibergen-Paap rk LM（KP LM）统计量来检验工具变量是否与内生变量相关，结果在 1% 显著性水平下拒绝了"工具变量识别不足"的原假设，认为工具变量满足相关性原则。 另外，Kleibergen-Paap rk Wald F（KP Wald F）统计量为 598.21，大于 Stock-Yogo 检验在 10% 水平上的临界值，因此拒绝工具变量为弱识别的假设，认为工具变量不存在弱识别问题；Hansen J 检验的伴随概率为 0.54，不能拒绝工具变量与随机项不相关的原假设，说明工具变量是外生的。 检验表明工具变量选取是合理的。 在此基础上，Durbin-Wu-Hausman（DWH）检验显著拒绝了解释变量为外生变量的假设，认为存在内生性问题。 由于传统的固定效应模型是在进行离差处理之后，采用 OLS 进行估计，因此若存在内生性问题，传统的固定效应模型系数估计不一致，此时需要采用工具变量进行估计，如果不存在内生性问题，传统的固定效应模型与工具变量方法都是一致的，且传统固定效应估计系数更有效。 在处理了潜在的内生性问题后，事实开放度的系数显著变大，且在 1% 水平下显著，表明内生性使导致 OLS 估计存在向下偏误。 （3）列、（4）列将核心解释变量换成法定层面的指标。 事实上，法定层面的指标主要受政策制定者决定，很难说一国政府因为本国生产率高度增长而放宽资本管制。 因此，法定层面的指标相较于事实层面的一体化指标受制于内生性问题更少（Collins，2007）。 但为了稳健性以及完整性考虑，暂将其设为内生变量，取其滞后一期和滞后二期作为工具变量。 从回归结果可以看出，法定层面一体化水平同样对 TFP 有促进作用，且控制内生性问题后，系数相差不大，从侧面印证了法定层面指标较少受制于内生性，进一步 DWH 内生性检验也表明法定层面金融一体化指标不存在内生性。 （5）列、（6）列同时加入法定层面和事实层面的一体化指标，同样在工具变量选取合理的基础上，认为存在内生性。 处理了内生性之后，各个层面的金融一体化系数并未发生显著变化。 整体上金融一体化对 TFP 具有促进作用，从作用力度看，国外总负债占 GDP 比重每提升 100 个百分点，TFP 增长率提升约 0.64%，Chinn-Ito 指数每增加 1 个单位，TFP 增长率提升约 0.26%。 从前文分析的发展中国家开放进程看，欲获取更大力度的金融一体化增益，任重道远。

在控制变量方面，多数变量系数符合预期。 TFP 初始值显著为负，表明全球经济整体上出现条件收敛；生命预期、政府支出、通货膨胀以及人口增长率的系数都较符合理论预期。 需要注意的是，以全社会中学入学率为代理变量的人力资本系数为负，但多数情况下不显著，这与预期结果相反，一个可能原因是生命预期与中学入学率两个指标都为人力资本的衡量指标，存在较强的共线性，二者简单相关系数为 0.85，将生命预期剔除重新回归后，部分系数转正，但仍不显著（结果未予给出）；金融发展水平同样显著为负，并没有捕捉到金融发展对 TFP 的促进作用，本研究从共线性还是内生性角度对模型进行了多种设定，金融发展指标的系数始终显著为负，且系数大小稳定（结果未予给出）。 事实上，Gehringer（2013）认为，金融发展指标在绝大多数模型设定下也为负；贸易规模与民主程度只有在经济意义上成立，统计上不显著。

该部分未对发达国家与发展中国家进行区分，基于整体回归分析表明，在控制了金融一体化对 TFP 增长率影响的中间渠道变量后，仍得出金融一体化对 TFP 增长率具有显著的促进作用的结论，尽管从作用力度上看不是很大。 这与现有文献的结论基本一致（Bonfiglioli，2008；Kose et al.，2009b）。 由于一体化对不同类型国家可能存在不同的作用机制，整体回归结果并不能反映有效真实情况，下文给出进一步检验。

八、实证结果：分样本检验

由于金融一体化对发达国家与发展中国家作用机制存在差异，混合样本回归的可行性受到质疑。 发达国家由于自身行业具有完善的多样化水平，技术管理水平、金融发展以及制度均处于世界前沿水平，金融一体化对其的直接收益还是间接受益均是有限的。 目前，尽管流向发展中国家的资金流动显著增加，但全球资本流动仍主要集中在发达国家之间，发达国家之间这种近似同质的资本是否会对其经济增长起到促进作用有待检验。

该部分将总体样本划分为发达国家、新兴经济体和其他发展中国家，进行分样本实证检验。虽然 Hansen（1999）的面板门槛模型能对门槛值进行自动识别而不需依赖主观划分样本，但其并不能对变量的内生性问题进行处理，而由下文分析表明内生性问题是本研究的一个关键问题。折中处理后，本研究仍依据通用的划分模式，将国家划分为三类，体现不同的发展水平，在此基础上对内生性进行严格处理。表 2-8 给出了相关回归结果。

表 2-8　不同类型国家实证结果

	发达国家		新兴经济体		其他发展中国家	
	(1) FE	(2) GMM	(3) FE	(4) GMM	(5) FE	(6) GMM
TFP 初始值	−0.0361	−0.0498*	−0.1081***	−0.0656*	−0.1457***	−0.1087***
	(−1.56)	(−1.74)	(−3.14)	(−1.77)	(−6.19)	(−2.63)
中学入学率	0.0001	0.0001	−0.0001	−0.0004*	−0.0006***	−0.0006**
	(0.68)	(0.59)	(−0.27)	(−1.65)	(−2.60)	(−1.97)
生命预期	−0.0034***	−0.0018*	0.0004	0.0006	0.0017***	0.0023***
	(−3.50)	(−1.56)	(0.48)	(0.77)	(2.81)	(2.30)
政府支出	−0.0066***	−0.0081***	−0.0050***	−0.0038***	−0.0006	0.0005
	(−4.76)	(−5.17)	(−4.59)	(−2.98)	(−0.78)	(0.29)
贸易规模	0.0005***	0.0003	0.0000	0.0002	−0.0001	−0.0013***
	(4.35)	(1.51)	(0.51)	(1.45)	(−1.20)	(−3.99)
通货膨胀	−0.2567***	−0.2611***	−0.0015***	−0.0012*	−0.0304**	−0.0422***
	(−7.60)	(−6.70)	(−3.30)	(−1.66)	(−2.52)	(−2.98)
人口增长率	−0.0014	−0.0053*	−0.0033	−0.0037	−0.0080***	−0.0093***
	(−0.51)	(−1.69)	(−1.01)	(−1.03)	(−3.06)	(−2.63)
金融发展	−0.0002***	−0.0002***	−0.0004***	−0.0006***	−0.0009***	0.0009*
	(−5.14)	(−4.56)	(−3.21)	(−3.67)	(−3.83)	(1.76)

续　表

	发达国家		新兴经济体		其他发展中国家	
	(1)	(2)	(3)	(4)	(5)	(6)
	FE	GMM	FE	GMM	FE	GMM
民主程度	−0.0010	−0.0009	0.0006	0.0005	0.0003	0.0021***
	(−0.56)	(−0.26)	(1.40)	(1.08)	(0.74)	(3.09)
法定开放度	−0.0049***	−0.0042**	−0.0005	0.0019	0.0055**	0.0035
	(−3.23)	(−2.53)	(−0.23)	(0.77)	(2.55)	(1.23)
实际开放度	−0.0045***	−0.0020	0.0002	0.0514***	−0.0016	0.0216**
	(−3.75)	(−0.95)	(0.02)	(4.34)	(−0.42)	(2.29)
常数项	1.3577***		1.1044***		1.0666***	
	(19.70)		(18.33)		(26.88)	
观测值	607	570	519	499	802	679
固定效应 F	4.98***		2.64***		1.91***	
DWH 检验		[0.17]		[0.00]		[0.00]
KP LM		[0.00]		[0.00]		[0.00]
KP Wald F		91.81**		54.43**		12.43*
Hansen J		[0.10]		[0.37]		[0.16]

注：*、**、***分别表示在10％、5％、1％水平上显著。(　)内为对应系数的 t 值,[　]内为对应检验的 p 值。FE 和 GMM 分别表示采用 OLS 和 GMM 估计的固定效应。所有系数估计及参数检验均由 STATA11 完成。

同样依照上文的方法，对固定效应模型进行参数估计。在选取适当工具变量的基础上[①]，根据 DWH 内生性检验，发达国家样本似乎不存在内生性问题，传统固定效应模型对发达国家更为有效，因此该部分依据表 2-8（1）列、（4）列、（6）列的回归结果进行分析。可以看出，分样本的回归结果与混合样本回归结果存在一定差异，金融一体化的 TFP 效应

① 记事实层面金融一体化程度、金融发展、贸易规模分别为 TL、Priv、Openk,最终选取工具变量如下:表 2-8(2)列,L.TL、L(2/3).(Openk Priv);(4)列,L(1/2).(TL Priv Openk);(6)列,L(2/3).TL、L(4/6).(Priv Openk)。L(a/b).(x y)表示 x、y 的滞后 a 阶至滞后 b 阶。

存在显著的国别差异。 对于发达国家，无论从事实层面还是法定层面，金融一体化对发达国家的 TFP 增长率具有显著的抑制作用，这与混合回归的结果不一致。 而对于新兴经济体，控制了内生性问题后，国债总负债占比对 TFP 具有显著的促进作用，而法定开放度并不显著。 从作用力度看，国外总负债占 GDP 比重每提升 100 个百分点，发展中国家 TFP 增长率提升约 5%，这是相当大的作用力度，要显著大于混合回归的结果，表明混合回归掩盖了金融一体化新兴经济体的真实作用。 但目前新兴经济体国外总负债占 GDP 比重低于 100%，要想获取更大的一体化收益，需更深入推动一体化进程；同样，在其他发展中国家中，法定开放度不显著，事实开放度显著为正，但其作用力度要小于新兴经济体。 整体上认为金融一体化对发展中国家生产率具有促进作用，而对发达国家则相反。本研究结果与 Klein（2003，2005）以及 Edison et al.（2004）的结果部分一致。 为什么金融一体化对发展中国家的 TFP 增长率有促进作用，而对发达国家有抑制作用呢？ 本研究认为，一方面，发达国家之间的生产率差异并不大，体现出较一致的技术、制度、管理水平等，尽管国际资本流动主要集中在发达国家之间，但巨大的资本流动对生产率的"进口"能力仍值得怀疑，同时巨大的跨境资本流动对银行金融体系稳定性、资产泡沫化、宏观稳定等问题均具有一定的影响。 另一方面，Alfaro et al.（2007）强调了跨境资本流动对资本品（机器设备等）进口的重要性，表明只有将跨境资本合理利用（包括进口更高生产率的机械设备），金融一体化才能促进生产率发展，若将跨境资本用于非有效的生产性投资，则资本流动不会影响一国长期效率提升。 美联储主席 Bernanke（2005）指出，近期流向发达国家的跨境资本大多数流向了房地产行业，导致房屋建设率和房价攀升，而从长远看，一国的效率提升主要依赖于更具生产性的非住房投资。 因此，金融一体化对发达国家的 TFP 起到了抑制作用。 而对于发展中国家，尽管也存在跨境资本流向房地产等非生产性部门的现象（Corsetti et al.，1999），但由于发达国家与发展中国家之间存在显著的生产率落差，伴随着发达国家与发展中国家之间资本流动量的加大，发展中国家可以通过技术设备引进、管理方式学习等途径从国外"进口"生产率。

在控制变量方面，一些变量同样体现出国别差异。 金融发展水平仅在其他发展中国家为正，而在发达国家和新兴经济体中显著为负。 一般认为，金融一体化提升 TFP 的一个主要渠道是金融发展，本研究并未一致捕捉到金融发展对 TFP 的促进作用，即使在其他发展中国家，金融发展显著为正，但金融一体化指标仍显著为正，表明即使金融一体化能促进 TFP 增长，其作用途径可能还包括其他方面。 TFP 初始值在发达国家不显著，而在新兴经济体和其他发展中国家均显著为负，表现出俱乐部收敛现象，且其他发展中国家的收敛力度要强于新兴经济体；全社会中学入学率仅在发展中国家显著；预期生命在发达国家显著为负，在其他发展中国家显著为正，在新兴经济体不显著，一种解释为在发达国家生命预期增长意味着更多资源要投向社会养老等非生产性方面，而在较贫穷的国家，以健康形式的人力资本则更为重要；政府支出显著为负（除其他发展中国家不显著），政府支出对私人投资具有挤出效应，而政府投资的效率往往要远低于私人投资效率（Pritchett，2000）；贸易对发达国家有促进作用，而对其他发展中国家则起抑制作用；通胀和人口增长率较一致，显著为负；民主程度仅对其他发展中国家有显著促进作用。

该部分基于国家类型进行回归分析，表明金融一体化对 TFP 增长率的作用存在样本异质性，混合样本回归对这种异质性产生了掩盖，得出并不准确的结论。 实证结果表明，金融一体化对发达国家的 TFP 增长率具有抑制作用，对发展中国家整体上表现出促进作用，一定程度上印证了Klein（2003，2005）及 Edison et al.（2004）的观点。

九、实证结果：门槛效应检验

（一）回归结果

基于上文的分析，目前本研究能得出一个基本判断：金融一体化对

TFP 的影响存在国别差异，对于发展中国家，金融一体化倾向于通过制度、技术溢出等方式促进生产率提升，而发达国家由于本身处于世界前沿水平，其金融一体化的获利甚微，甚至为负。那么，金融一体化对全要素生产率的影响多大程度上取决于发展水平。但上文通过经济发展水平将样本分为发达国家、新兴经济体以及其他发展中国家，这种划分存在主观性。为分析经济发展水平在金融一体化对 TFP 产生作用的重要性，本研究再次将所有国家样本混合，通过加入经济发展水平交互项来捕捉金融一体化对全要素生产率的影响。基本模型设定如下：

$$Mal_{it} = \alpha_1 TL_{it} + \alpha_2 TL_{it} \times Dev_{it} + \alpha_3 TL_{it} \times Dev_{it}^2 + X_{it}\beta + u_i + \varepsilon_{it}$$

（2-19）

其中 TL 表示金融一体化水平，根据上文实证结果，法定层面上的一体化指标往往不能捕捉到经济增长效应，故此处仅使用事实金融一体化水平即国外总负债占 GDP 比重。Dev 表示经济发展水平，分别用人均 GDP（gdpp）和 TFP 水平值（TFP）衡量。表 2-9 给出了相关检验结果。

表 2-9　交互项检验结果

	(1) FE	(2) FE	(3) FE	(4) FE	(5) FE	(6) GMM
TFP 初始值	−0.1014***	−0.1044***	−0.1057***	−0.1280***	−0.1346***	−0.0154
	(−7.48)	(−7.09)	(−7.16)	(−8.58)	(−9.00)	(−0.54)
中学入学率	−0.0001	−0.0001	−0.0001	−0.0001	−0.0001	−0.0001
	(−0.89)	(−0.83)	(−1.00)	(−0.69)	(−0.70)	(−1.25)
生命预期	0.0008**	0.0008**	0.0008**	0.0009**	0.0008**	0.0007
	(2.29)	(2.29)	(2.30)	(2.39)	(2.18)	(1.26)
政府支出	−0.0026***	−0.0026***	−0.0026***	−0.0022***	−0.0023***	−0.0042***
	(−5.36)	(−5.17)	(−5.15)	(−4.44)	(−4.52)	(−3.70)
贸易规模	0.0001	0.0001	0.0000	0.0000	0.0000	0.0002*
	(0.92)	(0.87)	(0.77)	(0.51)	(0.33)	(1.92)
金融发展	−0.0002***	−0.0003***	−0.0003***	−0.0002***	−0.0002***	−0.0004***
	(−4.91)	(−4.93)	(−5.00)	(−4.83)	(−4.69)	(−6.51)

续　表

	(1) FE	(2) FE	(3) FE	(4) FE	(5) FE	(6) GMM
通货膨胀	−0.0015***	−0.0015***	−0.0015***	−0.0015***	−0.0014***	−0.0017**
	(−3.24)	(−3.24)	(−3.24)	(−3.21)	(−3.13)	(−2.10)
人口增长率	−0.0047***	−0.0047***	−0.0046***	−0.0046***	−0.0038**	−0.0079***
	(−2.93)	(−2.93)	(−2.88)	(−2.91)	(−2.35)	(−3.05)
民主程度	0.0003	0.0003	0.0003	0.0003	0.0004	0.0002
	(1.28)	(1.22)	(1.27)	(1.16)	(1.57)	(0.55)
TL	0.0029**	0.0016	−0.0004	−0.0176***	−0.0656***	0.1704***
	(2.32)	(0.58)	(−0.13)	(−3.47)	(−4.95)	(3.79)
TL * gdpp		0.0000	0.0000			
		(0.52)	(1.19)			
TL * gdpp²			−0.0000			
			(−1.10)			
TL * TFP				0.0252***	0.1645***	−0.3503***
				(4.18)	(4.56)	(−3.30)
TL * TFP²					−0.0948***	0.1797***
					(−3.92)	(2.86)
常数项	1.0519***	1.0539***	1.0559***	1.0661***	1.0750***	
	(40.90)	(40.53)	(40.51)	(41.27)	(41.62)	
观测值	1954	1954	1954	1954	1954	1840
固定效应 F	2.1639	2.1408	2.1516	2.2325	2.3095	
DWH 检验						[0.00]
KP LM						[0.00]
KP Wald F						12.07*
Hansen J						[0.15]

注：*、**、***分别表示在10％、5％、1％水平上显著。（　）内为对应系数的 t 值，[　]内为对应检验的 p 值。FE 和 GMM 分别表示采用 OLS 和 GMM 估计的固定效应。所有系数估计及参数检验均由 STATA11 完成。

通过设定二次交叉项，可以捕捉到一体化对生产率影响的条件水平，即金融一体化对 TFP 增长率的边际影响（Marginal Effect）为 $ME_{it} = \alpha_1 + \alpha_2 Dev_{it} + \alpha_3 Dev_{it}^2$，取决于发展水平。表 2-9 中（2）列、（3）列以人均 GDP 作为交叉变量，采用固定效应进行估计，当不加入交叉项时，FL 系数显著为正，但无论加入一次交叉项还是二次交叉项，其系数均不显著，似乎金融一体化对 TFP 的影响与经济发展水平无关，这与本研究前部分的分析出现矛盾。一个潜在原因是这两列没有对内生性进行处理，而之所以没有处理是因为经过数次尝试，笔者仍没有寻找到符合各项检验的工具变量；另一方面，本研究的被解释变量是 TFP 增长率，将生产率水平值作为交互项显得更加合理，尽管一国的经济发展水平很大程度上与其全要素生产率相关，但仍存在一定变异，本研究中人均 GDP 与 TFP 水平值简单相关系数为 0.637。基于这样的考虑，本研究将 TFP 水平值代替上式的人均 GDP，表 2-9（4）列至（6）列给出了相关回归分析结果。可以看出，加入 TFP 的交叉项系数均显著，粗略支持了金融一体化对全要素生产率的影响与 TFP 水平有关。根据（4）列和（5）列可以简单计算出金融一体化对 TFP 增长的边际影响，分别为 $ME = -0.0176 + 0.0252 \times TFP$，$ME = -0.0656 + 0.1645 \times TFP - 0.0948 \times TFP^2$。当 TFP 水平较低时，边际影响均为正；当 TFP 水平较高时，边际影响为正，这显然与前文得出的结论不一致。根据前文分析，金融一体化对发达国家（TFP 水平高）全要素生产率的影响为负，对于发展中国家（TFP 水平低）的边际影响为正。那么是什么原因导致了矛盾的结论？由于内生性问题是一个较为严重的问题，内生性问题对系数估计起到了较大的影响。因此，本研究再次选取内生变量的滞后期作为工具变量，采用 GMM 进行重新估计，具体地讲，将贸易规模、金融发展、TL 及其交叉项设为内生变量，其余变量设为外生变量，选取所有内生变量的滞后二阶和三阶作为工具变量，结果见（6）列。各项检验表明工具变量选取合理，DWH 检验显著拒绝变量外生的假设，认为模型缺失存在内生性问题。在处理了内生性问题之后，我们发现金融一体化对 TFP 增长的边际影响发生了显著变化，$ME = 0.1704 - 0.3503 \times TFP + 0.1797 \times TFP^2$（$0 < TFP <= 1$）。抛物线开口向上，当 TFP=0 时，ME=0.1704，当 TFP=1 时，ME 接近

0。 从端点粗略判断支持了前文分析，即当生产率水平低时，金融一体化能促进全要素生产率提升；当生产率水平较高时，影响甚微。 为更进一步分析交叉项的影响，我们需要知道整体边际影响的置信区间，即是否边际影响有区别与 0，尽管所有系数均在 1％水平下显著。 图 2-9 给出了边际影响及其置信区间[①]。 从中可以看出，当 TFP 水平值小于 0.83 时，此时置信区间不包含 0，表明金融一体化对 TFP 增长具有显著的促进作用，且整体上看，随着 TFP 的增加，金融一体化的边际影响递减；而当 0.83 ＜TFP＜1 时，此时置信区间包含 0，表明金融一体化对全要素生产率没有系统性影响。 那么有多少国家处于有效范围呢？ 图 2-10 给出了 1975 年和 2010 年样本国 TFP 分布和变化情况。 可以看出，绝大多数国家的生产率还是要小于 0.83，表明金融一体化对于多数国家的生产率仍处于促进阶段。 同时更为重要的一点是，2010 年发达国家的生产率相较于 1975 年整体上有较大提升（多数点位于 45 度线以上），且较密集的集中在 0.83 附近。 因此，本研究认为金融一体化对发达国家的生产率作用有限。

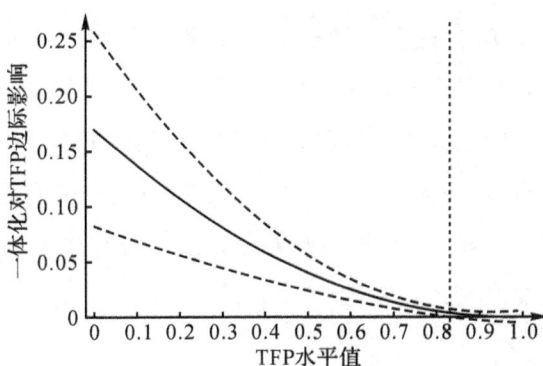

图 2-9　金融一体化对 TFP 增长的边际影响图

注:实线为金融一体化对 TFP 增长的边际影响,其上下虚线为 95％水平置信区间。

综上所述，该部分通过加入交互项考察发展水平（人均 GDP 与 TFP 水平）是否影响金融一体化对 TFP 增长率的影响。 实证结果表明，金融

① 置信区间估计参考 Berry et al.(2012)。

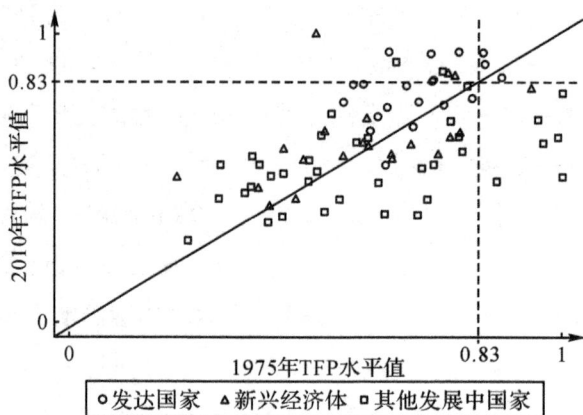

图 2-10　全要素生产率分布变化图

一体化对 TFP 增长的影响与生产率水平有关。 具体地讲，随着 TFP 水平的增长，金融一体化对 TFP 的促进作用逐渐减少，TFP 门槛值等于0.83。 大多数国家尤其是发展中国家处于门槛值以下，发达国家主要集中在门槛值附近。 因此，总体认为金融一体化对发展中国家的生产率有促进作用，而对发达国家的生产率作用有限。 需要注意的一点是，该部分分析将所有样本混合处理，通过加入交叉项来代替分组回归，但实际上，前文分组回归可以发现，除金融一体化存在组别差异外，亦有别的变量（如金融发展、民主程度）存在组别差异，该部分并未对这些变量进行同样的交互项处理。 可能出于该原因，该部分并没有捕捉到金融一体化对较高发展水平国家的 TFP 的抑制作用，但结合发达国家密集在门槛值附近，仍认为前文结论是稳健的。

（二）进一步讨论

实证结果表明，金融一体化对新兴经济体和发展中国家 TFP 具有促进作用，但现实经验表明，伴随着发展中国家金融一体化程度的提高，部分发展中国家出现了剧烈的经济波动，严重的甚至引发金融危机和大规模的经济危机。 这说明金融一体化促进 TFP 具有一定的条件。 因而，新兴经济体和发展中国家对金融一体化和自由化的政策安排显得非常重要，恰当的制度安排能有效地提升经济效率，而不当决策可能引发局部风险甚至系统性风险。

首先，金融一体化对 TFP 的促进作用，依赖于特定经济体的发展水平。 对应于不同发展水平的经济体，金融一体化对经济增长的促进作用存在差异。 对于低发展水平的经济体，由于脆弱的金融制度和不健全的法律体系问题，金融一体化对该国经济增长的效应较弱，甚至带来潜在风险而恶化该国经济增长环境。 只有在较为健全的金融和法律体系框架下，金融一体化才能有效地促进经济增长。 Klein et al.（2001）、Vo（2005）认为，只有在那些制度能有效支持资本流动的条件下，金融一体化才起作用。 Edwards（2001）使用加权最小二乘回归方法发现金融一体化减缓低发展水平国家的经济增长；相反，能显著促进高收入的新兴市场国家的经济增长。 本研究国际经验表明，技术差距是影响金融一体化发挥正向效应的条件，技术差距既不能太大，也不能太小。 新兴经济体与金融资本流出国的技术差距适当，故而能产生较大收益。 图 2-10 给出了 1975 年和 2010 年样本国的 TFP 分布和变化情况。 可以看出，绝大多数国家的生产率要小于 0.83，表明多数国家仍处于金融一体化对生产率的促进阶段。 更为重要的一点是，发达国家 2010 年的生产率相较于 1975 年整体上有较大提升（多数点位于 45 度线以上），且较密集的集中在 0.83 附近。 随着 TFP 水平的增加，金融一体化对 TFP 的促进作用逐渐减少，TFP 门槛值等于 0.83。 大多数国家尤其是发展中国家处于门槛值以下，发达国家主要集中在门槛值附近。 因此，金融一体化对发展中国家的生产率有促进作用，而对发达国家的生产率作用有限。

其次，宏观经济政策稳定是金融一体化产生作用的保障性条件。 Klein（2003）认为，金融一体化能系统性地促进中等收入国家的经济增长，而不能促进高收入和贫困国家的经济增长，金融一体化发挥功效的条件还包括适当的制度、监管政策及监管机构。 当前，发达国家实行资本自由化政策，而欠发展国家尚未完善制度和具备稳定的宏观经济政策。 然而新兴经济体大多具有稳定的宏观经济政策和适当的资本开放水平。 因而，从现有的宏观政策视角考量，金融一体化对新兴经济体经济产生最大的效应，本研究的研究结论为这一观点进一步提供跨国层面的证据。

再次，"吸收能力"是金融一体化发挥作用的基础性条件。"吸收能力"被视为人力资本、国内金融发展水平、公共治理和宏观经济政策的集合。吸引能力较弱则导致金融一体化不能提高国内企业生产率；吸引能力强则是金融一体化促进企业生产率的重要条件。公共治理是影响吸引能力的重要因素，不仅影响到国际资本流入规模，而且影响国际资本流入质量。不仅如此，公共治理水平还将影响到国际资本流入的结构。本研究的实证结果显示，新兴经济体金融一体化的生产效率效应明显高于其他发展中国家，其中的重要因素是新兴经济体的公共治理优于其他发展中国家。本研究还发现，资本流入结构是金融一体化发挥作用的重要影响因素，而各国宏观经济政策差异是资本流入结构的决定性因素。

最后，教育和文化差异是影响金融一体化发挥作用的内生性条件。教育是一国人力资本积累的重要来源，而金融一体化对生产率的影响部分通过人力资本发挥作用。本研究以中学入学率为代理变量，检验了教育发展是否影响到生产率的提升，但发现中学入学率并没有显著提升生产率。关于教育是否影响到金融一体化发挥作用，限于篇幅，本章并没有给出直接证据。此外，种族与语言差异也会导致金融一体化对经济增长效果发生变化（Chanda，2001），故而潜在地影响金融一体化对生产率的作用。

当前，全球经历金融危机之后，伴随着全球经济的缓慢恢复，国际资本流动规模和方向呈现出新的特征，新兴经济体和发展中国家作为全球经济增长的重要来源，在资本项目自由化进程中如何获取金融一体化的益处和避免潜在风险成为关键问题。

十、稳健性检验

（一）稳健性检验：基于资本流入类型视角

事实上，跨境资本由多种形式组成，包括直接投资（FDI）、股权投资和债务投资。 FDI 是指一国的投资者将资本用于他国的生产或经营，并掌握一定经营控制权的投资行为，因此 FDI 相对稳定，不易发生资本回流（Wei，2001）。 Federico et al.（2013）表明产出波动随 FDI 占流入资本比重的增加而减少，但同时产出波动受 FDI 与其他资本流动的相关性影响，若 FDI 与其他资本流动相关性越高，产出波动越大。 一般理论认为，FDI 给东道国带来的增益要大于其他类别的资本流动所带来的增益，FDI 能对东道国的资本存量进行扩充作用的同时，通过技术以及管理经验等转移提升东道国生产率。 Alfaro et al.（2009）表明 FDI 对经济增长的促进作用主要通过全要素生产率提升而非资本积累。 股权投资被认为与 FDI 拥有相似的性质，具有较好的稳定性。 现有关于股票市场一体化的研究得出较为一致的结论，即股票市场一体化能通过资本积累和生产率提升来促进一国经济增长（Bekaert et al.，2005，2011；Henry，2003；Henry et al.，2008）。 需要注意的是，上述研究均采用法定层面的一体化指标衡量股票市场开放，用以研究一体化的开放与否（Opening）对经济影响，并不能有效反映证券市场开放的实际程度（Openness）对经济的影响。 债务投资包括跨境债券流动和商业银行贷款，债务投资往往被认为与风险共生。

该部分将从跨境资本的构成分析不同类别的资本流动对 TFP 增长率的影响。 分别以直接投资负债、股权投资负债和债务投资负债占 GDP 比重衡量各类别负债的一体化水平。 数据来自 Lane et al.（2007）及 IFS。图 2-11 给出了 1975 年以来不同类型国家资本结构情况。 从中可以看出，发达国家债务负债始终占据主体，近年债务负债占总负债比重超 60％，而短期债务负债往往是导致金融危机的重要原因，债务积累超过一定水平将抑制经济增长（Imbs et al.，2005；Reinhart et al.，2010）。 新兴经济体从早期资本负债占主体到现在 FDI、股权负债和债务负债比重相当，表明流入新兴经济体的债务投资逐渐减少，而 FDI 以及股权投资渐渐成为主流。 在其他发展中国家，债务流动尽管仍占据着主体，但近年 FDI 增长明显，但股权类流动甚少。 整体表明三类国家资本流动存在一定差异，因此基于资本流动构成的检验有一定必要性。

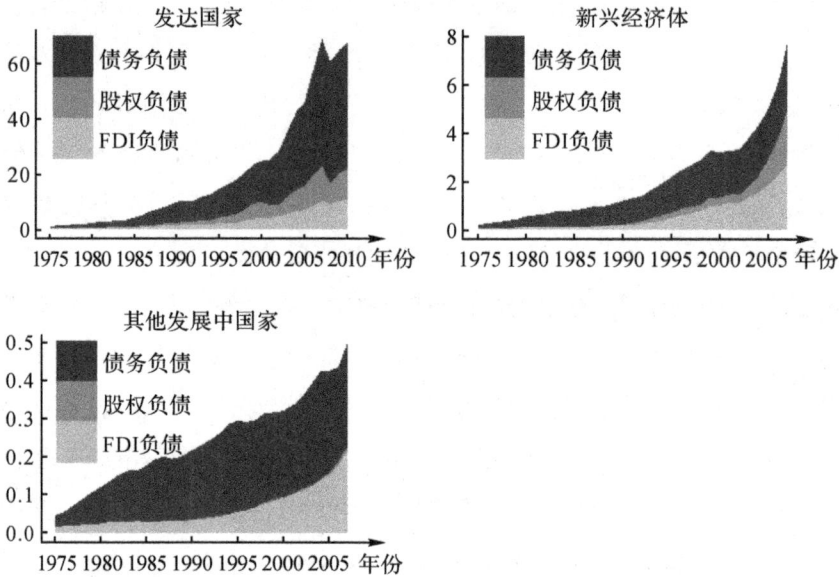

图 2-11　按资本流入类型划分（万亿美元）：1975—2010 年

注：新兴经济体与其他发展中国家 2008 年之后数据存在较大缺失，未予纳入。

数据来源：Lane and Milesi-Ferretti（2007）；IMF；IFS。

在实证上，同样采用上文方法，表 2-10 给出了相应回归结果。在工具变量选取合理的基础上，从 DWH 内生性检验可以看出，发达国家样本较少受制于内生性问题，这与上文结果一致，结合内生性检验，最终依据表 2-10 中加粗的部分结果分析。可以看出，依据不同的资本流动类别，金融一体化对 TFP 的作用仍存在显著的异质性。对于发达国家，不论以何种形式衡量的一体化指标均显著为负。对于新兴经济体，在控制了内生性问题后，FDI 与债务负债均显著为正，而股权负债不显著，尽管在 OLS 估计中显著为正。同样对于其他发展中国家，FDI 对 TFP 增长率具有显著促进作用，而其他两类资本流动均不显著。

整体表明，金融一体化对发达国家 TFP 起到了抑制作用，而对发展中国家尤其是新兴经济体起到促进作用，且一个主要途径是 FDI。该部分实证结果支持了上文的结论。

表 2-10　资本构成稳健性检验结果

	发达国家		新兴经济体		其他发展中国家	
	FE	GMM	FE	GMM	FE	GMM
FDI	**−0.0115****	−0.0079	0.0568***	**0.0912*****	0.0266	**0.1717*****
	(−2.42)	(−0.36)	(3.11)	**(3.78)**	(1.12)	**(3.25)**
股权负债	−0.0062*	**−0.0111***	0.0970***	**−0.0736**	**0.1666**	0.0813
	(−1.81)	**(−1.68)**	(4.34)	**(−1.00)**	(1.56)	(0.41)
债务负债	**−0.0080*****	−0.0101**	−0.0177	**0.0721*****	−0.0031	**0.0121**
	(−3.42)	(−2.28)	(−1.62)	(3.68)	(−0.95)	**(1.08)**

注：该部分共进行 18 次回归，每次对一个区域一个类别资本采用 OLS 和 GMM 回归，所有回归均包含上述控制变量，控制变量系数与前文结果相似，未予给出，具体见附表 1(a) 和附表 1(b)。（　）内为对应系数的 t 值。*、**、*** 分别表示在 10%、5%、1% 水平上显著。

（二）稳健性检验：基于五年均值模型

前文所有分析都是基于年度面板数据，利用年度数据的优势是能更有效地利用时间序列包含的信息，同时年度数据能够提供更多的观测值，为参数估计的大样本性质提供支撑。 但由于存在经济周期波动，变量可能存在较大的波动，为平滑变量的波动，该部分参照多数经济增长文献的做法，取各变量的 5 年非重叠（non-overlaping）均值作为解释变量，即将样本区间划分为 7 段：1975—1979 年、1980—1984 年、……、2000—2004 年、2005—2010 年[①]，取各变量在区间内的算术均值作为解释变量，这样样本的时间跨度减少为 7 年，大大减少了样本容量。 这样处理的另一个好处是能减少异常值带来的影响。 需要注意的是，控制变量教育形式的人力资本指标做了改动，主要原因是 5 年均值处理后的全社会中学入学率存在过多缺失值[②]，取而代之，该部分采用全社会 25 岁以上人口中学平均教育

---

① 最后一个区间为 6 年均值。

② 总样本量为 80×7＝560 个，而教育形式的人力资本数据仅有 353 个。

年份，数据来自 Barro et al.（2012）[1]。

针对内生性问题，如果同样采用内生变量的滞后期作为工具变量进行估计会碰到很多困难，这主要是由于时间跨度的大幅度缩减造成组内信息过多丢失，导致工具变量很难同时满足与内生变量相关又与误差项无关。折中处理后，本研究直接采取内生变量的滞后一期作为解释变量，一方面，由于解释变量已经过 5 年均值处理，再取其滞后期能很大程度上避免内生性问题；另一方面，取滞后期亦能捕捉到变量影响的滞后效应。表2-11 给出了实证结果，可以看出无论是国外总负债占 GDP 比重还是其不同构成部分，金融一体化均显著抑制发达国家的生产率，而对发展中国家具有显著的促进效应。从不同资本构成的作用来看，主要是 FDI 起着重要作用，股权负债虽然系数为正，但均不显著，债务负债亦促进了发展中国家生产率提升。该结果表明前文结论具有较强稳健性。

表 2-11　五年均值回归结果

	发达国家	新兴经济体	其他发展中国家
国外总负债	−0.0069***	0.0227***	0.0183***
	（−3.17）	（3.73）	（4.15）
外国直接投资	−0.0325***	0.0537**	0.0867***
	（−3.03）	（2.29）	（4.30）
股权负债	−0.0131**	0.0232	0.0329
	（−2.43）	（0.48）	（0.11）
债务负债	−0.0118***	0.0277***	0.0163***
	（−2.75）	（3.69）	（3.39）

注：该部分共进行 12 次回归，每次对一个区域一个类别资本采用固定效应模型估计，所有回归均包含前文控制变量，具体见附表 3。（　）内为对应系数的 t 值。＊、＊＊、＊＊＊分别表示在 10％、5％、1％水平上显著。

---

① Barro et al.（2012）的数据为 5 年间隔，本研究采用 1975 年的数据作为 1975—1979 年人力资本的数据，1980 年数据作为 1980—1984 年人力资本的数据；以此类推。

十一、结论与政策建议

（一）研究结论

现有学者对金融一体化的经济增长效应进行了广泛的检验，但缺乏对中间渠道的识别。本研究基于 80 个国家 1975—2010 年的数据考察了金融一体化与全要素生产率这个中间渠道的关系。我们采用非参数估计方法对全要素生产率进行测算，通过多种模型设定检验，并在实证过程中严格控制内生性问题，本研究得出的结论有以下几点：

①事实层面的金融一体化指标，更能捕捉到金融一体化与全要素生产率之间的关系。法定层面的指标在多数模型设定下不显著，反映了实际的金融开放程度与其法定的资本管制的严格程度存在差异，作为衡量实际资本流动的事实层面指标可能是金融一体化更有效的指标。

②从实证过程的内生性问题看，内生性问题对发达国家模型的系数估计影响不大，而对发展中国家影响就大，表明发达国家较少受制于内生性问题，一个可能暗含的推测是，流向发达国家的资本并不依赖于发达国家的生产率水平，二者之间没有反向关系，即金融一体化对发达国家的生产率有影响，反过来，发达国家并不能因其生产率水平而吸引外资流入，而是因其他因素吸引外资。而对于发展中国家，这种反向关系可能明显存在，外资流入可能促进其生产率提升，生产率提升同样会吸引外资流入。

③金融一体化对全要素生产率的影响存在显著的国别差异，这是本研究得出的最主要结论。通过分样本检验、交互项检验、分资本流动类型检验等多种模型设定和估计方法，我们证实了这种作用异质性的稳健性。具体来讲，金融一体化对发展中国家的全要素生产率起到促进作用，而对于发达国家却起到抑制作用。这种门槛效应与传统上认识的门槛效应存在矛盾，因为传统的门槛效应认为一国经济发展水平超过门槛值时，它能更有效利用外资；而本研究则发现，当一国经济超过一定门槛值时（本研

究以全要素生产率水平作为门槛变量），金融一体化对生产率的提升作用不显著，甚至是抑制。 本研究从跨境资本技术差异程度给予解释，发达国家由于处于世界技术前沿，难以通过资本流入引进国外先进技术，而发展中国家与发达国家存在技术落差，易于引进技术。 该结论一定程度上印证了 Klein（2003，2005）以及 Edison et al.（2004）的观点。 同时，该结论的一个启示是，由于发达国家在金融一体化过程中，在资本趋利的情况下，他们会携带资本流向其他国家，而这部分收益往往不被计入资本流出国家的 GDP。 因此，一个可能更好衡量金融一体化的影响是以 GNP 来衡量（Stiglitz，2000），相应地在生产率核算中应该以 GNP 做出产出变量。

④不同类型的资本对发展中国家全要素生产率的作用存在一定差异。按资本流动类型划分的各类资本流动对发达国家均起到了抑制作用，而对于发展中国家，金融一体化对经济增长的影响主要通过 FDI 和债务资本（债务资本在其他发展中国家并不十分稳健），而股权资本对全要素生产率的影响并不显著。

但是，关于金融一体化究竟是通过何种渠道作用于全要素生产率，本研究未能得出确切答案。 尽管本研究在实证过程中对可能的作用渠道进行了控制，包括金融发展、纪律效应、制度质量，在控制了这些变量之后，金融一体化对全要素生产率的影响仍然显著，一个可能的解释是，金融一体化通过投资效率提升、溢出效应等途径直接作用于全要素生产率，也有可能是通过本研究未识别到的其他途径作用于全要素生产率。

（二）政策建议

本节结论对于不同发展水平的国家金融一体化政策安排具有一定的借鉴意义。

对于发展中国家，其具有通过金融一体化促进该国经济快速增长的内在驱动力，然而现实却证明，不恰当的金融开放政策安排不仅会增大本国金融体系的脆弱性，甚至可能引发区域或全球传染性金融危机。 这要求发展中国家在推进本国金融一体化进程中，特别注意把握金融开放进度与宽度，权衡金融一体化的收益与成本。 本节基于金融一体化的技术效率视角的研究表明，金融一体化对技术效率的影响依赖于经济发展水平，国际资本在异质性经济体之间的流动产生的溢出效率明显优于同质经济体之间的效应。 因此，发展中国家在金融一体化的政策安排中，可采取有区别的政策安排，着重吸引先进技术国家的资金以促进本国全要素生产率的提高。 本节的研究还表明，不同类型的金融一体化政策安排具有重要的政策内涵，相对于发展中国家而言，沉没成本较大的外国直接投资为最优的外部投资。 不仅如此，金融一体化的不同资本构成的技术溢出效应还依赖于不同的经济发展水平。 对于较为发达的新兴市场经济体而言，债务负债能显著提高技术效率，而对于相对较为落后的发展中经济体而言，债务负债的技术效率效应并不显著。 这要求不同发展程度的发展中国家采取动态化的金融一体化政策安排，并根据外部环境与内在经济特征做出适时的政策调整。

对于发达国家，当前，欧洲部分国家深陷主权债务泥潭，美国财政悬崖问题将长期困扰国际经济的正常秩序。 由于发达国家金融一体化的技术效率效应受到边际递减规律的约束，其较高的金融开放程度不仅不能创造新的经济增长动力，反而导致发达国家产生债务危机，危及全球经济的持续增长。 因此，对于发达国家而言，不应该迷信完全开放的金融政策，而应当反思高度金融开放下的资金流向，采取积极的政策引导资金流向提升技术效率的生产部门，适时调整外部债务结构，避免经济虚拟化引发金融危机或债务危机。

第五节　金融一体化与经济稳定增长：机制、条件及中国选择[①]

一、引言

　　始于 20 世纪 80 年代的全球金融自由化有效地促进了资本的国际流动，并将发达国家与发展中国家一道卷入了全球金融一体化的浪潮中。伴随着全球金融一体化程度的提高，世界经济呈现出平稳增长的总趋势，但同时也使一些发展中国家经济出现增长与波动交替进行的情况，甚至发生阶段性崩溃和破坏性金融危机。围绕此主题，金融一体化与经济增长的关系，成为开放宏观经济研究的重要内容与争论焦点。然而，从理论与实证的系统性分析来看，金融一体化的经济增长效应尚无一致性结论和指导各国实践的普遍性规律。这一现状给处于金融一体化进程中的发展中国家的制度安排带来困惑。特别是对于国内金融体系较为脆弱的经济体，如何在金融一体化过程中，实现金融一体化的多重益处和避免其潜在的风险成为关键问题。因此，研究金融一体化对一国经济稳定增长的实现机制和内在条件，把握金融一体化与经济增长关系的动态演变过程，无疑对各国金融一体化的制度安排具有较强的现实指导意义。本节从金融一体化内涵出发，研究金融一体化促进一国经济增长的实现机制和内在条件，并在此基础上探讨了我国金融一体化进程中制度安排的理性选择。

---

　　① 本节内容发表于《改革》2006 年第 7 期。

二、金融一体化内涵:一个基础

金融一体化的内涵随着金融全球化和金融自由化发展而逐渐深化。从已有的研究来看,不同的学者从独特的视角提出了对金融一体化的不同见解,尚未形成统一、准确的金融一体化定义。 Ballasa(1962)认为,对于市场分割极端而言,金融市场一体化既可以是一种状态,意指没有任何障碍的极端情形;也可以表示为一种过程,意指资本管制和其他影响一体化程度的制度性障碍的逐步取消。 Oxelheim(1990)从金融市场运行的角度,将国际金融市场一体化划分为总体金融一体化、直接金融一体化和间接金融一体化。 这种划分主要基于投资者在不同市场无差异报酬角度来进行,即金融一体化使全球金融市场间资产价格收敛和趋同,投资者在各市场获取的经风险调整的报酬并无多大差异。 Shepherd(1994)认为,金融一体化存在两种定义,一是基于资产替代性(Assets Substitutability);二是基于资本流动性(Capital Mobility)。 资产替代和资本流动互相影响共同构成统一的国际金融市场。 易纲(2001)强调, "由于信息、网络和通讯的发达,全球金融市场特别是外汇市场和金融衍生产品市场基本上是一个市场, 即价格趋于一致"。 杨培雷(2003)认为, "国际金融一体化是指在金融国际化基础上进一步深化和发展, 从而形成世界范围内金融制度的趋同、金融机构的国际化、金融市场的一体化以及金融协调机制一体化乃至货币一体化等诸方面的一体状态和过程"。

从对上述金融一体化内涵的概括来看,不同的学者研究的视角和重点均存在差异,这反映出金融一体化本身存在较大的争论和不一致性。 而且不同的经济体,由于具体经济条件不同,其对金融一体化制度安排和金融一体化进程亦存在差异。 但这些研究亦概括出金融一体化本质的一面,即金融一体化不仅仅是金融市场一体化,还包括与此相关的金融制度安排,以及金融政策互相依赖与协调;其研究主要对象是国际资本的跨境流动及与此相关的一系列活动；金融一体化在各国表现为不同的进程，这表明作为一种状态，事实上金融一体化是介于完全一体化和完全分割之间的状态。 因此，金融一体化表现为动态而非静态，并形成各国不同时期的制度安排和与之相适应的金融一体化水平。 而且，对金融一体化制度安排的重要内容是：对应于不同时期的金融一体化水平，既实现金融一体化的经济增长效应，又避免金融一体化进程中宏观经济的波动。 由此看来，金融一体化的制度安排与金融一体化水平相适应，两者互相依存和影响，并在动态均衡的关系基础上共同促进一国经济稳定增长。

三、金融一体化与经济稳定增长：实现机制

金融一体化促进一国经济稳定增长的实现机制是两者关系的核心，也是各国在金融一体化进程中制度安排特别关注的问题。 无论是从新古典增长理论，还是从效率市场和完全市场理论视角来看，金融一体化具有促进一国经济增长的内在机制。 这些机制包括：

首先，金融一体化有助于平衡国际资本供需的地理差异，提高资本全球配置效率。 从新古典主义经济增长理论出发，资本是一国经济增长基本生产要素，资本的缺乏将约束一国经济增长速度。 而金融一体化能有效解决全球资金需求与供给的地理差异，进而促进各国经济增长。 按照Chenery-Strout（1966）"缺口模型"的解释，发展中国家在投资剧增、国内储蓄不足的情况下缺乏经济快速增长所需的资金，而外国资本流入能有效地弥补发展中国家资金缺口。 Fischer（1998）认为，伴随着金融一体化的资本自由流动，国际闲置资金流入资金贫乏的国家或地区，提高了资本的全球配置效率，从而推动经济增长和福利水平提高。 Prasad et al.（2004）认为，南北资金流动有效地解决了一些国家发展的资金瓶颈，增加其国内储备和投资。 这不仅为闲置资本提供了较高的资本回报率，而且降低了吸收资金国家的无风险利率，从而达到双赢福利状况。 金融一体化除了通过直接资本流动促进经济增长外，随着股票市场国际化与一体

化的推进，金融一体化极大地促进了国际证券资本流动，从而提高一国股市流动性和资本配置效率。 Kadle（1994），McConnell（1994），Smith（1997）和 Foerster（1998）认为，由于不同证券市场时差的原因，企业股票交易时间被延长，从而通过股票交易量来提高其在证券市场上的流动性。 全球范围内股票市场流动性有效地提高了资金利用效率，从而促进东道国投资与经济增长。

其次，金融一体化能有效地促进在全球范围内的国际风险分担，减弱生产与消费之间的跨期波动。 随着一国经济整体水平的提高，专业化水平也随之提高。 专业化生产有利于提高生产效率，进而促进经济增长，但专业化所带来的单一产品结构意味着其产出受消费波动的影响增大，企业将承担更大的市场风险。 金融一体化程度的提高，有助于企业分散集中的风险，减少一国经济波动。 而且，金融一体化有助于一国通过多元化来消除与国内消费波动相关的具体国家风险。 因此，在收入和消费波动较大的国家，金融一体化能通过国际风险分担来减少消费和产出的波动，增加国民福利。 Kalemi（2001）认为，发达国家之间金融一体化能有效地分散专业化所带来的风险。 Van Wincoop（1996，1999）研究发现 OECD 国家基于金融一体化风险分担的增益位于 1.1% 至 3.5% 之间。Obstfeld（1995）发现在发展中国家通过金融一体化能有效地消除消费波动，其福利增益在 0.54% 至 5.31% 之间。 而 Pallage et al.（2003）估算到非洲国家基于国际风险分担的增益达到 10%。

伴随着金融一体化程度的提高，股票市场一体化能起到风险共享和降低融资成本的作用。 股票市场一体化是金融一体化的重要内容，股票市场一体化能消除投资障碍，降低交易成本（如换汇成本）和信息成本，使投资者通过国际的投资组合降低投资风险，改善资本配置风险。 同时，股票市场一体化与有利于上市公司在多个资本市场上融资，降低企业融资成本。 这两方面均能促进企业投资并推动一国经济增长。 Bekaert et al.（2001）通过实证分析了股票市场一体化对经济增长的影响。 他们通过使用移动平均面板方法对标准的经济增长模型进行回归分析，认为五年内金融一体化能促进每单位资本 GDP 增长 1%。

再次，金融一体化能通过国外直接投资对东道国产生正向的"溢出"效应。 金融一体化的直接结果是跨境资本流动的规模增大和速度增快，直接投资在国际资本流动中占有相当的份额。 直接投资规模的扩大，不仅能弥补东道国资本不足的"瓶颈"，而且能通过"外溢效应"提高东道国的技术水平与管理能力，进而推动该国经济更快增长。 以 FDI 的"外溢效应"作为经济增长的直接推动力是发展中国家金融一体化进程中普遍实施的战略。 我国是通过吸引国外直接资本有效地促进经济增长的典型国家，国内众多学者对此进行了深入的分析，在此不再展开。

最后，金融一体化能促进一国金融体系的健全与金融效率的提高，通过促进国内金融发展间接提高经济增长效率。 国内金融发展能促进经济增长作为一个客观事实被各国普遍接受。 随着一国金融一体化水平的提高，国外金融机构的进入能促进国内金融发展，为国内提供流动性和降低资金成本，从而刺激投资和促进该国经济增长。 Mishkin（2005）认为，金融发展是经济增长的关键因素，而金融一体化能促进国内金融发展，进而推动一国经济增长。 外国金融机构的进入不仅能直接促进一国经济增长，而且能间接促进经济增长。 这些间接途径包括：通过提高金融行业竞争程度促进本国银行改善金融服务能力和提高其资金效率，包括学习外国银行管理经验和引入先进技术（Levine， 1996；Goldberg， 2004）；提高一国利用国际金融市场的能力；改善国内银行的监管水平与能力（Mishkin， 2003）；促进一国制度优化和金融市场效率的提高，缓解国内金融抑制而促进一国经济增长（Rajan et al.， 2003）。

上述金融一体化对一国经济增长的促进机制，可归纳为两种作用方式：一是投入型的增长，即通过金融一体化吸引国外资本或投资解决国内资金瓶颈约束。 这种增长方式体现为粗放型的增长效应，属于量的增长。 二是效率型增长，即通过金融一体化提高国内经济、金融运行效率，进而促进一国经济增长。 这种增长方式体现为集约型增长效应，属于质的增长。 从一国经济发展的过程来看，我们不能轻易地断定哪种作用方式为最优模式。 因为对应不同的经济体、不同的发展水平，两种增长模式均具有重要意义。 当一国处于经济发展初期，资本积累对一国经济发展具有重要作用，此时通过金融一体化水平的提高，增加国内资本积累对经济增长促进效应较为显著；而当一国资本积累到一定程度，资本投入的边际效率将降低，此时通过金融一体化的推进，提高国内要素生产率对经济增长促进效应更为重要。从总体上分析，无论什么类型的增长方式，一个重要的条件是在保持内部均衡和外部均衡的基础上促进经济持续地均衡发展。

四、金融一体化与宏观经济稳定：内在条件

从上述金融一体化作用机制来看，金融一体化能改善经济外部环境和调整内部经济效率而促进一国经济增长。但是，一些国家（特别是发展中国家）并没有实现金融一体化的增益。相反，很多国家在金融一体化过程中伴随着国内经济剧烈波动，这表明金融一体化对一国经济增长具有正反两方面效应，即金融一体化促进一国经济增长具有"阈值效应"。只有当一国具备适当条件时，金融一体化才能通过上述机制促进一国经济稳定增长，而当一国不具备基本条件时，金融一体化的结果是宏观经济出现更大的波动。因此，研究金融一体化促进一国经济稳定增长的内在条件成为一个非常现实的课题。总体上看，这些内在条件主要有：

（一）金融一体化对经济增长的促进效应依赖于特定经济体的发展水平

对应于不同发展水平的经济体，金融一体化对经济增长的促进作用存在差异。对于低发展水平的经济体，由于脆弱的金融制度和不健全的法律体系问题，金融一体化对该国经济增长的效应较弱，甚至带来潜在风险而恶化该国经济增长环境。只有在较为健全的金融和法律体系框架下，金融一体化才能有效地促进经济增长。Klein et al.（2001），Vo（2005）认为，金融一体化能促进一国金融深化是有条件的，只有在那些制度能有效支持资本流动的区域才发生作用。Edwards（2001）则认为，

在低收入水平国家，金融一体化阻碍一国经济增长；相反，在工业国家和高收入的新兴市场国家，金融一体化能促进一国经济增长。尽管后来学者对 Edwards（2001）的研究进行了重新审视，认为其结论可能是采用了不恰当的一体化衡量标准，而且以国民收入作为权重可能使高收入国家在回归中的影响加强。但其结论在一定程度上说明了金融一体化促进一国经济增长依赖于健全的经济体系和稳健的金融体系。因此，一国对金融一体化制度调整的幅度与方向应与该国经济发展水平相协调，以实现金融一体化进程中宏观经济的稳定增长。

（二）金融一体化促进经济增长依赖于各国宏观经济政策的稳定性

金融一体化促进一国经济增长依赖于该国经济发展水平，但在相同发展水平的经济体之间，金融一体化对经济增长的促进效应仍然存在较大的差异性。为了对此困惑作为合理的解释，我们需进一步分析相同发展水平国家的宏观经济的稳定性。宏观经济政策的稳定性意指一国对外政策安排的"一致性"。当一国宏观经济政策具有"一致性"的特征时，外国资本流入具有持续性和稳定性；而当一国宏观经济具有"不一致性"特征时，一旦国内出现潜在的风险因素，国际资本将出现异常流动，从而给一国经济造成短期冲击和长期影响。Klein（2003）考虑初始收入、政府管理质量（与收入相关）和金融一体化变量之间的二次相互影响。他的研究表明，金融一体化促进一国经济增长必须建立在稳定的宏观经济政策基础之上。因此，金融一体化程度的提高意味着各国之间的政策依赖性加强。这就要求各国在国际经济政策安排的博弈中，保持国内政策一致和各国政策的协调，避免短视的政策行为和"囚徒困境"式的个体利益最大化倾向；另外也要做到减少政策信息的"不对称"性，避免政策决策中的逆向选择和道德风险行为。

（三）众多学者认为一国对外部经济的"吸收能力"是金融一体化促进经济稳定增长的重要条件

"吸收能力"可以视为人力资本、国内金融市场深度、公共治理和宏观经济政策的集合（Parasad，2004）。 吸引能力较差的经济体，金融一体化并不能提高国内企业生产率；但在吸引能力较强的国家，外国资本流入则促进企业生产率的提高（Aitken et al.，1999；Eichengreent et al.，2001；等等）。 Parasad et al.（2004）将公共治理作为一国"吸收能力"的重要尺度。 他们将公共治理核心内容理解为"透明度、防治腐败、法治和金融部门监管"，其研究结论表明公共治理质量影响一个国家从金融一体化中获益的能力。 Wei（2001）研究表明一国腐败程度对外国直接投资产生不利影响。 他认为一国腐败程度与税率的负面影响相比，腐败的影响效果更为显著，腐败程度上升一个标准差相当于税率增长30％。 公共治理不仅影响到外国资本流入的数量，而且影响到金融一体化过程中外国资本流入的质量。 因为公共治理水平低下使技术先进的外国企业望而却步，从而降低了外国资本流入的质量。 不仅如此，公共治理水平影响到金融一体化过程中外国资本流入的结构，而国际资本流动结构对一国金融体系的稳定性具有重要影响。 公共治理水平较弱的国家，较少依赖外国直接投资而较多依赖外国银行贷款的资本流动结构，因而伴随着金融一体化程度的提高，其国内金融体系更容易受到外部冲击与扰动。 如拉美国家以外债为主的资本流入结构曾使多数拉美国家受到金融危机的冲击。因此，"吸收能力"反映了一国在金融一体化进程中与外部经济的协调与适应的能力。 "吸引能力"越强，表明金融一体化更能潜在地促进一国经济增长。 故一国对金融一体化制度安排时，应与国内吸引能力相协调；同时为了保证金融一体化进程中宏观经济的稳定增长，应从国内社会、经济结构调整着手，提高其对外部世界的"吸引能力"。

（四）种族、语言等特征亦是金融一体化对经济增长发挥作用的重要条件

Chanda（2001）认为，种族与语言差异将导致金融一体化对经济增长效果发生变化。他通过控制代理变量实证发现，在种族和语言差异大的地区，金融一体化水平将导致更低的经济增长率。这说明不同国家由于文化、种族等因素的差异，也可能导致金融一体化进程中对经济增长的不同效应。如非洲国家，即使其金融自由化程度非常高，但对经济增长的促进作用却非常有限。

五、金融一体化、经济稳定与中国的理性选择

从总体上看，我国对金融一体化采取了审慎和渐近的改革策略，但随着我国对外经济联系的加强，特别是在经济一体化进程中面临着越来越严重的外部失衡问题。这将推动我国在金融一体化制度安排上做出相应的调整。由于金融一体化反映了一国对外金融开放和对资本控制的程度，故对其制度安排的调整方向和幅度将直接影响到跨境资本流动的方向、结构及总量。因此，从我国经济稳定增长的视角出发，我国在金融一体化过程中可做出如下理性选择。

（一）金融一体化制度安排应权衡我国金融体系脆弱性与金融效率之间的均衡性

金融体系脆弱性随着金融一体化和自由化而出现，意指互相适应的金融体系稳健性状态受到破坏，金融制度结构出现非均衡情况，导致风险积聚，金融体系丧失部分或全部功能的金融状态（伍志文，2003）。金融脆弱性产生的根源包括外在冲击因素与内在结构性缺陷。金融一体化制度安排调整后，一方面可以从多方面促进国内金融发展，提高国内金融体系运转效率；另一方面，由于金融一体化反映了一国对外金融开放程度，其

调整的方向和规模要求金融监管和金融机构做出新的调整和适应。 由于调整与适应有自身的演化过程且会产生一定的时滞，这种调整与适应的时滞将产生微观与宏观效应：从金融微观结构来看，将增加金融机构短期流动性危机和竞争加剧所致的道德风险；从金融宏观结构来看，将暴露整个金融体系风险，并可能增加一国金融体系的系统性风险。 由于金融危机对一国宏观经济具有破坏性影响。 因此，我国金融一体化进程的制度性安排应优先考虑金融体系稳健性的内在要求，并在此基础上不断提高我国金融体系和金融机构的适应能力与运转效率。

（二）金融一体化制度安排要协调好内部均衡与外部均衡的双重目标

开放经济条件下，内部均衡与外部均衡是一国经济稳定增长的重要前提，也是一国政策实施的重要目标。 为了实现我国宏观经济持续均衡发展的目标，对金融一体化制度性安排要充分考虑到其对我国内部均衡与外部均衡的短期冲击与长期影响。 从内部均衡角度看，金融一体化政策应与国内其他宏观政策相协调，并与其他宏观政策一道促进我国宏观经济稳定增长，避免由于政策间冲突导致国内宏观经济失衡的风险。 从外部均衡来看，金融一体化制度安排应与我国汇率制度渐近改革进程相容，在促进完善人民币汇率市场形成机制方面发挥金融市场一体化的功效，提高国内金融市场运行效率。 并在人民币汇率基本稳定的基础上促进我国国际收支项目协调与平衡。 从我国当前现实条件来看，金融一体化制度安排应优先考虑我国内部均衡目标的实现，在此基础上力图实现内外经济目标的相对均衡。

（三）金融一体化制度安排要处理好我国开放进程的全球性贸易失衡与冲突问题

当前，世界经济出现多种失衡共存的局面，在所有的失衡现象中，贸易失衡是各国关注与争论的焦点。 贸易失衡的原因是多方面的，其中一个重要原因是经济全球化将具有二元经济结构的发展中国家卷入其中。在劳动力无限供给的情况下，劳动边际产出下降，工资成本偏低，导致发展中国家在国际贸易中出口产品具有绝对的成本优势，进而使我国和美国出现贸易收支的结构性失衡，并在与发达国家的贸易中出现越来越多的冲突。由此看来，全球性失衡是经济全球化的直接结果，而国际资本的跨国界流动为全球性失衡的可持续性提供了暂时的流动性。从长期来看，国际资本流动将不可能为全球贸易失衡提供扶持性的解决途径。解决全球性经济失衡与冲突的一个重要方面是各国内外政策的调整与协调。我国在对外经济交往中面临着日益严重的全球性失衡与冲突问题，要求我国从经济全球化的角度出发进行政策调整，避免"囚徒困境"式的博弈。金融一体化是我国对外开放的重要制度安排，由于金融一体化通过汇率和资本跨境流动对各国贸易产生影响，所以我国在金融一体化制度调整中要通过各国间政策合作来协调我国经济全球化进程中的贸易失衡与外部冲突，进而促进我国宏观经济的稳定增长。

（四）金融一体化制度安排应促进我国经济增长方式由粗放型向集约型的转变

经济增长方式的转变是我国经济持续稳定增长的重要保证，也是我国当前经济发展中面临的核心任务。要实现经济增长方式从粗放到集约的转变，关键是建立起有利于经济集约型增长的内在机制和外部环境。从我国金融一体化的历程来看，我国对金融一体化的审慎姿态和渐近方式，为我国经济发展提供了大量的外部资本，弥补了国内在改革开放初期的资金"缺口"，缓解了国内经济发展的"瓶颈"。但是，从 20 世纪 90 年代初开始，国内资金出现过剩的势头。在国内储蓄高于国内投资时，外部资本流入进一步降低国内资金成本，资本边际效率下降。这说明我国金融开放度增大并没有内在深化为提高我国经济增长效率，而仍然停留在投入增长型的低层次模式上。这凸现出我国对外金融开放的结构性及方向性问题，也是我国金融一体化过程中特别予以调整的核心问题，即金融一体化制度安排应将重点转移到提高国内生产效率和对经济增长的长期效率上来，进而促进我国经济增长方式的转变。

（五）金融一体化制度安排应注意稳步推进区域金融一体化与全球金融一体化协调发展

区域金融一体化与全球金融一体化是金融一体化进程中处于不同层次和具有不同功能的两个方面。区域金融一体化可以提高资金在区域间的利用效率，提高储蓄的回报率，从而加快经济发展步伐和提升经济增长速度。目前，亚洲金融一体化程度滞后于各经济体系之间日益密切的经贸关系，已产生了负面效应（任志刚，2005）。"亚洲庞大的储蓄未能受益于区内金融一体化，反而大都以极不稳定的形式，甚至是狙击型的方式回流区内，引起金融震荡及动摇货币与金融稳定。"亚洲金融一体化水平的提高，不仅能为亚洲高储蓄和高储备提供更多的投资渠道，而且有利于整个亚洲地区的稳定发展。但是，由于欧美国家在世界经济中处于支配性地位，亚洲区域一体化水平显然离不开全球金融一体化的支撑。因此，我国在金融一体化制度安排中，应注意协调好两者的关系，从而提高我国国内资金的利用效率和减少系统性风险，促进我国经济的平稳增长和世界经济的协调发展。

第六节　金融一体化与经济增长：理论及中国实证研究[①]

改革开放以来，我国宏观经济呈现出快速增长的总体趋势。在这一进程中，一个显著的特征是我国经济增长伴随着对外贸易与金融开放程度的扩大。由此，我国通过有效地融入世界经济体系享受到了使用外部资源带来的潜在益处；但同时也使我国对外部经济依赖度增强，增大宏观经济波动的风险与危机。从以往文献来看，国内学者更多地关注了对外贸易对国内经济增长的影响。如包群等（2003）研究我国贸易开放度与我国

---

① 本节内容发表于《上海金融》2007 年第 12 期。

增长的关系，认为以外贸依存度为衡量指标的贸易开放度较好地解释了中国经济开放程度与经济增长的关系。 但进一步动态分析结果表明，改革开放以来中国经济增长主要依赖于要素投入的增加，贸易开放对经济增长的作用还不显著。 张立光等（2004）认为，贸易开放度对我国 GDP 的直接作用尚不明显，其主要是通过促进资本形成、加快技术进步和提高要素生产率等来促进经济增长。 这些研究集中探讨了对外贸易对我国经济增长的效应，而没有分析对外金融联系对我国经济增长的长期均衡效应。从理论上看，衡量一国金融开放有多种视角，本节从跨境资本流角度来研究金融一体化对我国经济增长的效应。

金融一体化从总体上反映一国金融开放程度，从不同层面理解，具有不同的内涵。 当金融一体化作为经济全球化和金融自由化的直接结果时，意指在技术进步推动下的国内外金融市场产品价格趋同程度；当金融一体化表示为一种进程时，反映的是各国对跨境资本流动的制度性安排。作为进程与结果的金融一体化，彼此并非割裂，而是处于相互促进和制约、介于完全一体化与完全分割之间的状态。 作为金融体系稳健性较弱的发展中国家，我国在金融一体化进程中采取了渐近式的动态制度安排，其动态调整方向、幅度直接影响到跨境资本流动的方向、结构及总量。在金融一体化的渐近过程中，制度安排的关键问题是如何确定金融一体化水平，以及把握不同金融一体化水平与经济增长的动态关系。 以往的研究集中探讨了我国特定制度安排下跨境资本流对我国经济增长的微观效应，忽视从宏观视角研究我国金融一体化水平及金融一体化对我国经济增长的影响。 这种现状容易诱发对跨境资本流动实施不当的制度安排。 因此，从宏观经济稳定的视角研究我国金融一体化水平及不同阶段对我国经济增长的效益，对于处于经济全球化进程的我国具有非常现实的意义。

一、文献回顾

（一）金融一体化宏观衡量方法

从现有文献来看，金融一体化测量方法较多且不一致。 具体而言，可从两个层面衡量：微观测度与宏观测度。 金融一体化的微观测度是指具体金融市场的一体化程度，它反映了各国金融市场之间产品价格的趋同程度，包括股票市场、债券市场、外汇市场和金融衍生产品市场等。 衡量金融市场一体化的方法具体又包括价格法、Feldstein-Horioka 法、欧拉方程法和动态计量方法。 郭灿[①]（2004）对上述方法进行了综述与对比，故此不作展开。 金融一体化的宏观测度主要指跨境资本流动的制度安排和真实的资本流动现状或是反映一国资本项目开放程度。 下面简要概述金融一体化宏观衡量方法。

最早从跨境资本流动角度衡量金融一体化水平的是《IMF 汇率制度与限制年度报告》（AREAER），该报告列出从 1966 年至 1995 年间各国货币当局是否对资本流动存在法规限制，并采用虚拟变量方式应用到以后的实证研究中。 该方法以"0"表示"存在限制"，以"1"表示"无限制"。 由于以"是和否"无法准确反映各国资本管制程度的差异。 一个标准的改进方法是对 AREAER 构建一个变量，以反映资本流动无约束年份占总样本年份的比例，即份额测度（Share）。 但改进之后面临的问题是不能反映实施或取消资本控制的具体年份，也不能反映货币当局政策的反复变更。

Quinn（1997）在 IMF 方法的基础上，对资本项目收入与支出分别给

[①] 郭灿:《金融市场一体化衡量方法及评价》,《国际金融研究》,2004 年第 6 期,第 28—33 页。

定分值来反映资本项目控制强调（即 Quinn 方法）。 通过特定计分原则[①]，Quinn 在研究中计算出 OECD（1950—1977 年）和部分发展中国家（1958 年，1973 年和 1988 年）资本项目自由化过程中金融一体化的总体趋势。 但该指标隐蔽了同一期间不同类型国家的显著差异性。 因此，在 Quinn 增长回归中，使用的不是水平值而是金融一体化指标的增量（Δ Quinn）。 然而，Quinn（或 Δ Quinn）方法的一个关键问题是如何将国家差异转换成实证研究的虚拟变量值。 通过与 AREAER 方法的比较，Quinn 确定了当分值位于 0—2 之间时，金融一体程度处于较低水平；而分值在 2.5—4 之间时，金融一体化程度较高，但 Quinn 方法对于大多数国家而言，只有少数几个年份才有效。 此后，众多学者对此进行了完善。 Klien et al.（1999）在 Quinn 方法的基础上构建了 11 个分类项目，更为详细反映 OECD 国家金融一体化程度。 Montiel et al.（1999）基于 15 个新兴市场国家年度数据构建资本控制强度来反映金融一体化程度的指标（MR 方法），将对资本项目控制强度分为无限制（0）、轻度（1）和严格限制（2）三个层次，从而勾勒出不同国家金融一体化水平。 此外，一些学者基于上述类似方法构建了对股票市场一体化测度的方法[②]。上述方法的一个共同特点是从资本流动的法规性限制角度建立衡量指标，其实质是从定性角度获得衡量金融一体化程度的数量尺度。 其优点是能直接反映一国资本控制程度，缺陷是不能准确反映资本控制的效率和程度，并带有一定的主观性。

不少学者从资本实际流动角度来衡量金融一体化水平。 如 Kraay（1998）使用实际资本流入和流出量与 GDP 比值来衡量金融一体化水平；Lane et al.（2001）使用累积的证券和直接投资存量与 GDP 比例来衡量不同年度的金融一体化水平。 此类方法将上述比值作为金融一体化信

---

① 当完全被禁止时，分值为"0"；当存在数量或法规的限制时，分值为 0.5；当交易被征收高税时，分值为 1；当交易税有所降低时，分值为 1.5；而交易无限制时，分值为 2。将两类分值加总后，金融一体化程度最后的分值是 0 和 4 之间。

② 这些学者包括 Levine et al.（1998），Henry（2000），Bekaert（2001），Edison et al.（2003），Warnock（2004）等。

号，比值越高，金融一体化程度越高。 由于可能存在较多因素影响到资本流，所以上述比值不能完全代表一国金融一体化程度。 但与第一类方法相比，其优点是适用范围较大且不受主观因素影响，特别适合分析单独衡量一个国家金融一体化程度。 在分析我国金融一体化水平时，我们采用上述比值来进行衡量。

（二）金融一体化与经济增长关系

无论是从新古典增长理论，还是从效率市场和完全市场理论视角来看，金融一体化能通过多种渠道促进一国经济增长。 从新古典主义经济增长理论出发，资本是一国经济增长的基本生产要素，资本的缺乏将约束一国经济增长的速度。 而金融一体化能有效地解决全球资金需求与供给的地理差异，进而促进各国经济增长。 Fischer（1998）认为，伴随着金融一体化的资本自由流动，国际闲置资金流入资金贫乏的国家或地区，提高了资本的全球配置效率，从而推动经济增长和福利水平提高。 金融一体化除了通过直接资本流动促进经济增长外，随着股票市场国际化与一体化的推进，金融一体化极大地促进国际证券资本流动，从而提高一国股市流动性和资本配置效率。 Prasad et al.（2004）认为，北南资金流动有效地解决了一些国家发展的资金瓶颈，增加其国内储备和投资。 这不仅为闲置资本提供了较高的资本回报率，而且降低了吸收资金国家的无风险利率，从而达到双赢福利状况。

金融一体化能有效地促进国际风险分担和降低企业融资成本。 在收入和消费波动较大的国家，金融一体化能通过国际风险分担来增加国民福利，减少消费、产出的波动，其原因是一个国家能通过多元化来消除与国内消费波动相关的具体的国家风险。 Obstfeld（1995）发现在发展中国家通过金融一体化能有效地消除消费波动，其福利增益在 0.54% 至 5.31% 之间。 金融一体化除平滑消费波动而对一国经济增长产生正向效用外，众多学者还分析了基于股票市场一体化的国际风险分担及对企业融资成本的增益。 Martin et al.（2000）认为，股票市场一体化能起到风险共享，降低融资成本，消除投资障碍，降低交易成本（如换汇成本）和信息成本的作用。 金融一体化能通过国外直接投资对东道国产生正向的"溢出"效应。 外国直接投资能提高东道国的技术水平与管理能力，进而推动该国经济更快增长（Borensztein et al.，Lee，1998；Grossman et al.，1991）。 随着一国经济整体水平的提高，专业化水平也随之提高。 专业化有利于提高生产率从而促进经济增长。 但专业化所带来的单一产品结构意味着其产出受消费波动的影响增大，企业将承担更大的市场风险。金融一体化程度的提高有助于企业分散集中的风险，减少一国经济波动。Kalemi（2001）等分析了发达国家之间金融一体化能有效地分散专业化所带来的风险。 此外，随着国际金融一体化程度的提高，国外金融机构的进入亦能产生众多的益处。 国内金融发展能促进经济增长，而外国金融机构的进入能促进国内金融发展，为国内提供流动性和降低资本成本，从而刺激投资和促进该国经济增长。 Mishkin（2005）认为金融发展是经济增长的关键因素，而金融全球化能促进国内金融发展，进而促进一国经济增长。 外国金融机构的进入，不仅能直接促进一国经济增长，而且能间接地促进经济增长。

从理论分析来看，金融一体化能改善经济外部环境和调整内部经济效率，从而促进该国经济的更快发展。 但是，经济现实并非完全如此。 一些国家（特别是发展中国家）并没有实现上述潜在的益处。 相反，很多国家在金融自由化过程中伴随着国内经济剧烈波动。 Razin et al.（1994）分析了138个国家在1950—1988年间金融一体化对产出、消费、投资波动的影响，认为金融一体化程度与宏观经济变量之间不存在显著的相关性。 Mendoza（1994）使用随机动态周期模型发现产出与消费的数量变化对金融一体化程度具有较小的反应。 Baxter et al.（1995）发现随着金融一体化程度的提高，消费波动减少而产出波动增加。 Gavin et al.（1996）研究了1970—1992年间发展中国家产出波动的来源，认为外国资本流与产出波动之间存在正相关的关系。

二、中国金融一体化程度的测量

分析金融一体化对我国经济增长的效应的关键是测量金融一体化水平。从我国金融开放的现实来看，采取了有选择吸收外国资本的渐近方式。若从跨国资本流动的法规限制角度测量金融一体化进程，将无法分析金融一体化与经济增长的动态过程。因为在相当一段时期内，我国对国际资本流动的法规限制是没有差异的。即使发生较小的法规修改，其测量的可操作性仍是较为困难的。同时，以法规限制来测量一国金融一体化水平，不能反映一国对外金融开放的实际水平①。因此，通过实际资本流动衡量我国金融一体化水平，既具可操作性，又能反映我国资本项目渐近改革进程。衡量指标包括以下几个。

（一）资本总流量

该指标反映流入流出资本量与 GDP 的比例。Kraay（1998）使用该指标来测度一国资本项目的开放程度。由于资本项目开放程度对资本流量具有较大影响，故此可用来反映一国金融一体化水平。该指标从总体上反映一国金融一体化水平，但不能分别反映资本流入和流出占 GDP 的比重，所以还必须包括其他指标才能全面反映一国金融一体化水平。在分析中，流入和流出资本量用 FDI 与证券投资之和来反映②。用公式表示为 $(OFC_t + IFC_t)/GDP_t$，其中，OFC_t 表示第 t 年本国资本流出量，IFC_t 表示第 t 年外国资本流入量，GDP_t 表示第 t 年国内生产总值。

---

① Loungani et al.（2003）认为，有些国家尽管不存在资本流动的法规性障碍，但实际资本流动却非常有限，如非洲的一些国家。

② 在本节分析中，若无具体说明，均用 FDI、证券投资之和来表示跨境流动的资本水平。Edison et al.（2002）在分析国际金融一体化与经济增长时，采用此方法测度各国的金融一体化水平，本节采取类似方法衡量我国金融一体化水平。

（二）外国资本流入量

该指标等于流入外国资本量占 GDP 比重。 与资本总流量指标不同，该指标没有包括本国流出资本量。 由于相对于本国流出资本而言，外国资本流入对发展中国家经济增长具有重要意义，所以为了反映外国资本流入对我国经济增长的重要作用，以此指标反映我国金融开放度。 用公式表示为 IFC_t/GDP_t。

（三）资本总存量

上述两项指标均是从流量角度反映我国金融开放程度，但仅仅从资本流量角度反映金融一体化程度是不够的，一项更直接的指标是外国资产和负债总量占 GDP 的比重[1]。 该指标等于流出资本存量与流入资本存量占 GDP 比重来反映金融一体化水平。 用公式表示为（$TOFC_t$ ＋ $TIFC_t$）/GDP_t。 其中 $TOFC_t$ 表示从样本开始到第 t 期本国资本流出的总额，$TIFC_t$ 表示从样本开始到第 t 期外国资本流入的总额。

（四）外国资本流入存量

同样地，为了单独反映外国资本流入存量对我国经济增长的效应，用累积的外国资本流入总量与 GDP 比重反映金融一体化水平。 即用一国对外长期负债占 GDP 比重表示一国利用国外资本的程度，进而反映金融一体化水平，用公式表示为 $TIFC_t/GDP_t$。 以上四项指标计算结果见表 2-12。

---

① 按照 Prasad et al.（2004）的观点，资本存量比资本流量更能反映一国金融一体化的实际水平。其原因是存量指标在不同年度之间的波幅较小，而且发生测量错误的概率较低。Lane et al.（2001）建立过此类数据。

表 2-12　四种金融一体化指标计算结果

年份	$fi1$	$fi2$	$fi3$	$fi4$
1982	0.002	0.002	0.004	0.002
1983	0.005	0.002	0.010	0.004
1984	0.012	0.005	0.026	0.008
1985	0.019	0.009	0.049	0.016
1986	0.015	0.013	0.070	0.026
1987	0.014	0.011	0.085	0.034
1988	0.014	0.011	0.093	0.038
1989	0.013	0.010	0.107	0.044
1990	0.013	0.010	0.119	0.050
1991	0.016	0.013	0.131	0.055
1992	0.036	0.026	0.169	0.071
1993	0.061	0.052	0.240	0.106
1994	0.073	0.068	0.318	0.146
1995	0.055	0.052	0.361	0.169
1996	0.055	0.052	0.415	0.196
1997	0.061	0.058	0.498	0.237
1998	0.053	0.046	0.571	0.270
1999	0.052	0.040	0.637	0.298
2000	0.054	0.042	0.685	0.318
2001	0.061	0.038	0.720	0.326
2002	0.050	0.039	0.748	0.337
2003	0.040	0.038	0.741	0.337
2004	0.044	0.040	0.717	0.327

注：原始数据来源于 IMF 国际金融统计数据库（International Financial Statistics），结果经整理计算而得。$fi1$、$fi2$、$fi3$、$fi4$ 依次表示 $\dfrac{(OFC_t + IFC_t)}{GDP_t}$、$IFC_t/GDP_t$、$\dfrac{(TOFC_t + TIFC_t)}{GDP_t}$ 和 $TIFC_t/GDP_t$。

三、金融一体化与中国经济增长的实证分析

（一）模型

考虑到一个标准的经济增长模型，GDP（Y）的增长依赖于物质资本（K）、劳动力（L）及全要素生产率（A），得到 $C\text{-}D$ 生产函数：

$$Y_t = AL_t^\alpha K_t^\beta \qquad (2\text{-}20)$$

对式（2-20）两边取自然对数，可得：

$$\mathrm{Ln}(Y_t) = A + \alpha\,\mathrm{Ln}(L_t) + \beta\,\mathrm{Ln}(K_t) + \varepsilon_t \qquad (2\text{-}21)$$

该模型将增长的源泉分为两类，一是生产要素的投入，二是生产效率。金融一体化对经济增长的促进作用体现在两个方面，一是弥补国内投资资金不足的缺口；二是改善国内宏观经济政策质量，引进先进技术和管理，改善国内金融服务与效率等，通过影响我国要素使用效率而最终影响经济增长。从我国现实情况来看，从 20 世纪 80 年代初期到 20 世纪 90 年代初期，国内储蓄水平与投资水平大体相当，而从 1995 年开始，国内储蓄水平开始高于国内投资水平。但即使在国内资金剩余的情况下，外国资本还是快速流入国内。因此，吸收外国资本的主要目的是提高国内技术与管理水平，改善国内宏观环境，即金融一体化对国内经济增长的效应主要体现在后者。为此，将国内全要素生产率分为两部分，即金融一体化效应和其他因素，用等式表示为

$$A_t = B\,e_t^{\phi fi} \qquad (2\text{-}22)$$

其中：$e_t^{\phi fi}$ 表示金融一体化对全要素生产率具有指数形式作用，fi 表示金融一体化水平，B 表示其他因素对全要素生产率的作用。

将式（2-22）代入式（2-20），并对两边取自然对数，可得：

$$\mathrm{Ln}(Y_t) = B + \alpha\,\mathrm{Ln}(L_t) + \beta\,\mathrm{Ln}(K_t) + \phi fi + \varepsilon_t \qquad (2\text{-}23)$$

式（2-23）中，劳动力用全社会年底从业人数表示，物质资本存量用我国全社会资本形成总额来表示，fi 表示金融一体化程度。

（二）相关分析

为了反映各变量与经济增长关系，运用 Pearson 相关分析方法检验了四种金融一体化指标、式（2-23）其他变量与经济增长之间的相关性。 其结果见表 2-13。

表 2-13　相关性分析结果（1982—2004 年）

	LnY	LnK	LnL	$fi1$	$fi2$	$fi3$	$fi4$
LnY	1.000						
LnK	0.999*	1.000					
LnL	0.963*	0.961*	1.000				
$fi1$	0.847*	0.853*	0.821*	1.000			
$fi2$	0.827*	0.837*	0.799*	0.975*	1.000		
$fi3$	0.952*	0.944*	0.870*	0.753*	0.703*	1.000	
$fi4$	0.954*	0.945*	0.869*	0.760*	0.714*	0.999*	1.000

注： *表示在 1% 水平上显著相关；其中 $fi1$、$fi2$、$fi3$、$fi4$ 依次表示四种金融一体化指标。原始数据来源于相关年度的《中国统计年鉴》以及 IMF 国际金融统计数据库（International Financial Statistics）；计算结果由 SPSS 软件运算而得。

从表 2-13 可得如下结论：第一，资本存量、就业人数与经济增长正相关显著，且相关度较高。 特别是资本形成与劳动力总数与我国经济增长的相关度非常高，接近于 1，这说明我国经济增长具有由投资和劳动力就业带动偏向的特点。 第二，四种金融一体化指标之间相关性显著，而且流量指标之间（$fi1$ 与 $fi2$）、存量指标之间（$fi3$ 与 $fi4$）的相关度高于两类指标之间的相关度。 因此，我们可以将金融一体化指标从总体上划分为流量指标与存量指标。 第三，四种金融一体化指标与经济增长显著正相关，这说明跨境资本流与经济增长关系密切。 从量上看，存量比流量与经济增长的相关程度更高，这间接证实了 Prasad et al.（2004）的观点。 即由于存量比流量更稳定，所以资本存量比资本流量更能反映一国金融一体化的实际水平。 因此，在下面的回归分析中我们将使用存量指标。 第四，从自变量相关度来看，部分自变量之间相关度较高，这隐含着自变量之间可能存在严重的多重共线性问题。

相关分析只涉及分析变量之间的联系程度，但不直接反映各变量对经济增长的贡献，也不能刻画出金融一体化对我国经济增长的作用机制与影响程度。为此，下面将通过回归方法来弥补相关分析的不足。

（三）回归分析

首先，在不考虑金融一体化变量的情况下，对资本形成与劳动力变量进行回归，回归方程见式（2-21）所示（回归结果见表2-14回归1）。但回归结果显示，虽然回归结果的拟合优度较好，也不存在自相关和异方差等问题。但劳动力没有显著进入回归方程，其t统计量为1.0526，伴随概率为0.3051。这可能是方程误设引起的。考虑到资本形成对经济增长的滞后效应，我们增加资本形成变量的一期滞后量再进行回归，回归结果见表2-14。

表 2-14　回归结果

自变量	C	LnL	LnK	LnK (-1)	R^2	调整的 R^2	F 统计量
回归1	-0.7542	0.2709	0.9094*	—	0.9973	0.997	3670
t 值	-0.3263	1.0526	22.7044	—	—	—	—
回归2	-0.8584	0.2911**	0.4542*	0.4517*	0.9991	0.9989	6765
t 值	-0.6455	0.451686	5.9334	6.1732	—	—	—

注：回归中将 A 做常量处理，故不进入回归；回归结果由 Eviews 软件而得，回归方法为 OLS。* 、** 分别表示在 1%、10% 水平上显著。

回归 2 与回归 1 比较，增加自变量 LnK（-1）后各变量显著地进入了回归方程，拟合优度也较好，方程的总体性评价也得到了提高。这说明增加自变量后的回归方程更能说明我国经济增长现实情况。下面将结合金融一体化的两个存量指标 $fi3$ 和 $fi4$，在考虑资本形成变量一阶滞后的基础上进行回归，回归方程由式（2-23）调整为

$$Ln(Y_t) = B + \alpha Ln(L_t) + \beta Ln(K_t) + \lambda LnK_t(-1) + \phi fi + \varepsilon_t$$

（2-24）

回归后的方程分别为[①]

$\text{Ln}(\hat{Y}_t) = -1.7680 + 0.4740\text{Ln}(L) + 0.4698\text{Ln}(K_t) + 0.3497\text{Ln}K(-1) + 0.2509fi3$

（　-1.5497　）　（3.4895*）　（7.3876*）　（5.0506*）　（3.0428*）

$R^2 = 0.9994 \quad Adjust\ R^2 = 0.9993 \quad F = 7404.706 \quad DW = 1.2301$

$\text{Ln}(\hat{Y}_t) = -1.9572 + 0.5069\text{Ln}(L) + 0.4816\text{Ln}(K_t) + 0.3245\text{Ln}K(-1) + 0.6146fi4$

（　-1.7795　）　（7.8823**）　（3.8304*）　（3.4284*）　（4.7200*）

$R^2 = 0.9995 \quad Adjust\ R^2 = 0.9994 \quad F = 8108.857 \quad DW = 1.3059$

其中*、**分别代表1％和10％水平上显著；括号内为t统计量。

回归结果表明：第一，资本形成、劳动力与金融一体化存量指数对我国经济增长均具有正向影响，且具有统计学意义上的显著性。这表明实证结论支持经济理论的解释，也符合我们的预期。第二，资本形成对我国经济增长影响相对较大，这说明我国经济增长具有投资拉动的总体性特征。第三，金融一体化两个存量指标对经济增长的影响存在差异，流入外国总资本的存量对我国经济增长的作用更显著。这说明通过吸引外国资本流入，不仅可以提高国内资本配置效率，还可以提高我国整体技术水平和管理能力，从而提高我国全要素生产率。考虑到我国吸引外国资本以直接投资为主，也间接说明了外国直接投资对我国经济增长具有"溢出"效应。

---

①　回归结果由 Eviews 软件而得，回归时运用了 OLS 方法。经查杜宾-瓦森检验（DW）检验临界值分别为 0.77 和 1.53，两方程的 DW 值均位于此区间，故不能判断其残差的自相关性。但结合残差自相关图，其自相关性不明显。两方程运用 While 异方差检验认为不存在异方差性；同时，由于自变量间相关度较高，为了避免自变量间的多重线性问题，我们对方程进行广义差分（FGLS）后再进行回归，发现差分后出现回归的拟合优度下降及参数不显著问题，故采用上述结论作为回归结果。

四、动态分析：金融开放的动态冲击效应

上述结构模型分析了资本形成、劳动投入和金融一体化对经济增长的水平影响。为了反映经济增长与金融一体化之间的动态影响，下面将建立向量自回归模型（VAR）。具有 p 阶滞后期的 VAR 模型的基本形式为

$$y_t = A_1 y_{t-1} + A_2 y_{t-2} + \cdots + A_p y_{t-p} + \varepsilon_t \qquad (2\text{-}25)$$

其中 y_t 为 m 维内生变量，为待估参数矩阵，ε_t 为扰动项且服从白噪声向量形式。由于我们主要目的是分析经济增长（LnY）对金融一体化（$fi3$、$fi4$）动态扰动的反应，所以需推导出脉冲响应函数。假定 y_t 满足协方差平稳条件，由式（2-25）可得 VAR 的向量移动平均 $MA(\infty)$ 方程：

$$y_t = \mu + \varepsilon_t + \phi_1 \varepsilon_{t-1} + \phi_2 \varepsilon_{t-2} + \cdots. \qquad (2\text{-}26)$$

上式中矩阵 ϕ_s 的第 i 行、第 j 列元素 $\partial y_{i,\,t+s}/\partial \varepsilon_{jt}$ 作为 s 的一个脉冲响应函数。它描述了 $y_{i,\,t+s}$ 在时期 t 的其他变量和早期变量不变时对 $y_{j,\,t}$ 的反应。在此，我们感兴趣的是 $\dfrac{\partial Y_{t+s}}{\partial \varepsilon_t^{fi3}}$ 和 $\dfrac{\partial y_{t+s}}{\partial \varepsilon_t^{fi4}}$。

即金融一体化变量一个标准差扰动对经济增长的动态影响。通过 Eviews 软件的 VAR 的脉冲反应，可得到脉冲响应的动态过程（图 2-12）。

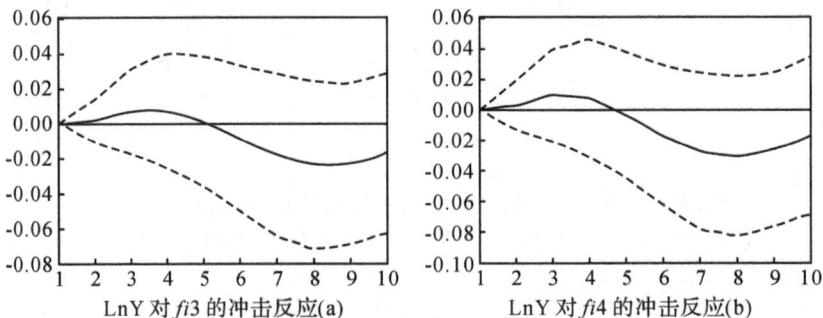

LnY 对 $fi3$ 的冲击反应(a)　　　LnY 对 $fi4$ 的冲击反应(b)

图 2-12　脉冲反应图

从图 2-12 可以看出，国民产出对金融一体化两个指标的扰动均表现出相似的动态反应过程。 在五期以内，金融一体化对我国经济增长具有正向作用，但之后迅速下降并逆转为负面效应。 这说明在现有的资本跨境的制度安排框架下，金融开放对我国经济增长具有阶段性效应。 对此动态过程合理的解释是：首先，从金融开放的进程来看，由于我国对金融自由化持较为谨慎的姿态，对资本项目开放采取渐近方式。 从统计数据上看，1982—2003 年间外国资本流入占 GDP 比例在 10％以下，2004 年虽然提高到 15％，但本节分析对象是 1982—2004 年的整个区间。 因此，从整个分析期间来看，跨境资本总量在我国经济总量中所占比例仍然不高，其对整个宏观经济波动的影响有限。 其次，从结构上看，我国对跨境资本流动采取有选择的政策，外国资本主要以 FDI 形式流入。 在这样一种外国资本流入结构约束下，金融一体化对我国经济增长的作用仍然属于投资拉动型。 外部资金投资拉动型经济增长容易受到外国流入资本波动的影响。 当外国资本流入出现波动时，势必影响到我国宏观经济的波动。最后，我国对外国资本需求呈阶段性变化的特点影响到金融一体化对我国经济增长的作用。 从我国对外部资金需求来看，在改革开放初期，我国引入外国设备和技术急需大量外汇，而国内企业出口创汇能力较弱。 在这一背景下，引入外国直接投资对实现进口替代战略具有重大意义。 但随着我国经济实力的增强和出口导向战略的有效实现，特定的汇率制度下我国外汇储备剧增。 同时，由于我国居民强烈的储蓄倾向，从 20 世纪 90 年代初开始，国内资金出现过剩的势头。 在国内储蓄和投资关系出现逆转时，外部资本流入进一步降低国内资金成本，资本边际效率下降，其对我国经济增长贡献呈下降趋势并出现负相关现象。 这一结论与张军（2002）分析的改革开放后，中国经济增长与资本—产出比呈负相关相吻合。 同时，该结论也进一步说明我国金融开放程度提高并没有内在深化为提高我国经济增长的效率，而是仍然停留在投入增长型的低层次模式上。

五、结论

本节从金融一体化角度研究了跨境资本流对我国经济增长的水平影响和长期动态冲击效应。 主要结论有：

首先，本节从跨境资本流的视角建立起衡量我国金融一体化程度的流量和存量指标。 从 1982—2004 年这段样本期间来看，我国金融一体化水平逐年提高，反映出我国金融对外开放的渐近进程。 具体来看，存量指标与我国经济增长相关度比流量指标更高。 这说明存量指标更能反映出一国对外金融开放的程度。

其次，OLS 实证结果显示，以存量指标衡量的金融一体化水平提升能有效促进我国经济增长。 结合资本与劳动力投入因素，可认为我国经济属于要素投入型的粗放增长。 其中资本要素对经济增长的贡献最大，劳动力要素次之，而用两种指标衡量的金融一体化对经济增长促进效应的幅度存在差异。 这反映出现阶段金融开放对我国经济增长的正向效应仍然有限。

最后，我国经济增长对金融一体化扰动的 VAR 脉冲响应分析发现，从跨境资本流角度衡量的金融一体化对我国经济增长的影响仍然表现为投资拉动式效应，而没有内在深化为提高我国经济增长效率。 这凸现出我国对外金融开放的结构性及方向性问题，这也是我国金融对外开放过程中特别予以调整的核心问题。 即对外部资金的利用应该调整到提高国内生产效率和对经济增长发挥长期效应的产业上来。

—— 第三章 ——

国际资本流动与股票价格：跨国面板及中国的实证检验[①]

第一节 选题意义、方法及文献

一、研究背景

随着 1973 年布雷顿森林体系的瓦解，经济全球化以空前的速度和规模发展，加速了全球经济体外汇市场以及资本市场的融合，为国际短期国际资本的流动提供多种渠道。 20 世纪 90 年代以来，世界新兴经济体和发展中经济体由于经济基础较好，增长较快，以及本币对美元的价格低估，流入的资本大幅增加。 短期国际资本流动具有两面性，一方面，大规模的短期资本流入有助于提高经济体的经济增长率，引起股票价格上涨；另

---

① 本章与王莉合作完成，部分内容整理后发表于《浙江金融》2019 年第 2 期。

一方面，短期国际资本流动的激增和迅速撤离增加了金融市场的脆弱性，加剧股票市场的波动，最终导致股价下跌，甚至引发严重的金融危机。

2007 年美国次贷危机的爆发是全球股市整体走势的风水岭，"先抑后扬"，美国在 2007 年上半年经济增长迅速，股票价格指数不断攀升，道琼斯工业指数、标准普尔 500 指数、纳斯达克综合指数均出现不同程度的上涨，助推了股票价格泡沫化趋势，但在次贷危机爆发后也遭受了股市暴跌的重创；中国作为发展中经济的代表，在 2007 年 10 月上证综合指数突破了 6000 点，创历史新高，而后在 2008 年迅速下滑至 2000 点以下，外汇储备也连续多个季度快速下滑，整体经济面临严峻的考验。 为了缓解 2008 年全球金融危机带来的负面影响，各国央行纷纷采取扩张性的货币政策大量"放水"，量化宽松政策作为一种极端的货币政策，其实施加剧了国际外汇市场的波动，尤其引发新兴经济体和发展中经济体持续的短期国际资金流入，从而导致国内股价上涨。 随着美国经济的复苏，美联储于 2014 年初正式启动量化宽松政策的退出进程，并于 2015 年 12 月 16 日启动第六轮加息程序，利息上调 25 个基点，然而其利用前瞻指引等方式已经在正式加息之前引起市场反应，国际短期资本开始回流美国，这给其他国家的对外贸易和股票市场带来严重的冲击，这一现象在经济发展水平不高的发展中和新兴市场国家表现得尤其明显。

综上所述，在资本开放背景下，哪些因素导致了股票价格的大幅波动？ 资本开放程度以及短期国际资本流动对股票价格的影响方向如何？ 澄清这一问题，对于平滑股票市场的剧烈波动，维持金融市场稳定具有重要意义。

二、研究目的和意义

资本项目开放、汇率自由化以后，短期国际资本流动的不确定性会给资本市场造成严重冲击。 本章对于短期国际资本流动和股票价格的研究具有一定的理论和现实意义。

短期国际资本流动和股票价格是金融学科研究的重要课题，以往研究为探讨短期国际资本流动和资产价格之间的关系已有了一定的理论基础。本章主要把握短期国际资本流动的本原特征和规律，从学理上讨论开放经济条件下发达经济体和发展中经济体短期国际资本流动及其与股票价格的深层次关系，为各经济体把控资本项目开放进程，加强金融监管政策的有效实施提供经验理论支持，完善国际金融市场相关领域的理论体系。

当前，全球经济一体化进程加快，各国的经济联动效应日益紧密，国际经济形势更加复杂。 在这一背景下，分别研究发达经济体和发展中经济体的短期国际资本流动情况，考察汇率制度、货币政策实施及全球宏观因素对各经济体股票价格的影响程度，分析应对短期国际资本流动风险和资产价格泡沫的策略，对于发展中经济体维护宏观经济稳定和防止金融危机提供了一定的思路；研究资本项目开放对短期国际资本流动与股票价格之间作用关系的潜在影响，对于合理调控发展中经济体资本市场的开放进程，稳定汇率波动，促进金融市场健康发展具有一定的现实意义；中国仍处在重要的发展战略机遇期和深化改革的关键期，以中国为例，深入研究中国短期国际资本流动和股票价格的关系，给推进国际金融合作、实现中国与世界经济的双向融合、共同应对国际金融风险提供了一定的现实价值。

三、研究思路和方法

（一）研究思路

本章研究的主要内容是发达经济体、发展中经济体短期国际资本流动对股票价格的影响，资本项目开放对资本流动与股票价格之间作用关系的潜在影响以及中国数据的实证检验。 总体研究思路如下：首先，梳理总结出国内外学者关于短期资本流动相关问题的结论，介绍短期国际资本流动与股票价格的相互关系；其次，对短期资本流动概念、测算等一系列基本问题进行充分介绍；然后，探讨短期国际资本流动对股票价格关系的理论机制；最后，基于跨国面板模型研究发达经济体和发展中经济体短期国际资本流动对股票价格的影响，基于 VAR 模型对中国数据进行实证检验，并提出短期资本流动监管和平滑股票市场价格剧烈波动的政策性建议。 具体的技术路线如图 3-1 所示。

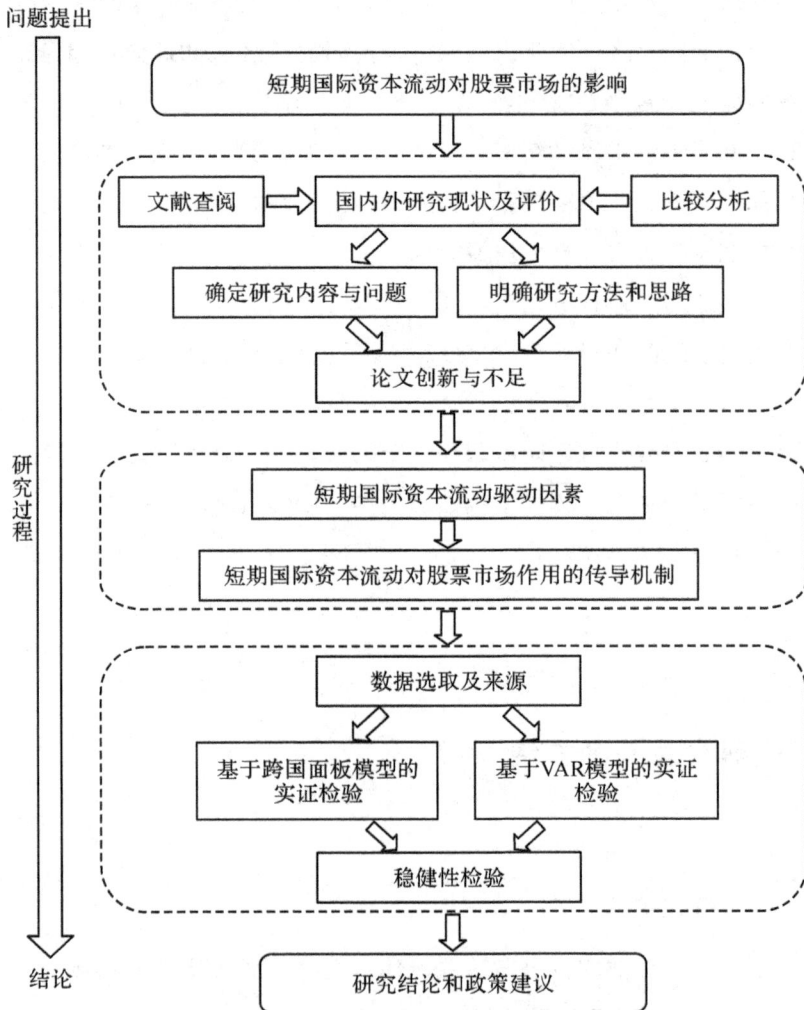

图 3-1　国际资本流动对股票市场影响的技术路线图

（二）研究方法

1. 理论分析方法

首先，通过研究国内外学者对于短期国际资本流动的分析思路，概括总结有关短期国际资本流动概念、测度方法、影响因素方面的研究成果，并最终确定本章的研究对象、研究思路与研究方法。其次，确定短期国际资本流动和资产价格的研究框架，研究短期国际资本流动对股票市场影响的两个渠道：直接渠道和间接渠道。最后，参考 Lee et al.（2007）有关货币市场和股票市场的均衡模型，来考察短期国际资本流动对股票价格的影响。

2. 实证分析方法

结合本章的研究目的，首先，本章基于跨国面板数据，运用普通最小二乘法、固定效应模型、随机效应模型实证研究发达经济体和发展中经济体短期国际资本流动对股票价格的影响；其次，考虑到短期国际资本流动和股票价格互为因果的关系，本章在固定效应 2SLS 模型中加入短期国际资本流动的 1—2 阶滞后项解决模型存在的内生性问题；然后，本章在跨国面板模型中引入资本项目开放与短期国际资本流动的乘积项，通过构建静态交互效应面板模型验证了资本项目开放程度对短期国际资本流动与股票价格之间作用关系的潜在影响；最后，基于向量自回归（VAR 模型）具体分析中国的实际情况。

四、短期国际资本流动对股票价格影响的文献综述

国内外关于短期国际资本流动的文献较多，而且研究的理论较为成熟，有很多值得借鉴的地方，其中在危机之前关于短期国际资本流动的研究主要集中于短期国际资本的特征、测量方法、影响因素以及对宏观经济

影响方面。 而在全球金融危机爆发之后，短期国际资本流动对股票价格的冲击引起了资本市场的危机，破坏了资本市场的稳定（Ghosh et al.，2012），关于短期国际资本流动和股票价格关系的研究也越来越多。 国外文献主要通过 VAR 模型研究发达经济体或发展中经济体受到短期国际资本冲击后股票价格的变化，检验两者之间是否存在长期协整关系，并深入研究资本项目开放对资本流动与股票价格之间作用关系的潜在影响；国内学者则主要引入其他变量检验短期国际资本流动和股票价格之间是否存在互为因果、是否存在动态非线性关系。

（一）有关短期国际资本流动驱动因素的文献回顾

在经济全球化和金融一体化的过程中，短期跨境资本流动，一方面提高资源配置效率，促进了世界经济和金融的发展；另一方面，加剧了全球经济失衡，削弱了国家宏观经济政策的独立性，从而可能引发金融危机。随着国际金融环境的变化以及国际资本流动方向与规模的变化，经济学家对国际资本流动驱动因素的理解也日益深入。 张明等（2014）将短期国际资本流动的驱动因素概括成两个方面：内部拉动因素（pulling factors）是指吸引国际资本流向特定国家的国内因素，例如本国良好的宏观经济环境，较快的经济增长率等；外部推动因素（pushing factors）是指推动国际资本流向特定国家的国际性因素，例如全球风险因素、全球经济增长速度以及美国的货币政策等。 如果国际资本流入是由内部因素驱动的，那么国家健全或不断改善的经济政策是稳定发展的关键条件。 相反，如果国际资本流入是由外部因素决定的，则流动非常不稳定，新兴或发展中经济体会受到发达经济体国家宏观经济形势和投资者情绪的影响，增加国内金融市场的脆弱性（Brana et al.，2010）。

1. 外部推动因素

随着全球金融危机的爆发，国际资本流动对新兴市场经济体的冲击成为学术界和政府当局关注的焦点问题，新兴市场经济体（EMEs）决策者强调了外部"推动"因素，特别是发达经济体的货币和财政政策的重要性，并认为这是资本流动激增的主要原因。 Kim（2000）运用结构分解方法研究了墨西哥、智利、韩国和马来西亚等四个发展中国家国际资本流动的原因。 研究结果发现，这些国家的国际资本流动主要由外部推动因素所决定，主要的外部推动因素包括工业化国家利率水平的下降和经济增长速度的回落。 以 Fisher 为主的古典利率驱动主义指出两国之间的利率差是短期国际资本流动的主要影响因素，Taylor et al.（1997）也认为在国际性因素中，美国利率对新兴市场经济体短期投资组合的流动具有格外重要的作用。 而 Calvo et al.（1993）与 Reinhart（2009）研究了全球经济环境的变化对短期国际资本流动的重要性，同时 Uribe et al.（2006），Mackowiak（2007），Forbes et al.（2012）也强调了驱动总资本流动的全球风险因素的重要性。 VIX 指数可以作为全球不确定性的指标，全球不确定性提高可能会由于潜在的不可操作性而压制投资（Byrne et al.，2016）从而加剧资本外流（张明，2015）。

2. 内部拉动因素

Fratzscher（2012）通过研究危机前后短期国际资本流动的驱动因素发现，危机前外部推动因素在资本流动上发挥了主导作用，而在经济复苏期间，内部拉动因素解释力更强。 Alfaro（2008）从国内结构特征角度指出国内的金融市场开放、人力资本结构和机构设置对资本流入而言十分重要。 Kaminsky et al.（2003），Prasad et al.（2003），Campion et al.（2004）以及 Caprio et al.（2001）也认为，各国可以通过减少国内金融市场的活动，开放其资本项目交易和股票市场，吸引更多的短期国际资本。 其次，这些政策可以通过降低投资的交易成本和数量限制，以及增加资产回报率，增加短期国际资本流入。 Griffin et al.（2004）通过对高频跨国股权资本流动的研究发现，全球股票投资回报率与本国股票投资回报率在短期国际资本流动中扮演着同等重要的角色。 Tille et al.（2014）构建的两国 DSGE 模型表明私人信息对国际资本流动产生的影响，不仅会增加净和总资本流动的波动性，还会通过资产价格来影响资本流动。Hau et al.（2004）通过构建一个包含汇率、股价和资本流三变量的均衡模型，发现流入一国金融市场的净股权资本与其货币升值呈现正相关。

国内学者王世华等（2007）认为，在短期条件下，我国短期国际资本流动主要是由人民币汇率预期和良好的宏观经济环境引起的；而在长期条件下，本国的利率和汇率预期水平是影响短期国际资本流动的主要因素。杨海珍等（2017）运用 VAR 模型研究得出在 2010 年 7 月到 2015 年 6 月间国内股票上涨会引起国外资本流入，同时美元利率上升会引起国际资本流出。冯凤荻等（2017）对中国国际资本流动影响因素进行探究。结果表明，中国国内经济增长率在外国直接投资影响因素中占主要地位。吕光明等（2012）认为，中国短期国际资本流动主要通过套汇、套价和套利三重因素来解释，其中套汇因素对短期国际资本流动的影响最大；其次是股价等套价因素，当国内股票价格波动增加时，该国的跨境资本流入减少，总资本流出增加，证券投资资本流出也增加（田敏，2016）。

（二）短期国际资本流动与股票价格关系的文献回顾

通过梳理以往的文献，我们发现国内外学者关于短期国际资本流动和资产价格关系相关定性分析的文献较少，大多数学者都是从实证角度研究两者之间的关系，短期国际资本流动和股票价格因果关系与显著性不尽相同，即在不同的国家之间与经济背景下两者之间的结果不尽相同。

1. 国外文献回顾

Ohno et al.（2009）集中研究了汇率水平和资本管制是否会对亚洲国家资本流动和资产价格造成影响，结果表明限制汇率波动和资本管制可能提高亚洲国家的资产价格。

对于资本流动和资产价格之间的关系，一部分学者认为短期国际资本流动可以加速新兴经济体的经济增长，因此这些经济体会采取相关政策来吸引资本流动。Kim et al.（2008）将韩国和其他四个东盟国家构建面板向量自回归（VAR）模型指出了资本流入对于资产价格具有积极的影响。通过对股票价格和房地产价格影响的比较，研究发现国际资本的流入对股票市场具有更加直接的影响，而对房地产价格直接影响不大，具有时间滞后性。 同时，Kim et al.（2011）对亚洲新兴经济体进行了检验分析，发现资本流入确实促进了该地区资产价格的升值，但资本流入冲击解释了资产价格波动的相对较小部分。 Tilhnann（2013）选取 2000 个样本，利用面板 VAR 模型估计资本流入对亚洲新兴经济体股票价格的影响。 结果表明，第一，资本流入的冲击明显推高股票价格；其次，资本流入的冲击，占整体资产价格变化的两倍。 Aizenman et al.（2008）确定了股票价格的全球联动性，并证实了经常账户赤字和股价升值具有强烈的正相关关系。例如，在一些东欧国家和南非国家存在负相关关系。 然而，在亚洲地区，尤其是中国香港、新加坡、中国大陆、中国台湾和马来西亚，经常账户盈余和股价上涨之间存在正相关，这表明还存在一些其他影响资产价格的特殊因素。

尽管吸引外资的流入可以促进国内经济增长，但随着大量的资本流动，尤其是不合理的资产组合，它可能会导致金融风险。 大量资本流入可能会导致过多的外债和外汇风险，这加剧国内信贷扩张和资产泡沫。当资本流动突然逆转时，信贷扩张和资产价格上涨的繁荣阶段可能会转变成一个萧条阶段，经济体会受到重大的冲击导致金融危机。 国际货币基金组织（2007）认为，在大量资本持续流入的情况下，迅速上升的成本，不能防止本币升值。 Wang et al.（2016）通过实证数据表明，短期国际资本流入与资产价格之间的关系是自我实现和相辅相成的。 基础货币进一步加剧了资产价格泡沫，这表明短期国际资本流入和流动性过剩将逐步增强资产价格泡沫的严重程度。 Caballero et al.（2006）研究发现国际金融不发达极易造成资产价格泡沫，而且也会导致代理商承担因低估资产泡沫所带来的总体风险，并通过两种方式修改标准 OLG 模型来解决新兴市场遇到的资产价格泡沫问题。 Aoki et al.（2009）通过构建小型开放经济来分析经济如何适应国际金融交易的自由化，以及经济在自由化之后如何对国内外金融的冲击做出反应。

2. 国内文献回顾

金融危机爆发后，国内学者主要研究不同汇率制度下，短期国际资本流动和资产价格之间的关系。 朱孟楠等（2010），赵进文等（2013）在VAR模型中加入了风险溢价因素，实证分析了短期国际资本流动、汇率、股价之间的自我循环机制。 人民币贬值增加投资者对人民币的升值预期，吸引短期国际资本流入，货币供给剪刀差缩小，资产价格上升的空间扩大，股票价格上涨，从而使得短期国际资本净流入继续增大，人民币升值，导致短期国际资本获利流出，货币供给剪刀差扩大，股票价格下降。

王申等（2015）运用非线性的 Markov 区制转换 VAR 模型及脉冲响应分析，研究不同经济状态下汇率、短期国际资本流动及股价之间的非线性动态关系。 结果表明，不同区制下，变量间的动态关系不同。 汇率升值诱使短期国际资本流入，短期国际资本流入会引起汇率升值；短期国际资本流入规模增加推动股价上涨，而股价上涨导致后期国际资本流出，资本的频繁流动对一国实体经济与金融市场可能造成显著的负面冲击（张明，2011），从而导致严重的金融危机。

卜林等（2015）基于有向无环图分析人民币汇率、短期国际资本流动和股票价格之间的关系，研究结果表明在同期条件下，存在"人民币汇率、股价到短期国际资本流动"的单向因果关系；同时，存在"股价、短期国际资本流动到房地产价格"的单向因果关系，长期内二者的作用也几乎等同，但后者的作用有一定的时滞；股价和汇率之间并不存在同期因果关系。

（三）文献评述

通过以上国内外文献综述，我们总结出研究短期国际资本流动和资产价格的文献主要分为研究短期国际资本流动以及短期国际资本流动和资产价格关系两大块，构成了较为成熟的理论体系；但也存在一些不足：首先，国外学者对于短期国际资本流动的研究侧重点在于新兴经济体或者金融危机发生地区，而国内学者侧重点几乎都在中国，很少有文献全面研究全球资本流动情况，以及体现发达经济体和发展中经济体的差异；其次，在研究短期国际资本流动与股票价格关系的时候，大部分学者选取月度高频数据通过向量自回归模型（VAR）、格兰杰因果检验等方法探索两者之间的长期关系及因果关系，抑或是选取年度数据通过构建面板模型验证短期国际资本流动和股价之间的线性关系，然在如今经济环境多变的情况下，短期国际资本流动可能会受到资本项目开放程度以及汇率弹性等的影响，对股票价格具有非线性的影响；最后，在使用面板数据进行分析时，大多数文献忽视了短期国际资本流动和股票价格之间互为因果的关系，易引发内生性问题。

　　基于以上文献存在的不足，本章从实证方法和数据选取角度出发，运用季度面板数据分组研究不同发展水平国家的短期国际资本流动对股票价格的影响，考虑短期国际资本流动和股票价格互为因果的关系并引入工具变量解决内生性问题；同时加入资本项目开放变量，研究资本项目开放程度对资本流动与资产价格之间作用关系的潜在影响；最后构建中国 VAR 模型考察中国资本流动对股票价格的影响，从而解决中国资本市场上存在的问题。

第二节　短期国际资本流动对股票价格
影响的理论分析

一、短期国际资本流动的定义和特征

　　短期国际资本流动的界定没有一个统一的标准，国内外学者主要从时间视角、动机视角、流动性视角上对短期国际资本流动进行界定。 国际资本流动按照资本使用的期限长短可以划分成长期资本流动和短期国际资本流动，国际货币基金组织（IMF）将短期国际资本流动定义为"期限为一年或一年以内或即期支付的资本流入或流出"。 但是随着国际金融市场的高度发展，金融创新产品的不断涌现，这种传统的定义方式的缺陷也逐渐显现。 例如股票、期权期货产品，尽管合约期限在一年以上，但是大多数投资者选择在一年之内进行交割，因此这些长期投资工具具有高度的流动性特征，可以作为短期资本的替代工具。 可见，从时间视角定义的短期国际资本流动不能完全反映国际资本市场的具体情况，长期和短期之间的界限也逐渐模糊。

在《国际短期资本流动》一书中，Kindleberger（1937）从投资者的动机视角出发对短期国际资本流动进行相关概念界定，他认为"短期国际资本流动是为了确保资金安全和获得额外收益，投资者在短时间内改变国际资本流动的趋势和方向"，并且他根据短期国际资本流动的特征将其分成平衡型、收入型、自主型、投机型短期国际资本流动。 其中投机型短期国际资本也被称为热钱或国际游资，《新帕尔格雷夫经济学大辞典》中对热钱的定义是资本持有者出于自身对货币预期贬值（或升值）的投机心理，或者受到国际利差收益明显高于汇率风险的刺激，在国际间进行的大规模短期资本流动。

部分学者注意到短期国际资本的高度流动性特征，开始从流动性视角对短期国际资本流动进行界定。 长期国际资本是指流入特定国家后短期内无法改变流动方向的资本，而短期国际资本是指流入特定国家后短期内可以迅速改变流动方向的资本，因此短期资本流动的风险主要在于资本流动方向的迅速改变会给一国的实体经济或金融市场带来严重的威胁（曲凤杰，2006）。 本章从动机视角和流动性视角出发，将短期国际资本界定为可用于"套利"的并能够在各国的股票市场、房地产市场、金融衍生品市场迅速交易变现的国际资本。

二、短期国际资本流动对股票市场的渠道分析

全球经济一体化推动了资本市场一体化，为国际间流动的国际资本提供了多种渠道。 短期国际资本流动对股票市场的影响主要分成两个渠道：直接渠道和间接渠道。 直接渠道是指短期国际资本的流动直接影响

股票市场的需求，从而影响股票价格；间接渠道是指在外汇干预的情况下，短期国际资本流入导致本国的外汇储备被动增加，国内货币供应量增加会引起股票价格发生变动。 如图 3-2 所示。

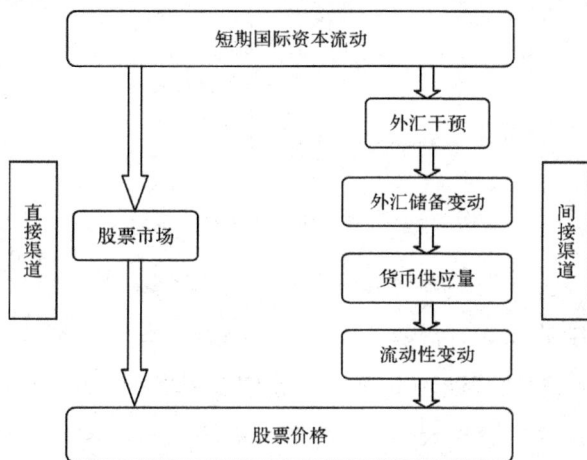

```
                    ┌─────────────────────┐
                    │    短期国际资本流动    │
                    └─────────────────────┘
                       │                │
                       ▼                ▼
                              ┌──────────┐
                              │  外汇干预  │
                              └──────────┘
                                   │
┌────┐      ┌──────────┐          ▼
│直   │      │          │    ┌──────────┐    ┌────┐
│接   │      │  股票市场  │    │ 外汇储备变动│    │间   │
│渠   │      │          │    └──────────┘    │接   │
│道   │      └──────────┘          │          │渠   │
└────┘           │           ┌──────────┐    │道   │
                 │           │  货币供应量 │    └────┘
                 │           └──────────┘
                 │                │
                 │           ┌──────────┐
                 │           │ 流动性变动 │
                 │           └──────────┘
                 ▼                │
          ┌─────────────────────────────┐
          │          股票价格             │
          └─────────────────────────────┘
```

图 3-2　短期国际资本流入股票市场的两个渠道图

（一）直接渠道

短期国际资本直接进入股票市场，一方面可以通过自有资金或海外募集资金购买本国股票；另一方面可以通过收购本国上市公司从而持有本国股票。 短期国际资本的持续流入推升股票价格，投资者对此形成非理性预期，引发"羊群效应"，当投资者预期股票价格泡沫即将破裂时，就会撤走大量资本，从而引发股票市场价格剧烈波动。 从股票市场价格理论来看，股票价格反映了股票的供求关系，针对以上短期国际资本流动与股票价格的关系，本章采用股票市场的供给需求曲线进行分析；同时为了研究方便，本章假设股票的供给曲线 S 在短期内不发生任何移动（如图 3-3 所示）。

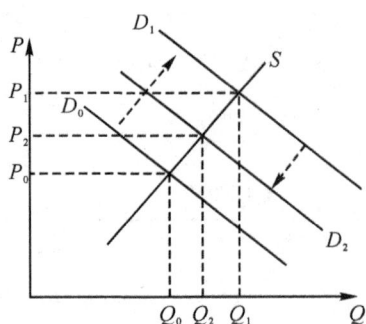

图 3-3 股票市场供给需求关系图

当短期国际资本流动大规模进入一国资本市场时，股票的需求增加，引起股票的需求曲线向右移动，即从 D_0 移动到 D_1，同时股票均衡价格从 P_0 上升到 P_1。 短期国际资本的持续流入以及股票价格的不断上升，隐含着股票市场的风险不断加大，当投资者预期股票价格泡沫即将破裂时，就会撤走大量资本，从而引起股票的需求下降，即需求曲线从 D_1 移动到 D_2，同时股票均衡价格从 P_1 下降到 P_2。 因此，根据以上的分析，我们发现股票价格在受到短期国际资本的冲击后呈现动态变化的趋势，最终的股票价格取决于短期国际资本撤出的规模大小。

（二）间接渠道

短期国际资本流入在不同的汇率制度下会对经济金融产生不同的影响，在自由浮动汇率制条件下，由于政府不干预外汇市场，短期国际资本流动可以通过外汇汇率影响本国经济金融，然而货币供应量不会发生变化；在固定汇率制条件下，由于政府承担维持固定汇率的责任，短期国际资本流动可以通过基础货币这一中介变量间接影响本国资本市场（Taguchi et al，2015）。 例如，假设美国实行量化宽松政策促使联邦基准利率下调（如图 3-4 所示），本国因相对利率的提高吸引短期国际资本流入，从而引起本国货币升值。

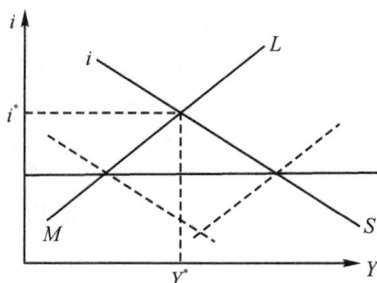

图 3-4　不同汇率制度下的短期国际资本流动渠道图

在自由浮动汇率制度条件下，无论何种原因造成的资本内流都会导致本币名义汇率的上浮，进口品价格相对下降和贸易品消费相对上升，这些都有利于降低通货膨胀。因此，汇率越自由，资本内流的通胀效果越弱。在本国货币升值的情况下，利率下降，通货膨胀效果减弱，但是货币供应量和流动性水平没有发生变化。

在固定汇率制条件下，任何原因造成的资本流入首先都会增加央行的外汇储备，改变央行的资产负债结构，从而影响国内的货币供给。央行持有的国内资产和国外资产（主要是外汇储备）是其负债（基础货币）的基础，央行为了维持汇率稳定在外汇市场买入外汇的过程。实际上也是投放基础货币的过程，因此，资本流入直接导致了国内货币供应量的扩张，LM 曲线向右移动，利率下降。央行此时面临两种政策选择：一是放任货币扩张；二是通过冲销干预的方式维持货币供给的稳定。如果放任货币扩张，国内流动性过剩，资金供应充裕，致使大量的资金寻求利润高的渠道，进而进入股票市场，国内的物价、资产价格将上升，利率下降，国家通常会面临通货膨胀或资产价格泡沫的压力。

三、短期国际资本流动对股票价格的均衡模型分析

参考 Lee et al.（2007）有关短期国际资本流动和资产价格之间的研究，我们通过货币市场均衡和股票市场均衡来分析短期国际资本流动对股

票价格之间的作用机理。

本章假设国内投资者可以在股票市场（S）、债券市场（B）和货币市场（M）进行多元化的投资，无法对外国金融资产（外国股票）进行投资，但外国投资者可以投资国内金融资产（境内股）。 为了使金融市场达到均衡，货币市场与债券市场或者货币市场和股票市场之间必须同时达到平衡。

本章关注货币市场和股票市场均衡条件，当货币市场达到均衡时，实际货币供给等于实际货币需求，实际货币需求与国民收入成正比，与国内利率和预期股票收益率成反比，如式（3-1）所示：

$$M_{st} = \beta Y_t - \gamma i_t - \zeta \rho_t \tag{3-1}$$

其中，Y_t 表示 t 时期的国民收入水平，i_t 表示 t 时期的国内利率，ρ 表示预期的股票收益率。 同时股票收益率可以表示为

$$\rho_t = \frac{E(P_{t+1} \mid I_t)}{P_t} = \frac{D}{P_t} \tag{3-2}$$

其中 p_t 表示 t 时期股票收益率，p_{t+1} 表示 $t+1$ 时期股票价格，D 表示该资产在单位时间的固定收益，I_t 表示在 t 时期所有信息的集合。 在本章中我们主要考虑短期证券投资，而每股派息是指在长期证券投资中获得的额外利润，因此我们假设 $D=0$，股票收益率可以表示为

$$\rho_t = \frac{E(P_{t+1} \mid I_t) - P_t}{P_t} \tag{3-3}$$

由式（3-1）、式（3-3）可得

$$P_t = \frac{E(P_{t+1} \mid i_t)\, \xi}{\beta Y_t - y i_t - M_{st}} \tag{3-4}$$

接着，我们检验股票市场的均衡条件，当实际股票供给和实际股票需求相等时，股票市场达到均衡。 如果名义股票数量与上市股票（C）的总价值相同，则实际股票供应量为 C_s。

同时，国内股票的实际需求是国内投资者 V^D 和外国投资者 V^F 的投资需求之和。 在这种情况下，国内股票投资者的投资需求将由国内利率 i 和本国预期的股价收益率 ρ 来决定，外国股票投资者的投资需求不仅受到

国内股票收益率和利率的影响，还受到外国利率 i^* 和外国股票收益率 ρ^* 的影响。

$$C_{st} = V^D(i_t, \rho_t) + V^F(\rho_t + \tau, i_t, i_t^*, \rho_t^*)$$
$$= -\eta_1 i_t + \lambda_1 \rho_t + \lambda_2(\rho_t + \tau) - \eta_2 i_t - \mu i_t^* - \phi \rho_t^*$$
$$= -\eta i_t + \lambda \rho_t + \lambda_2 \tau - \mu i_t^* - \phi \rho_t^*$$

$$(3\text{-}5)$$

其中，$\eta = \eta_1 + \eta_2$，$\lambda = \lambda_1 + \lambda_2$，$\tau$ 表示汇率预期变动率，参考赵进文（2013）的文献，风险溢价是预期本币升值（贬值）的线性函数，短期国际资本流动与风险溢价水平成正相关关系，则

$$\tau = \frac{E_{t+1}^e - E_t}{E_t} = \beta \sigma_t = \phi f^{-1}(F_t) \qquad (3\text{-}6)$$

其中，σ_t 表示风险溢价水平，F_t 表示短期国际资本流动函数，E_t 表示当期的汇率，E_{t+1} 表示 $t+1$ 时期的预期汇率，τ_t 大于 0 表示预期本币升值，小于 0 表示预期本币贬值。

由式（3-1）、式（3-5）可得股票市场的均衡条件：

$$C_{st} = \frac{\eta}{\gamma}(M_{st} - \beta Y_t) + (\lambda + \frac{\eta}{\gamma}\zeta)\rho_t + \lambda_2 \tau - \mu i_t^* - \phi \rho_t^*$$

$$(3\text{-}7)$$

由式（3-3）和式（3-7）可得股票市场均衡时股票价格的表达式：

$$P_t = \frac{(\lambda + \frac{\eta}{\gamma}\xi)E(P_{t+1} \mid I_t)}{C_s - \frac{\eta}{\gamma}(M_{st} - \beta Y_t) - \gamma_2 \phi f^{-1}(F_t) + u i_t^* + \phi \rho_t^* + \lambda + \frac{\eta}{\gamma}\xi}$$

$$(3\text{-}8)$$

通过对式（3-4）两边求关于 i，M_{st} 的偏导，以及对式（3-8）两边求关于 τ，F_t，i_t^*，ρ_t^* 的偏导，可得：

$$\frac{\partial P_t}{\partial F_t} > 0, \frac{\partial P_t}{\partial i_t} < 0, \frac{\partial P_t}{\partial M_{st}} > 0, \frac{\partial P_t}{\partial \tau} > 0, \frac{\partial P_t}{\partial i_t^*} < 0, \frac{\partial P_t}{\partial \rho_t^*} < 0$$

以上是资本账户开放条件下短期国际资本流动、国内利率、货币供给、本币升值预期、国外利率、国外股票收益率和股票价格的关系，可以得出以下结论：①一般情况下，随着国际资本流入，股票价格呈现上升的

趋势；②短期内其他因素不变的情况下，本币预期升值意味着风险溢价为正，促进短期国际资本的流入，从而引起股票价格上涨；③本国利率水平与本国股票价格成反比，货币供应量与本国股票价格成正比，本国存款利率的降低会导致货币供应量增加，本国的流动性水平扩张，这部分资金有可能流入股票市场，从而引起股票市场的价格波动；④国外利率和国外股票收益率与本国股票价格成反比。

第三节　短期国际资本流动对股票价格的影响分析：基于跨国面板模型的实证检验

一、模型与变量选取

前文的理论分析指出汇率水平、国内外利率、货币供应量、短期国际资本流动等经济变量会对股票价格造成影响。 本研究选取 69 个国家 2005 年一季度至 2016 年四季度的数据建立跨国面板模型，从而探讨短期国际资本流动、国内宏观经济因素以及国际因素对资产价格变化率的影响，对比分析发达经济体、新兴和发展中经济体的影响程度。 构建面板数据模型如下：

$$\mathrm{Ln}price_{i,t} = \alpha_0 + \alpha_1 finflow_{i,t} + \sum_{k=1}^{m} \beta_k X_{k,i,t} + \mu_{i,t} + \varepsilon_{i,t}$$

$$(3-9)$$

其中，$\mathrm{Ln}price_{i,t}$ 表示国家 i 在 t 时期的股票价格；$finflow_{i,t}$ 表示国家 i 在 t 时期的短期国际资本净流入；X 为控制变量，包含国内宏观经济变量和全球宏观经济变量；$u_{i,t}$ 和 $\varepsilon_{i,t}$ 分别表示国家固定效应和随机干扰项。 主要变量定义如表 3-1 所示。

表 3-1　主要变量定义一览表

指标类型	变量名称	变量定义
被解释变量	$\ln price$	各国的股票价格
解释变量	$finflow$	短期国际资本流动的标准化形式
	IR	国内利率（本研究选用商业银行存款利率）
	MS	货币供应量（本研究使用广义货币 $M2$ 代替）
	RE	实际汇率
控制变量	g	经济增长率
	INF	通货膨胀率（CPI 环比增长率）
	IRA	美国联邦基准利率
	VIX	美国芝加哥交易所提供的波动率 VIX 指数

注：VIX 来源于 CBOE 数据库，其余数据来源于 EIU Country Data 数据库；由于各国短期国际资本流动的月度数据较难获取，因此本研究选用季度数据进行分析。

（一）发达经济体、新兴和发展中经济体的确定

根据经济发展水平的差异，通常把世界上的国家分为发达经济体、新兴和发展中经济体。发达国家包括 OECD 中的成员国及其他发达经济体。新兴和发展中经济体的地区划分是独联体国家（CIS），亚洲新兴和发展中经济体，欧洲新兴和发展中经济体（有时也称为"中东欧"），拉丁美洲和加勒比（LAC），中东、北非、阿富汗和巴基斯坦（MENAP），以及撒哈拉以南非洲（SSA）。本节依据《世界经济展望2017》公布的发达国家、新兴和发展中国家的名单，除去大量数据无法获得的国家，共选取 33 个发达国家与地区，以及 36 个新兴和发展中国家与地区作为实证分析的对象[①]。

----

①　样本国家中发达国家与地区包括爱尔兰、奥地利、澳大利亚、比利时、丹麦、德国、法国、芬兰、韩国、荷兰、加拿大、捷克、拉脱维亚、立陶宛、马耳他、美国、挪威、葡萄牙、日本、瑞典、瑞士、塞浦路斯、斯洛伐克、斯洛文尼亚、中国台湾、西班牙、希腊、中国香港、新加坡、新西兰、以色列、意大利、英国；新兴和发展中国家与地区包括阿根廷、埃及、巴基斯坦、巴西、保加利亚、波兰、波斯尼亚和黑塞哥维那、俄罗斯联邦、厄瓜多尔、菲律宾、哥伦比亚、哥斯达黎加、格鲁吉亚、哈萨克斯坦、土耳其、吉尔吉斯斯坦、罗马尼亚、马来西亚、秘鲁、摩洛哥、墨西哥、南非、尼日利亚、塞内加尔、泰国、突尼斯、危地马拉、委内瑞拉、乌克兰、匈牙利、亚美尼亚、印度、印度尼西亚、越南、智利、中国。

（二）被解释变量

股票价格指数（stock index）是描述股票市场总的价格水平变化的指标，参考 Par et al.（2012）、王彬等（2016）等人的文献，本章选取各经济体的股票价格指数作为资产价格的度量指标。 股票价格指数分为开盘价、最高价、最低价和收盘价，其中收盘价最受认可，因此本章选取 33 个发达国家与地区，以及 36 个新兴和发展中国家与地区的 2005 年至 2016 年的月度收盘价作为原始数据，对高频月度数据进行季度平均得到股价季度数据，并取对数处理消除异方差得到本研究的被解释变量。

（三）核心解释变量

短期国际资本相比于长期国际资本而言流动性较强也较为隐蔽，精准测度上存在一定的困难，因此当今学术界没有较为权威的测量方法。 本研究在查阅以往文献的基础上，梳理了几种较为常见的测量方法，即非直接投资净额调整法、直接测算法、间接测算法（世行法）、混合测算法。

1. 非直接投资净额调整法

非直接投资净额调整法一般分成两个步骤进行，首先对非直接投资规模进行初步计算：

$$非直接投资净额 = 资本和金融项目差额 - 直接投资差额 \qquad (3\text{-}10)$$

其次，对结果进行修正处理，王信（2005）在研究结果中表明取 40％ 国际收支平衡表中的遗漏和误差项作为隐蔽性的国际短期资本较为合理，因此调整后的短期国际资本流动规模可以表示为

$$短期资本流动规模 = 资本和金融项目差额 - 直接投资差额 + 40％遗漏和误差项 \qquad (3\text{-}11)$$

非直接投资净额调整法在测度短期国际资本流动规模上计算原理相对比较简便，估算结果易于理解，但在测量隐蔽性短期资本规模上较为粗略，误差较大。

2. 直接测算法

直接测算法是根据 Cuddington 公式对国际收支平衡表上的几个项目进行加总，以及刘莉亚（2008）、曹媚（2009）等学者对该公式的扩展。张明（2011）提出了三种测量短期国际资本流动的口径，第一种口径直接将误差与遗漏项作为短期国际资本流动的规模，公式为

短期资本流动规模 I ＝ 误差与遗漏项　　　　　　　　　　（3-12）

第二种口径是在口径一的基础上加上资本往来项目下的短期资本往来（或金融项目下的短期投资），公式为

短期资本流动规模 II ＝ 短期资本流动规模 I ＋ 资本往来项目下的短期资本往来 （或金融项目下的短期投资）　　　　　　　　（3-13）

第三种口径则是在第二种口径的基础上加上进出口伪报额，公式为

短期资本流动规模 III ＝ 短期资本流动规模 II ＋ 进出口伪报额 （3-14）

直接测算法的优点在于测算十分简单且直观，而缺陷在于三个方面：第一，其他经济体的季度数据较难获取，可操作性不强；第二，该公式中将误差与遗漏项完全作为隐蔽性的短期国际资本项，但其中可能确实包含了统计方面的误差与遗漏，结果会高估短期国际资本流动的规模；第三，地下钱庄等非法流入的短期国际资本不会在误差和遗漏项上体现，从而低估短期国际资本流动的规模。

3. 间接测算法（世行法）

间接测算法（世行法），又称为余额法，是通过外汇储备增加额减去国际收支平衡表中的净出口项目、外商直接投资的净额等得到的，王世华等（2007）、Michaelson（2010）、石港等（2014）等学者在研究短期国际资本流动情况时均采用这种方法。 研究者也提出了有关短期国际资本流动规模的三种测算口径。

第一种口径为

短期资本流动规模 I ＝外汇储备增量－贸易顺差－职工报酬－政府部门经常转移－FDI 净流入－外国股权与长期债券投资－外国其他长期投资

$$(3-15)$$

第二种口径则是在第一种口径的基础上加上对外直接投资、对外证券投资以及其他对外投资，公式为

短期资本流动规模 II ＝短期资本流动规模 I ＋对外直接投资＋对外证券投资＋其他对外投资

$$(3-16)$$

第三种口径是在第二种口径的基础上加上进出口伪报额，公式为

短期资本流动规模 III ＝ 短期资本流动规模 II ＋ 进出口伪报额

$$(3-17)$$

间接测算法的优点在于季度数据可得，计算方便，但该方法估计的短期国际资本流动规模往往高于直接测算值。

4. 混合测算法

混合测算法是对直接测算法和间接测算法的结合，因此混合测算法计算出来的短期国际资本流动规模居于直接法和间接法之间。 王信等（2005）使用的混合测算公式为

短期资本流动规模＝资本与金额项目盈余－直接投资净流入＋进出口伪报额（出口高报与进口低报）＋经常转移中的资本流动＋FDI 中的短期资本流动

$$(3-18)$$

鉴于数据的可得性，本研究采用间接法即"短期国际资本流动＝外汇储备的变动－贸易顺差－FDI 净流入"进行估计，这样更能反映短期国际资本流动的易变性，正号表示国际资本流入大于流出，负号表示国际资本流出大于流入。

在正常时期，新兴市场和发展中经济体不具有足够数量的高质量的国内金融工具来存储价值，以至于资本流出至发达国家寻求高质量的金融服务（Caballeroa et al. ，2006）。 因此，如图 3-5 所示，新兴市场和发展中经济体国家较发达经济体短期资本流动更为频繁，发达经济体总体上呈现短期国际资本净流入的情况，而新兴市场和发展中经济体正常时期呈现净

资本流出的情况，但这些情况偶尔会受到投机泡沫的冲击。在 2007 年 8 月次贷危机之前，经济形势良好，受到房地产投机市场的驱动，发达经济体和新兴经济体短期国际资本净流入稳步上升；随着次贷危机的爆发，国际资本为躲避危机流入新兴及发展中经济体，发达国家的短期资本净流入呈现下降的趋势，美联储做出反应，向金融体系注入流动性以增加市场信心，美国股市也得以在高位维持，形势看来似乎不是很坏，此时发达经济体短期国际资本平均净流入高达 155 亿美元；2008 年初，美国信贷违约现象加剧，并预测经济开始衰退，发达经济体和发展中经济体大部分机构投资者将流出的短期资金回流至本国，来促进本国经济快速摆脱萧条的局面。2009 年 3 月达到低点，同时美国股票平均价格指数创 1997 年 4 月份以来的最低收盘水平；为了应对此次金融危机，美国、日本等出台了一系列 QE（Quantitative Easing，量化宽松政策），加剧了外汇市场的波动，尤其引发新兴经济体国家的短期资本流入；2013 年下半年，受美联储逐步缩减量化宽松额度政策刺激，全球资本逐月增量撤离发达经济体国家和包括中国在内的新兴市场经济体国家，发达经济体短期资本净流入急剧下降，发展中经济体的短期资本呈现净流出趋势。随着美国经济的复苏，美联储于 2015 年 12 月启动加息程序，发达经济体也紧随加入加息行列，美元走强，短期投机资本大量流入流出，净资本流出出现逆转。

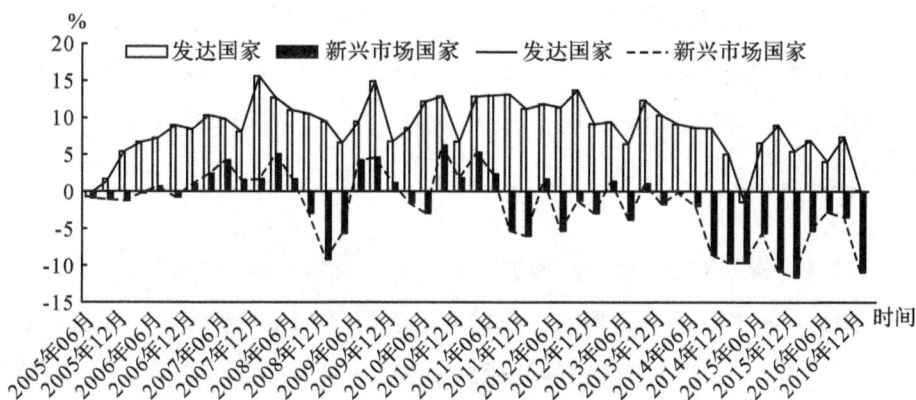

图 3-5 发达国家和发展中经济体平均短期资本流动比较图

在本研究中，参照 Ohno et al.（2015）的文献对短期国际资本流动除以名义 GDP 进行标准化处理。 短期资本流动具有高流动性和高投机性，对股票市场具有正向影响。

（四）国内宏观经济变量

1. 国内利率

根据利率平价理论，在两国利率存在差异的情况下，国际资本将从低利率国家流向高利率国家以获取利差收益，这也被称为套息交易，是热钱流入新兴市场国家的重要渠道之一（刘莉亚等，2013），对本国的股票市场构成间接影响。 但假定投资者是风险厌恶型，本国的商业银行一年期存款利率水平越高，投资者选择购买股票的机会成本就越高；相反，存款利率越低，购买股票的机会成本相对较小，投资者转而选择股票市场进行投资。 因此本研究假设国内利率水平对股票市场具有负向影响。

2. 货币供应量

货币供应量可以划分为三个层次，分别为 M0（流通中的货币），M1（狭义货币供应量），M2（广义货币供应量）。 广义货币供应量反映了现时和潜在的购买水平，因此本研究选取 M2 作为研究对象，并取对数处理消除异方差。 根据托宾 Q 理论，央行实施宽松的货币政策，通过降低利率水平增加流入资本市场的资金，这部分资金用来购买股票，从而使股票价格上涨。 因此本研究假设货币供应量对股价具有正向影响。

3. 实际汇率

赵进文等（2013）基于汇改后的数据对人民币汇率、短期国际资本流动和股票价格的关系进行检验，结果表明短期内本币升值对上证 A 股指数的影响为负。 汇率的变动会导致通货紧缩，并影响消费和投资。 为了剔除通货膨胀对股票的影响，本研究通过 $RE = (NE \times p^*)/p$ 公式计算出实际汇率，其中 NE 表示名义汇率（直接标价法下），p^* 表示美国消费者价格指数，p 表示本国消费者价格指数，并对实际汇率取对数处理消除异方差。 实际汇率增加，本币贬值意味着对未来货币升值的预期增加，吸引了短期国际资本的流入，扩大了资产价格上升的空间，股票价格上涨；本币贬值，也有利于本国贸易条件改善，利好本国经济增长，从而使得公司股价上涨。 因此本研究假设实际汇率对股票价格具有正向影响。

4.经济增长率

经济增长率水平用各国 GDP 增长率表示，如图 3-6 所示，发达国家和发展中国家的经济增长率趋势相近。 全球经济增长率趋势反映了经济周期的波动情况，大致分为繁荣、衰退、萧条、复苏四个阶段。 在经济复苏至繁荣时期，百业待兴，政府通过货币政策和财政政策加大对经济的建设，对经济增长的预期能够全面影响投资者的投资行为，从而影响股票市场的价格，股票价格指数与经济增长率存在较强的交互关系（位志宇等，2007）；相反，在经济衰退至尾声时期，百业不振，投资者远离股票市场。 因此，本研究假设经济增长率水平对股价具有正向影响。

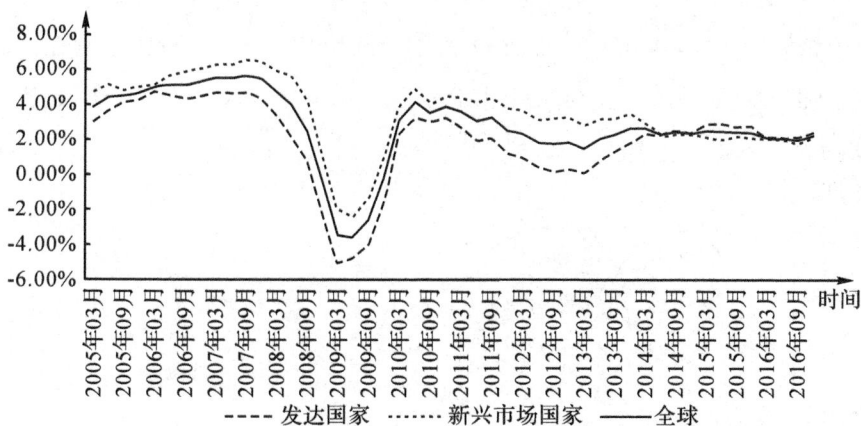

图 3-6　发达国家和新兴市场国家的经济增长率曲线图

5.通货膨胀率

通货膨胀率反映物价水平的上升幅度，本研究使用当地货币（期间平均）计算的消费物价指数变动百分比表示。 在通货膨胀时期，经济出现失衡，增加投资者对股市的未来不确定性；同时由于通货膨胀，企业利润（因此股息和资产价格）与边际成本之间的负相关关系，意味着随着通货膨胀率的上升，边际成本也将下降，导致股票价格下滑；但货币供应量增多引发的通货膨胀能够刺激生产，增加企业利润，导致股票价格上涨。因此，通货膨胀对股票价格影响不确定。

（五）全球宏观变量

1. 美国联邦基准利率

联邦基准利率反映了外部市场的综合无风险收益率，图 3-7 显示为 2005 年一季度至 2016 年四季度美国联邦基准利率的走势，自 2008 年 12 月以来，美联储将利率降至 0%—1%。 从短期来看，美联储实施加息政策，美元走强，增大本币贬值预期，一部分热钱回流到美国市场，本国资本市场受到冲击；但从长期来看，美国联邦基准利率处于高位反映了全球整体经济正处于繁荣时期，开放的发达经济体和发展中经济体国家在强劲的贸易拉动下快速成长，因此上市公司的利润增加，股票市场仍然处于繁荣时期。 因此，美国联邦基准利率对股票价格影响不确定。

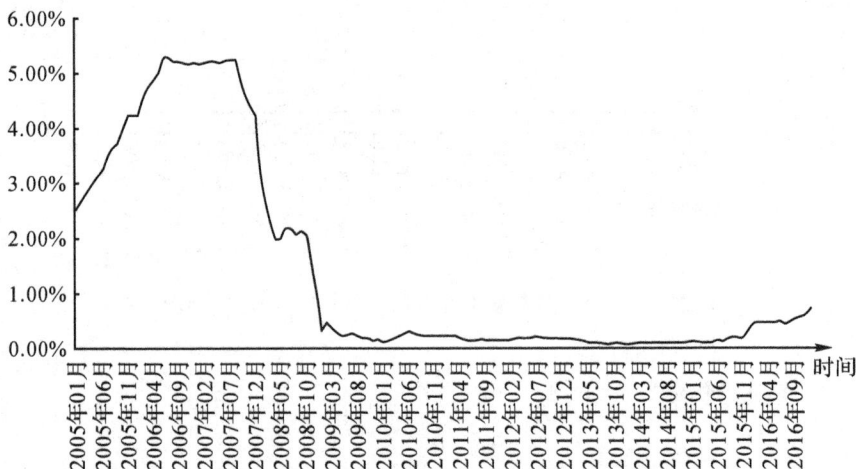

图 3-7　美国联邦基准利率曲线图

2. 市场波动率指数

在 2008 年金融危机期间，股票市场和其他资本市场的流动性枯竭，导致股票价格波动剧烈，为了研究市场波动性水平对股票价格的影响，本研究参考 Ohno et al.（2015），Moran et al.（2007）等人的文献，采用 CBOE 波动指数（VIX）作为市场波动性的替代指标。 市场波动率指数（VIX）被称为"投资者情绪指标""恐惧指数"，CBOE（芝加哥期权期货交易所）提供的是每日的波动率数据，本研究将其按照季度要求加总求平均值，得到季度的市场波动率指数，图 3-8 反映了市场波动率指数的波动情况。 全球市场波动率指数越高，国际投资者的情绪受到的影响较大，投资者会减少对股票资产的需求。 因此本研究假设市场波动性水平对股票价格具有负向影响。

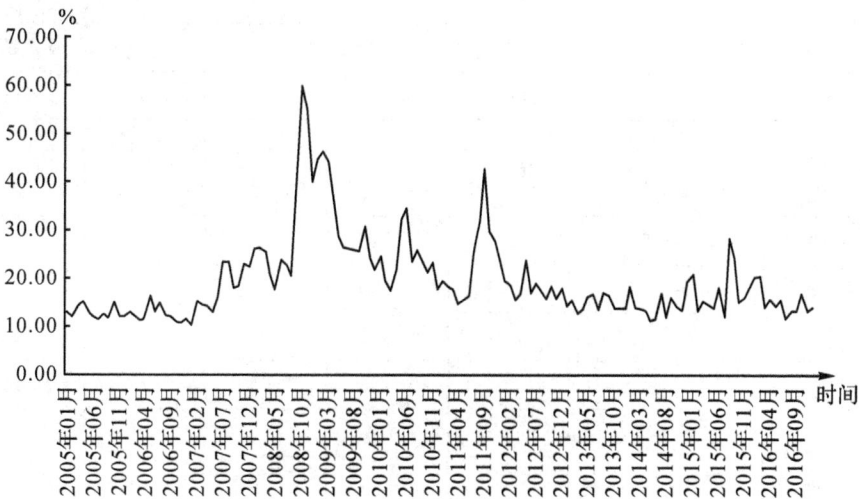

图 3-8 市场波动率指数图

二、实证结果分析

（一）描述性统计分析

对解释变量和被解释变量进行描述性统计分析，结果如表 3-2 所示。通过对全部样本的描述性统计，观察到总观测值为 3312 个样本容量，除了美国联邦基准利率和市场波动率指数这两个变量数据完整，其余变量都有数据缺失，因此该面板为非平衡面板。 在描述性统计的基础上，进行静态面板回归。

表 3-2   全样本国家的描述性统计

变量	变量释义	观测值	平均值	标准差	最小值	最大值
$\ln price$	股价	2922	7.970	1.571	2.996	11.350
$finflow$	短期资本流动	2511	0.008	0.242	−6.496	1.468
IR	国内利率	3263	4.212	3.693	−0.210	27.983
$\ln MS$	货币供应量	3236	5.044	2.001	−1.188	10.035
$\ln RE$	实际汇率	3307	2.130	2.608	−0.732	10.732
g	经济增长率	3001	3.047	4.183	−19.700	30.963
INF	通货膨胀	3302	4.425	7.059	−4.750	170.062
IRA	美联储基准利率	3312	1.439	1.879	0.093	5.210
VIX	市场波动率指数	3312	19.52	8.131	11.19	51.723

（二）面板回归分析

这一部分使用混合最小二乘、固定效应和随机效应的估计方法，实证分析短期国际资本流动及其他宏观经济变量对股价的影响，同时将 69 个国家分成发达经济体和发展中经济体两类进行实证分析。 进一步考虑到短期国际资本流动和股票价格之间可能存在相互作用的互为因果关系，即股票市场的预期收益率上升会引起短期资本流入获利，股票市场的波动性加大会引起短期国际资本外流的程度（钟震等，2015），本研究选择短期国际资本流动的1—2阶滞后项作为工具变量进行固定效应2SLS估计，从而解决固定效应或随机效应模型存在的内生性问题，回归结果如表3-3所示。

表 3-3　全样本国家短期国际资本流动对股票价格的面板回归

变量	(1)混合 OLS	(2)随机效应模型	(3)固定效应模型	(4)固定效应 2SLS
$finflow$	0.3670* (0.1980)	0.1690*** (0.0407)	0.1710*** (0.0406)	0.3820*** (0.0899)
IR	0.1490*** (0.0131)	−0.0143*** (0.0036)	−0.0153*** (0.0035)	−0.0164*** (0.0051)
$\ln MS$	0.2820*** (0.0186)	0.7320*** (0.0241)	0.7500*** (0.0245)	0.7210*** (0.0322)
$\ln RE$	−0.0264** (0.0126)	0.2120*** (0.0204)	0.2270*** (0.0210)	0.2370*** (0.0371)
g	0.0559*** (0.0079)	0.0264*** (0.0018)	0.0265*** (0.0018)	0.0259*** (0.0020)
INF	−0.0445*** (0.0076)	0.0170*** (0.0018)	0.0168*** (0.0018)	0.0161*** (0.0035)
IRA	−0.0404** (0.0175)	0.0720*** (0.0047)	0.0753*** (0.0048)	0.0732*** (0.0052)
VIX	−0.0096** (0.0038)	−0.0031*** (0.0007)	−0.0028*** (0.0007)	−0.0031*** (0.0007)
常数	6.1900*** (0.1460)	3.3590*** (0.2520)	3.1950*** (0.1560)	
Obs	2113	2113	2113	2067
R^2	0.1640	0.4600	0.4600	0.4450
Hausman			0.0011	
D—M				0.0018

变量	(1)混合 OLS	(2)随机效应模型	(3)固定效应模型	(4)固定效应 2SLS
K－P rk LM				0.0000
Hansen J				0.1606

注：***、**、* 分别表示在 1%、5%、10% 下的显著性水平，(　)表示稳健标准误。
Hausman 检验、D－M 检验、K－P rk LM 检验、Hansen J 检验显示的是 P 值。D－M 检验结果表明存在内生性；K－P rk LM 检验表明工具变量设置合理；K－P rk Wald F 检验表明无弱工具变量问题；Hansen J 检验表明所有工具变量均有效。固定效应 2SLS 模型中选择短期国际资本流动的 1－2 阶滞后项作为工具变量解决内生性问题。

在利用 Panal Data 模型实证研究中，对于采用固定效应模型还是随机效应模型，本研究借助豪斯曼检验（Hausman）进行统计检验予以确定。若结果显著，则拒绝原假设，表明使用固定效应模型是有效的；反之，则使用随机效应。在本研究中 Hausman 检验拒绝原假设，因此选用固定效应模型。从固定效应模型和固定效应 2SLS 模型的实证结果来看，两者的估计结果较为一致，说明模型设置较为稳健。

实证结果表明短期国际资本的净流入对股票价格具有显著的正向影响。那么，短期国际资本流入为何能够引起股票价格的变动呢？首先，从股票市场价格理论上看，股票价格反映了股票的供求关系。由于短时期内，股票市场新股发行的数量有限，因此假定股票供给保持不变。而短期国际资本俗称"热钱"，具有追求短期利益和高流动性量两大特性，在短时期内流入一国的资本市场，促进股票需求增加，股票价格上升；相反，国际资本在短时期内撤出本国，会引起股票需求降低，股票价格下跌。

其次，短期国际资本流动可以通过直接渠道和间接渠道流入股票市场增加股票的需求（Taguchi et al.，2015），从而引起股票价格发生变化。具体来说，直接渠道是指在短期国际资本流动较资本市场规模更大的情况下，国际资本直接进入资本市场，增加对一国的股票需求，影响股票价格。间接渠道有两种方式，第一种方式是指在固定汇率制度下任何原因造成的资本流入首先都会增加央行的外汇储备，改变央行的资产负债结构，国内的货币供给增加，居民的投机性需求得到释放，从而间接影响股票市场；第二种方式是指短期国际资本流入，货币供给增加引起本国利率下降，以至于居民的存款资金减少，借款资金增多，部分借款资金流入到股票市场，间接影响股票市场。 本研究的研究结果与王彬等（2016），Ohno（2015），Wang et al.（2016）等人的文献研究结果一致，但由于研究方法和研究数据不同，与刘莉亚（2008）等人的文献研究存在一定的差异。

控制变量中其他经济变量对股价的影响：①国内宏观经济方面，与国内利率水平、货币供应量、实际汇率、通货膨胀率和经济增长有关。 实证结果显示，国内利率对股票价格具有显著的负向影响，货币供应量对股票价格具有显著的正向影响，表明国内的货币政策显著影响外部资金对本国的金融市场的冲击。 实施宽松的货币政策：一是能够刺激对上市公司的投资支出，提升上市公司的经营业绩，提高股票价格；二是有利于投资者看好未来的经济前景，增大股市的成交量，推动股市的上涨。 但是从过去的经验看，宽松货币政策可能造成高通胀，或导致金融市场、房地产市场和其他领域的资产泡沫。 实际汇率对于股票价格具有显著的正向影响，即期本币贬值一方面意味着有利于本国贸易条件改善，利好本国经济增长，从而使得公司股价上涨，另一方面意味着增加了未来本币升值预期，使得股票价格继续上升的空间增大，股票价格上涨；通货膨胀率对股票价格具有显著的正向影响，可能是因为在通货膨胀前期，货币供应量增多引发的通货膨胀刺激生产，增加企业利润，对股票市场的促进作用大于对股票市场的抑制作用，股票价格上涨；经济增长率对股票价格具有显著的正向影响，符合预期假设。 ②全球宏观经济方面，与美国联邦基准利率和市场波动率指数有关。 实证结果显示，美国联邦基准利率对股票价格具有显著的正向影响，市场波动率指数对股票价格具有显著的负向影响，符合预期假设。 在控制变量中，货币供应量增加和实际汇率调整对股票价格影响比较大，说明了货币政策的实施及汇率政策的制定对资本市场影响较大。

不同的经济体具有不同的经济发展水平，金融结构差异较大，那么短期国际资本流动对股票价格的影响是否会有所不同？ 本研究根据《世界经济展望 2017》中对发达经济体和发展中经济体的划分，对全样本国家进行分组讨论，附表 2（a）和附表 2（b）分别显示发达经济体和发展中经济体短期国际资本流动对股票价格的回归结果。

附表 2（a）中固定效应 2SLS 模型估计结果显示，发达经济体短期国际资本对股票价格具有显著的正向影响，但是与全样本国家回归结果相比，显著性有所降低。 发达国家实施的资本管制较完善，市场规模大，股票市场较发达，短期国际资本流动对资本市场的冲击较小。 控制变量对股票价格具有显著影响。

附表 2（b）中发展中经济体的固定效应 2SLS 模型估计结果显示，短期国际资本对股票价格具有显著的正向影响，同时发展中经济体股票市场受到的影响程度要大于发达经济体。 这说明与发达经济体相比，发展中经济体更易受到短期国际资本流动的冲击。 发展中经济体具有经济发展不成熟，国内金融体系不发达，监管制度缺失，为扩大短期国际资本流动对资本市场的影响提供了条件。

三、短期国际资本对股票价格的静态交互效应面板分析

资本项目开放有其现实必然性，是金融改革形成良性机制的需要，其带来经济收益的同时也将带来风险隐患。 为了检验资本项目开放对短期国际资本流动与股票价格之间作用关系的潜在影响，本研究参考 Furceri et al.（2016），Trabels et al.（2016）选取 Chinn et al.（2008）提出的资本账户开放指数（KAOPEN）来衡量一个国家的资本项目自由化程度。KAOPEN 指标能够全面衡量各国的资本项目管制，不仅考虑了资本账户交易管制，还考虑了多重汇率的存在、经常项目的交易管制、以及出口收入的转让要求这三种类型，目前数据更新至 2015 年，涵盖 182 个国家。KAOPEN 指标的原始数据范围是［－1.90, 237］，较高的 KAOPEN 指标意味着资本账户的监管较少，开放程度则较高，为了方便实证研究，本研究对原始数据进行了标准化处理，处理后的数据范围是［0, 1］。

$$\ln price_{i,t} = \gamma_0 + \gamma_1 finflow_{i,t} + \gamma_2 open_{i,t} + \gamma_3 finflow_{i,t} \times open_{i,t}$$

$$+ \sum_{k=1}^{m} \lambda_k X_{k,i,t} + \mu_{i,t} + e_{i,t} \tag{3-19}$$

其中，$\ln price_{i,t}$ 表示国家 i 在 t 时期的股票价格，$finflow_{i,t}$ 表示国家 i 在 t 时期的短期国际资本净流入，$open_{i,t}$ 表示国家 i 在 t 时期的资本市场开放程度，$finflow_{i,t} \times open_{i,t}$ 表示国家 i 在 t 时期短期国际资本流动和资本项目开放的乘积项，$u_{i,t}$ 和 $\varepsilon_{i,t}$ 分别表示国家固定效应和随机干扰项，实证结果如表 3-4 所示。

表 3-4　短期国际资本流动对股票价格的静态交互效应面板回归

变量	全样本国家		发达经济体		发展中经济体	
	(1)固定效应模型	(2)固定效应 2SLS	(3)固定效应模型	(4)固定效应 2SLS	(5)固定效应模型	(6)固定效应 2SLS
$finflow$	0.0965**	0.2480***	0.0695**	0.2220***	0.7490***	0.7220***
	(0.0428)	(0.0864)	(0.0321)	(0.0664)	(0.2000)	(0.1800)
$open$	0.2360***	0.2340***	−0.7300***	−0.6480***	0.4220***	0.4140***
	(0.0626)	(0.0723)	(0.1110)	(0.1390)	(0.0824)	(0.0830)
$finflow$ $xopen$	0.8500***	0.6360**	−0.9290*	−1.4440	0.1280***	0.1490***
	(0.1810)	(0.2530)	(0.4970)	(0.8940)	(0.0168)	(0.0131)
IR	−0.0186***	−0.0200***	−0.0290***	−0.0223***	−0.0163***	−0.0175***
	(0.0036)	(0.0051)	(0.0070)	(0.0077)	(0.0048)	(0.0061)
$\ln MS$	0.7590***	0.8060***	0.8020***	0.8360***	0.6990***	0.7540***
	(0.0243)	(0.0349)	(0.0357)	(0.0453)	(0.0364)	(0.0516)
$\ln RE$	0.2220***	0.2340***	0.4100***	0.5000***	0.1890***	0.1980***
	(0.0210)	(0.0360)	(0.0616)	(0.0712)	(0.0298)	(0.0458)
g	0.0257***	0.0253***	0.0201***	0.0204***	0.0324***	0.0320***
	(0.0018)	(0.0019)	(0.0018)	(0.0019)	(0.0031)	(0.0038)
INF	0.0178***	0.0174***	0.0128***	0.0111***	0.0191***	0.0191***
	(0.0018)	(0.0034)	(0.0035)	(0.0032)	(0.0023)	(0.0039)
IRA	0.0785***	0.0860***	0.0999***	0.0999***	0.0548***	0.0665***
	(0.0048)	(0.0056)	(0.0054)	(0.0063)	(0.0087)	(0.0105)

变量	全样本国家		发达经济体		发展中经济体	
	(1)固定效应模型	(2)固定效应2SLS	(3)固定效应模型	(4)固定效应2SLS	(5)固定效应模型	(6)固定效应2SLS
VIX	−0.0021***	−0.0019**	−0.0032***	−0.0033***	−0.0009	−0.0007
	(0.0007)	(0.0008)	(0.0008)	(0.0008)	(0.0012)	(0.0014)
常数	3.0790***		2.5100***		3.6400***	
	(0.1550)		(0.2490)		(0.2390)	
Obs	2113	2067	1021	995	1045	1026
R^2	0.4700	0.4490	0.5630	0.5640	0.4780	0.4470

注：***、**、*分别表示在1％、5％、10％下的显著性水平,(　)表示稳健标准误。

实证结果表明，在发展中经济体中，资本开放程度对股票价格具有显著的正向影响，同时交互项回归系数为正。其原因在于，新兴及发展中经济体受到国内经济条件的限制，资本项目开放进程相对较晚，总体资本项目开放程度较弱，金融制度和体系不完善，随着资本项目开放程度的提高，国际资本流通也变得更为顺畅，促进了短期国际资本流动对股票市场的影响。但同时资本项目程度过高，导致短期国际资本流动频繁，增加了发展中经济体金融市场的脆弱性，加剧股票市场的波动。

而在发达经济体中，资本开放程度对股票价格不具有显著的正向影响，同时交互项回归系数为负，意味着资本开放程度越强，短期国际资本流动对资产价格的作用越弱，这与王彬等（2016）的研究结果一致。发达国家的资本账户开放进程大多开始于20世纪70年代布雷顿森林体系崩溃和欧洲美元市场的迅速发展，到20世纪80年代末，主要发达国家基本完成了资本项目自由化进程。因此，在总体资本开放程度较高的发达经济体国家，建立了较为完善的资产市场制度，金融监管部门加强对短期国际资本流动的监管，市场投资者投资较为理性，因此减弱了短期国际资本流动对股票市场的影响。

四、稳健性检验

为平滑变量在各季度之间的变动，本研究将样本区间内四个季度的均值作为解释变量，分别对发达经济体和发展中经济体的回归结果，同时将实际汇率替换成实际有效汇率指标进行稳健性检验。 表 3-5 为短期国际资本流动对股票价格的稳健性检验，结果经过时序数列压缩后和替换解释后，重新估计的实证结果与之前结论基本一致，发达经济体和发展中经济体的短期国际资本流动对股票价格作用都是显著结果，在控制其他变量不变的情况下，发展中经济体短期国际资本流动对股票价格的作用更为显著，说明短期国际资本流动的影响效应具有稳定性。

表 3-5　短期国际资本流动对股票价格影响的稳健性检验

变量	全样本国家		发达经济体		发展中经济体	
	(1)固定效应模型	(2)固定效应 2SLS	(3)固定效应模型	(4)固定效应 2SLS	(5)固定效应模型	(6)固定效应 2SLS
$finflow$	0.6760***	0.4990**	0.4370**	0.4180*	1.4100***	1.0920**
	(0.2090)	(0.2360)	(0.1960)	(0.2150)	(0.4340)	(0.5340)
IR	−0.0201***	−0.0188*	−0.0359**	−0.0264	−0.0158	−0.0121
	(0.0074)	(0.0110)	(0.0149)	(0.0165)	(0.0100)	(0.0139)
lnMS	0.7900***	0.6300***	0.8880***	0.9970***	0.7460***	0.4830***
	(0.0450)	(0.0866)	(0.0675)	(0.1050)	(0.0669)	(0.1160)
lnRE	0.3050***	0.2690***	0.5160***	0.6480***	0.2890***	0.2290**
	(0.0427)	(0.0804)	(0.1260)	(0.1560)	(0.0617)	(0.1110)
g	0.0297***	0.0287***	0.0224***	0.0226***	0.0377***	0.0399***
	(0.0038)	(0.0049)	(0.0039)	(0.0041)	(0.0071)	(0.0101)
INF	0.0169***	0.0167**	0.0104	0.0077	0.0187***	0.0188**
	(0.0039)	(0.0077)	(0.0080)	(0.0067)	(0.0051)	(0.0091)

续　表

变量	全样本国家		发达经济体		发展中经济体	
	(1)固定效应模型	(2)固定效应2SLS	(3)固定效应模型	(4)固定效应2SLS	(5)固定效应模型	(6)固定效应2SLS
IRA	0.0882***	0.0702***	0.1130***	0.1170***	0.0664***	0.0276
	(0.0094)	(0.0116)	(0.0111)	(0.0137)	(0.0176)	(0.0211)
VIX	0.0044**	0.0016	0.0027	0.0039	0.0070**	0.0005
	(0.0019)	(0.0022)	(0.0021)	(0.0024)	(0.0033)	(0.0040)
常数	2.6510***		1.7120***		3.0750***	
	(0.2900)		(0.4870)		(0.4530)	
Obs	541	498	274	250	267	248
R^2	0.5050	0.4190	0.5380	0.5520	0.5260	0.3990

注：***、**、*分别表示在1％、5％、10％下的显著性水平,(　)表示稳健标准误。

表 3-6 中加入短期国际资本流动和资本项目开放的交互项，将短期国际资本流动对股票价格的静态交互效应进行稳健性检验。 结果显示，发展中经济体资本开放程度和短期国际资本流动的交互项对股票价格的影响依旧为正；发达经济体资本开放程度和短期国际资本流动的交互项对股票价格的影响依旧为负，说明在短期国际资本流动对股票市场的静态交互效应具有稳定性。

表 3-6　短期国际资本流动对股票价格静态交互效应的稳健性检验

变量	全样本国家		发达经济体		发展中经济体	
	(1)固定效应模型	(2)固定效应2SLS	(3)固定效应模型	(4)固定效应2SLS	(5)固定效应模型	(6)固定效应2SLS
finflow	0.4810**	0.3900*	0.4080**	0.4030**	0.9710	1.0770**
	(0.2340)	(0.2040)	(0.2000)	(0.2020)	(0.6010)	(0.5360)
open	0.2600**	0.2940**	−0.7290***	−0.5730**	0.4840***	0.5150***
	(0.1210)	(0.1340)	(0.2140)	(0.2780)	(0.1620)	(0.1540)
finflow ×open	0.7860	0.2830	−0.8680	−0.8790	0.2170	−0.8000
	(0.6090)	(0.8670)	(1.0830)	(1.0730)	(0.9680)	(1.1850)

续　表

变量	全样本国家		发达经济体		发展中经济体	
	(1)固定效应模型	(2)固定效应 2SLS	(3)固定效应模型	(4)固定效应 2SLS	(5)固定效应模型	(6)固定效应 2SLS
IR	−0.0236***	−0.0219*	−0.0374**	−0.0275*	−0.0210**	−0.0166
	(0.0074)	(0.0112)	(0.0146)	(0.0160)	(0.0100)	(0.0138)
$\ln MS$	0.7970***	0.6440***	0.8430***	0.9410***	0.7530***	0.4890***
	(0.0450)	(0.0870)	(0.0674)	(0.1040)	(0.0668)	(0.1260)
$\ln RE$	0.2980***	0.2610***	0.4790***	0.6040***	0.2910***	0.2360**
	(0.0425)	(0.0796)	(0.1240)	(0.1530)	(0.0609)	(0.1110)
g	0.0294***	0.0287***	0.0219***	0.0225***	0.0380***	0.0414***
	(0.0038)	(0.0048)	(0.0038)	(0.0038)	(0.0071)	(0.0101)
INF	0.0178***	0.0175**	0.0086	0.0059	0.0190***	0.0188**
	(0.0039)	(0.0077)	(0.0078)	(0.0068)	(0.0050)	(0.0088)
IRA	0.0917***	0.0744***	0.109***	0.113***	0.0777***	0.0386*
	(0.0095)	(0.0119)	(0.0110)	(0.0131)	(0.0177)	(0.0228)
VIX	0.0053***	0.0025	0.0027	0.0037	0.0099***	0.0035
	(0.0019)	(0.0022)	(0.0020)	(0.0023)	(0.0033)	(0.0041)
常数	2.5390***		2.1010***		2.7250***	
	(0.2910)		(0.4890)		(0.4610)	
	541	498	274	250	267	248
R^2	0.5130	0.4290	0.5610	0.5670	0.5440	0.4250

注：***、**、*分别表示在1％、5％、10％下的显著性水平，()表示稳健标准误。

第四节　短期国际资本流动对我国股票价格的影响研究：基于 VAR 模型的实证检验

一、变量及模型设定

（一）变量

上文通过构建跨国面板模型实证检验了短期国际资本流动对发达经济体和发展中经济体股票价格的作用机制、影响方向和影响程度，实证结果显示短期国际资本流动对发展中经济体股票价格具有显著的影响。中国作为发展中经济体的主要成员国，其短期国际资本流动以及实际汇率水平对本国的股票价格市场造成较大的影响，图 3-9 显示 2005 年 1 月至 2016 年 12 月中国股票价格指数和短期国际资本流动规模。

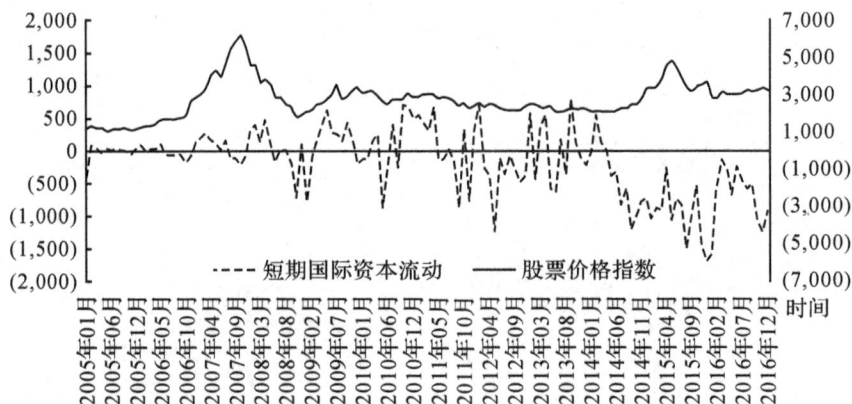

图3-9　2005 年 1 月至 2016 年 12 月中国股票价格指数和短期国际资本流动规模图

基于以上背景，本阶段通过构建 VAR 模型具体研究中国短期国际资本流动、中美利差、实际汇率、货币供应量和股票价格之间的关系，对中国短期国际资本流动对股票价格的影响进行考察，并对我国的资本项目开放和汇率调整提供相应的政策。

本研究选取中国 2005 年 1 月至 2016 年 12 月的月度数据构建向量自回归模型（VAR），并把内生变量定义为 LnP_t（股票价格指数）、$finflow_t$（短期国际资本流动）、$LnMS_t$（货币供应量）、RE_t（实际汇率）、RR_t（中美利差），从而检验中国短期国际资本流动和股票价格之间的关系。 本研究选取上证综合指数的月度平均收盘价来衡量股票价格指数，取对数处理消除异方差；通过间接法衡量中国月度的短期国际资本流动规模，假设短期国际资本流动对股票价格具有正向影响；选取 M2 数据作为中国货币供应量规模，并取对数处理消除异方差，假设货币供应量对股票价格具有正向影响；实际汇率水平越高，意味着即期本币贬值增加了未来本币升值预期，吸引短期国际资本流入至股票市场，因此假设人民币实际汇率对我国股票价格具有正向影响；选取中国的存款利率和美国联邦基准利率差来衡量中美利差的变化，$RR > 0$ 表示中国利率大于美国利率，$RR < 0$ 表示中国利率小于美国利率，利差的相对变化是影响国内股票价格的重要因素。 一方面，在其他因素不变的情况下，随着中美利差的扩大，为套取利差收益的短期国际资本会选择进入股票市场，增加股票市场需求，导致股票价格上涨；另一方面，根据股息贴现模型，在其他因素不变的情况下，本国利率的上升会引起股票价格的下跌，对本国的经济发展起到一定的抑制作用，因此中美利差对本国股票价格的作用方向应综合考虑。

（二）单位根检验

在进行估计之前，我们首先通过 Dickey-Fuller（ADF）来检验五个变量的平稳性，避免因虚假回归得到不正确的推论，单位根检验结果如表 3-7 所示。 我们发现变量 LnP 和 $finflow$ 在 1％的显著性水平下拒绝原假设，说明这两个变量是平稳的。 而变量 LnMS，RE，RR 在 1％的显著性水平下不能拒绝原假设，说明这两个变量不平稳，但经过一阶差分后的序列在 1% 的显著性水平下都平稳。因此，本部分采用 LnP，$finflow$，$DLnMS$，DRE，DRR 的数据构建 VAR 模型。

表 3-7　中国数据 ADF 平稳性检验

变量	检验形式(c,t,p)	ADF 检验值	1% 临界值	结论
$Ln\,P$	$(c,0,4)$	-3.6880^{***}	-3.4778	平稳
$finflow$	$(0,0,0)$	-7.8549^{***}	-2.5812	平稳
$Ln\,MS$	$(c,t,8)$	3.7013	-4.0274	不平稳
RE	$(c,t,1)$	1.1083	-4.0239	不平稳
DRE	$(0,0,0)$	-6.1409^{***}	-2.5813	平稳
RR	$(0,0,1)$	-0.8345	-2.5813	不平稳
DRR	$(0,0,0)$	-6.8963^{***}	-2.5813	平稳

注：D 为差分算子，c,t,p 分别代表常数项、时间趋势项和滞后阶数，滞后阶数 p 根据 SIC 准则确定。

（三）VAR 模型的滞后阶数

在进行 Johansen 检验之前，本研究先确定 VAR 模型的最优滞后阶数。通常来讲，月度数据一般选择滞后期为 6，以避免自相关和非一致性。然而本研究的样本容量有限，滞后期越长，自由度的损失就越大，影响参数估计质量。据此，我们根据 LR，FPE，AIC，SC，HQ 5 个评价标准对 VAR 模型的滞后期进行选择，检验结果如表 3-8 所示。根据检验结果，本研究将滞后期的长度确定为 2。

表 3-8　中国数据最佳滞后阶数的确定

滞后阶数	LL	LR	FPE	AIC	SC	HQ
0	771.1746	NA	8.80e−12	-11.2672	-11.1601	-11.2237
1	1038.3610	510.7982	2.50e−13	-14.8288	-14.1863^{*}	-14.5678^{*}
2	1072.6740	63.0743	2.18e−13*	-14.9657^{*}	-13.7878	-14.4871
3	1092.3200	34.6704	2.37e−13	-14.8870	-13.1737	-14.1908
4	1110.0500	29.9835	2.66e−13	-14.7801	-12.5314	-13.8663

续　表

滞后阶数	LL	LR	FPE	AIC	SC	HQ
5	1138.1660	45.4824*	2.57e-13	-14.8259	-12.0418	-13.6945
6	1152.6900	22.4266	3.04e-13	-14.6719	-11.3523	-13.3229

注：* 表示每一列标准中选择的滞后阶数。

（四）中国数据的协整检验

本研究采用 Johansen（1995）检验方法检验短期国际资本流动、货币供应量、实际汇率、中美利差和股票价格 5 个内生变量的长期稳定关系。如表 3-9 所示，统计检验表明在 5% 的显著性水平下有 4 个协整关系；最大特征根检验表明在 5% 的显著性水平下至少有 3 个协整关系，检验结果表明在 5% 的显著性水平下存在 4 个协整关系 r，这说明变量之间存在长期稳定关系。

表 3-9　中国数据的 Johansen 协整检验结果

原假设	迹统计量	5%临界值	P 值	最大特征根统计量	5%临界值	P 值
None	152.8985	69.81889	0.0000*	78.04077	33.87687	0.0000*
At most 1	74.85777	47.85613	0.0000*	32.55424	27.58434	0.0105*
At most 2	42.30354	29.79707	0.0011*	25.32447	21.13162	0.0121*
At most 3	16.97907	15.49471	0.0297*	13.38172	14.26460	0.0686
At most 4	3.597350	3.841466	0.0579	3.597350	3.841466	0.0579

注：* 表示拒绝原假设。

根据 5 个内生变量之间的长期稳定关系，可以得出协整方程：

$$LnP = 6.643 finflow + 639.831 DLnMS + 11.849 DRE - 1.819 DRR$$

$$(3.899) \qquad (67.707) \qquad (8.907) \qquad (1.891)$$

（3-19）

从式（3-19）可以得出，从长期来看，在其他因素不变的情况下，中国的短期国际资本流动与股票价格呈现正向的作用关系，这与王旭丹（2013）和卜林等（2015）的研究结论一致；中国货币供应量与股票价格存在长期的协整关系，这与王培辉（2010）的研究结论相同，货币供应量增加，意味着流动性增强，其中一部分资金投向股票市场，股票需求增大，引起股票价格上涨，且货币政策对股票市场的作用较为持久；人民币实际汇率（间接标价法）与股票价格呈现正向的作用关系，这与王申等（2015）的研究结论一致；中美利差与股票价格呈现负向的作用关系，这与王红等（2017）的研究结论一致，中美利差的扩大对我国股票市场的作用也与我国的宏观经济环境密切相关。

二、VAR 模型的确立

VAR 模型把系统中每一个内生变量作为系统中所有内生变量滞后值的函数来构造模型，可以通过内生变量之间的相互关系推断变量之间的动态传递效应。因此本研究根据向量 $y_t = (RR_t, RE_t, finflow_t, LnMS_t, LnP_t)$ 构建 VAR（p）模型如下：

$$y_t = c + A_1 y_{t-1} + \cdots + A_p y_{t-p} + e_t \qquad (3\text{-}20)$$

其中 y_t 为包含中美利差、实际汇率、短期国际资本流动、货币供应量和股票价格 5 个内生经济变量的列向量，c 为 5×1 阶截距向量，A_i 为 5×5 阶系数矩阵，e_t 是 5×1 阶随机误差项，p 为滞后阶数。由上文可知，最佳滞后阶数为二阶，因此 VAR（2）模型如下所示：

$$y_1 = c + A_1 y_{1-1} + A_p y_{1-2} + e_1 \qquad (3\text{-}21)$$

VAR 模型结果如表 3-10 所示。此外，VAR 模型特征根（见图 3-10）的倒数均落在单位圆内，说明模型是稳定的。

表 3-10　中国 VAR 模型检验结果

	Ln P	finflow	D Ln MS	DRE	DRR
Ln P(−1)	1.1194	−0.0525	−0.0035	0.0571	0.0284
	[13.0101]	[−0.7425]	[−0.2669]	[1.4130]	[0.1704]
Ln P(−2)	−0.1737	0.0287	−0.0045	−0.0453	0.1053
	[−2.0124]	[0.4044]	[−0.3379]	[−1.1179]	[0.6304]

续　表

	Ln P	finflow	D Ln MS	DRE	DRR
finflow(-1)	0.0925	0.3057	-0.0042	-0.0526	0.3704
	[0.8306]	[3.3370]	[-0.2442]	[-1.0059]	[1.7194]
finflow(-2)	0.1477	0.1041	0.0048	0.0363	-0.1797
	[1.3755]	[1.1780]	[0.2867]	[0.7209]	[-0.8647]
D Ln MS(-1)	0.3024	1.0949	-0.0597	0.0137	-0.1578
	0.5079]	[2.2325]	[-0.6491]	[0.0487]	[-0.1368]
D Ln MS(-2)	0.9636	0.3024	0.0425	0.3356	-0.1473
	[1.6236]	[0.6195]	[0.4645]	[1.2049]	[-0.1283]
DRE(-1)	0.0024	0.0167	-0.0688	0.4310	-0.7308
	[0.0120]	[0.1066]	[-2.3449]	[4.8284]	[-1.9864]
DRE(-2)	0.2138	-0.0185	-0.0477	-0.0182	-0.8037
	[1.0759]	[-0.1131]	[-1.5567]	[-0.1955]	[-2.0905]
DRR(-1)	-0.0323	-0.0011	0.0082	-0.0360	0.2323
	[-0.6911]	[-0.0290]	[1.1401]	[-1.6428]	[2.5724]
DRR(-2)	-0.0150	0.0692	-0.0001	-0.0526	-0.0087
	[-0.3229]	[1.8139]	[-0.0083]	[-2.4170]	[-0.0975]
C	0.4473	0.1571	0.0758	-0.1052	-1.0582
	[2.3674]	[1.0109]	[2.6009]	[-1.1860]	[-2.8942]

注:[ ]表示 t 检验值。

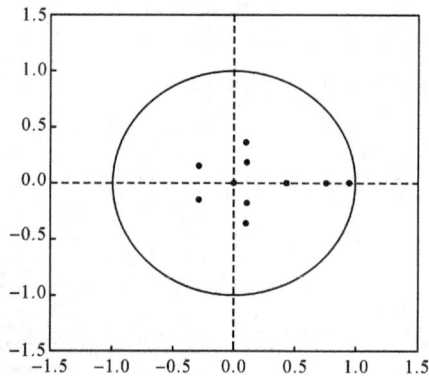

图 3-10　中国数据单位圆特征根图

三、脉冲响应分析

图 3-11 显示的是模型分别受到短期国际资本流动、货币供应量、实际汇率和中美利差的冲击，国内上证综合指数对结构性冲击的动态效应。图 3-11（a）反映短期国际资本流动导致股票价格的正效应。之所以形成这一现象，是因为短期国际资本的投机性目的非常明显，同时短期国际资本的流入增加了风险溢价水平，使得股票价格上升的空间扩大，股票价格出现上涨，这与陈浪南等（2009）、朱孟楠等（2010）等人的研究结果一致，而后短期国际资本获利流出，降低了对股票价格的正向影响；图 3-11（b）反映了货币供应量导致股票价格的正效应，货币供应量增加，意味着流动性增强，其中一部分资金投向股票市场，股票需求增大，引起股票价格上涨，且货币政策对股票市场的作用较为持久。图 3-11（c）反映人民币实际汇率对本国的股票价格正效应，说明人民币即期汇率水平（间接标价法）较高，本币贬值意味着增加了对未来货币升值的预期，吸引短期国际资本的流入，扩大股票价格上升的空间，并且持续时间较长；图 3-11（d）反映中美利差对股票价格的负效应，一方面，中美利差扩大，为套取利差收益的短期国际资本会选择进入股票市场，增加股票市场需求，导致股票价格上涨；另一方面，根据股息贴现模型，在其他因素不变的情况下，本国利率的上升会引起股票价格的下跌，对本国的经济发展起到一定的抑制作用，本研究结果显示负向作用大于正向作用。

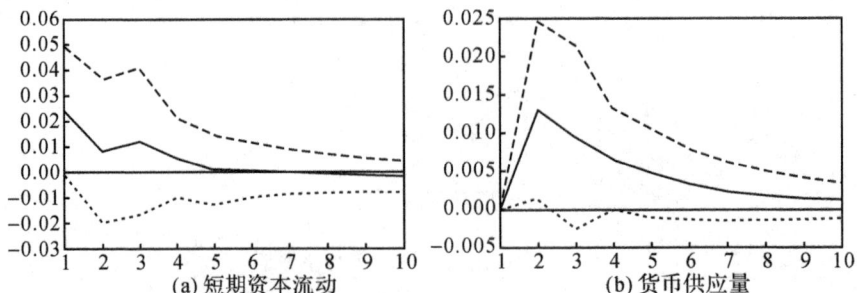

(a) 短期资本流动　　(b) 货币供应量

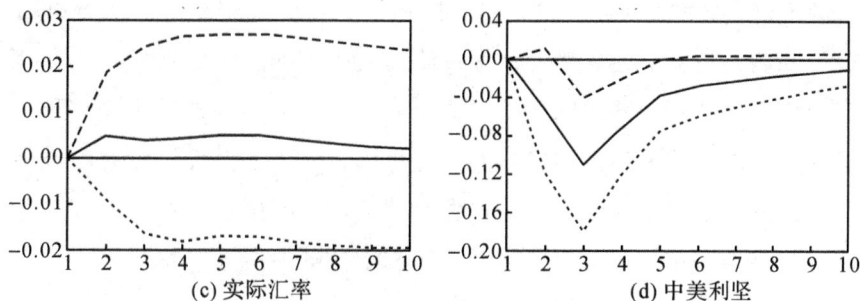

图 3-11　股票价格脉冲响应图

四、研究结论和政策内涵

（一）研究结论

本研究从理论角度和实证角度探讨了短期国际资本流入对发达经济体和发展中经济体股票市场的影响，并强调了股票价格与资本市场开放程度之间的关系，最后结合中国实际情况进行具体分析。以下总结了本研究的结果。

第一，本研究基于 33 个发达国家与地区，以及 36 个新兴市场国家与地区于 2005 年第一季度至 2016 年第四季度的静态面板数据研究短期国际资本流动对股票价格的作用机制、影响方向和影响程度，研究证实短期资本流入对股票价格具有显著的正向影响，国内宏观经济因素和国际因素也是引起股票价格变动的重要原因。通过对比分析，得到短期国际资本流动对发展中经济体股票价格的影响大于对发达经济体股票价格的影响，发展中经济体经济发展相对不成熟，监管制度缺失，为强化短期国际资本流动对资本市场的影响提供了条件。

第二，本研究在静态面板模型中引入资本项目开放与短期国际资本流动的乘积项，通过构建静态交互效应面板模型，验证了短期国际资本流动对股票价格的影响依赖于资本市场的开放程度。 基于跨国面板数据的实证分析表明，发展中经济体中资本开放程度和短期国际资本流动的交互项对股票价格具有显著的正向影响，意味着在一个更为开放的市场环境中，短期国际资本流动对股票市场的影响力更强，其原因可能是发展中经济体资本项目开放进程相对较晚，随着资本项目开放程度的提高，短期国际资本流通变得更为顺畅，强化了短期国际资本流动对股票市场的影响；发达经济体资本开放程度和短期国际资本流动的交互项对股票价格的影响为负，其原因可能是总体资本开放程度较高的发达经济体国家，建立了较为完善的金融市场制度，市场投资者投资较为理性，削弱了短期国际资本流动对股票市场的影响。

第三，本研究通过构建 VAR 模型来检验中国短期国际资本流动对中国股市的作用程度，结果表明短期国际资本净流入、货币供应量的增加、以及人民币贬值的情况会引起中国股票价格的上升，并很可能引发通货膨胀；而中美利差的扩大会引起股票价格的下跌，影响宏观经济稳定。

本研究在研究过程中仅将需求因素作为股价的决定因素，省略了供给因素。 供给方面包括上市公司的质量提升以及发行上市制度、市场设立制度和股权流通制度的完善，可能对股票价格产生重大影响，因此这些因素将纳入以后的研究中。

（二）政策内涵

根据本研究的实证结果，在资本开放的经济环境下，短期国际资本流动能够活跃金融市场，有利于全球资源的有效配置，但这也便于大量的投机性资本流入股票市场，导致股票价格偏离正常水平。 频繁的短期资本流动给金融市场稳定带来严重的威胁，增加了发展中经济体金融体系的脆弱性，削弱了国家宏观经济政策的独立性，加剧金融市场波动，甚至可能引发全球性金融危机和宏观经济波动。 因此各国需要审慎对待短期国际资本流动的风险和收益，建立短期国际资本流动预警机制，加强全球金融监管合作；严格控制资本项目开放进程；控制短期资本的流向，避免流入投机性市场，平滑股票市场的过度波动。

1. 加强短期国际资本流动的监管

在如今信息技术高度发达的状况下，短期国际资本流动更具有隐蔽性、快速性，新兴经济体国家为短期国际资本流动提供了良好的条件，全球尤其是新兴经济体国家应从短期国际资本的流动性和流动渠道着手加以监管。一方面，政府需要完善和健全短期资本流动监测体系和相关法律法规，强化国际收支的统计分析，联合外汇管理局和本国的金融机构监测跨境短期国际资本流量，建立一个全面、完善的预警机制。另一方面，限制短期国际资本流动的非法渠道，采用直接或间接征税方式逐步增加短期国际资本的流动成本，从而限制资本的流动性水平，提升金融体系和经济体系抗击外部冲击的能力。

2. 加强股市制度建设

各国应在股票市场建立一个完善的法制体系，加大对上市公司各方面的审查力度，加强金融机构对于上市公司的监管力度，完善信息披露的机制，使得市场上的信息不对称性得到缓解，加速信息在市场中的流动，市场对信息的消化程度也更高。促进投资者理念的转变，使中小股票投资者减少短期内股票的换手率，提升股票价值投资的理念，对股票的持有期更长。保持全球股票市场形成一个平稳有序的融资节奏，从而从内在逐步完善股票市场的稳定机制，建立坚实的基础。

3. 严格把控资本项目开放进程

当前随着美国经济的复苏和量化宽松货币政策的逐渐退出，国际资本流动开始撤离部分新兴市场经济国家，给这些新兴市场国家的股票价格与汇率稳定造成极大压力。我国在"811 汇改"以后，人民币贬值幅度和波动性加大，这会在一定程度上导致短期资本外流，因此我国需要设定弹性灵活、更具市场化的人民币汇率形成机制，抑制短期跨境资本套利，防止出现刚性汇率突然崩盘导致的显著冲击效应。并且在资本项目开放问题上应当采取比放松人民币汇率管制更加审慎的态度，要特别注意防范资本项目开放进程中，短期国际资本流动可能对我国资产市场价格稳定造成的冲击和风险。

————第四章————
跨境资本流入波动影响因素的实证研究①

第一节 选题及研究思路

一、研究背景

国际资本流动是经济活动中最活跃也最具影响力的部分。 随着全球经济一体化进程的加快，国际资本流动在全球经济发展中具有越来越重要的作用。 一般而言，国际资本流动对各国具有多种益处，如提高全球资源配置效率，改善一国宏观经济发展条件。 但是，随着国际资本流动规模的变大，其对各国经济具有一定的负面作用，如导致各国宏观政策失效，加剧国内宏观经济波动。 特别随着全球经济复杂性和不确定性加

————

① 本章与梁栌尹合作完成。

大，全球跨境资本波动呈加剧趋势。 从因果关系上来看，全球资本流动波动受全球经济影响，同时又反作用于全球经济。 从结果来看，国际资本波动对各国宏观经济形成冲击，冲击各国金融市场，压缩各国宏观经济政策的作用空间，甚至导致严重的经济危机。

2008 年金融危机爆发以来，国际资本流动格局发生新的变化。 一是发展中国家不仅是国际资本的接收国，也成为国际资本重要的输出国；二是国际资本流动波动呈现加剧状态。 国际资本流动新特征对于金融体系本就脆弱的发展中国家而言提出了新的挑战，如何在资本账户开放进程中保持国内宏观经济稳定，成为发展中国家重要的政策问题。

二、研究意义

一方面，从理论层面来看，大部分文献研究了国际净资本的流动及宏观经济效应。 在国际资本流动规模不大的情况下，总资本与净资本流动差异不大，但当国际资本流入与流出均表现出较大规模时，净资本流动不能反映国际资本流动的全貌。 同时，现有文献主要研究了国际资本流动的影响因素，考虑国际资本流动波动影响因素的还比较少。 从本质上看，影响国际资本波动的因素与影响国际资本流动的因素相似，但由于影响因素较多，各因素影响方向不一，有必要基于实证模型进一步研究国际资本波动的影响因素。

另一方面，从应用价值来看，金融危机给了我们异常深刻的教训。 金融危机导致跨境资本流动波动加剧，对一国的经济发展造成极大影响。 特别是对于发展中国家，危机前大量国际资本流入发展中国家，助推发展中国家经济增长。 但在危机发生时期以及危机后，为了提高资本的安全度，国际资本流入急剧减少，流出加剧。 另外，伴随着危机过后美国的几次量化宽松政策以及其他发达国家实施的各种救市政策，发展中国家又经历了跨境资本的大规模流入，这些情况导致发展中国家经济波动加剧，严重影响其健康发展。 因此对于跨境资本流动波动的影响因素进行探究迫在眉睫。

结合发展中国家主要依赖跨境资本流入的事实，本章主要研究细分类型跨境资本流入波动的影响因素，希望可以在一定程度上补充现有研究。

三、研究思路

本章首先对国内外资本流动波动测量方法、影响因素进行整理；其次，比较现有的波动测量方法，根据 Pagliari et al.（2017）的 ARIMA 条件选择模型估计出标准差衡量跨境资本流入波动，并对各个细分类型跨境资本流入波动进行全样本国家、发达国家、发展中国家对比。

然后，基于 29 个发展中国家、17 个发达国家 2007 年一季度到 2017 年一季度的季度数据，通过建立非平衡面板模型研究细分类型跨境资本流入波动影响因素，并对各细分类型跨境资本流入影响因素中的全样本国家、发达国家、发展中国家进行比较。最后，对受国际资本流动波动影响较大的发展中国家替换重要解释变量进行稳定性检验。

四、本章创新与不足

（一）本章创新点

本章可能存在的创新点主要有以下两处。

一方面，金融危机以前的文献更多专注于净资本流入，在金融危机暴发后，对跨境资本流入、跨境资本流出的研究增多。本章在此基础上补充细分类型的跨境资本流入，被解释变量包括跨境总资本流入、外国直接投资、证券投资、其他投资和贸易信贷投资。

另一方面，资本流动波动的测算方法一直在更新。本章选择了更有效的用 ARIMA 条件选择模型估计的标准差作为资本流入波动的测算结果，并且对发展中国家、发达国家、全样本国家跨境资本流入波动影响因素进行对比探讨，补充了现有文献。

（二）不足

首先，由于数据的可得性，本章只能从 2007 年一季度起研究跨境资本流入细分类型的影响因素，数据的缺失大大限制了研究的国家数和样本的代表性。

其次，从文献上来看，使用 ARIMA 条件选择模型估计出的标准差作为资本流动波动值较好，但亦有一定的局限性。标准差是对偏离程度的描述，它反映不了资本流动的稳定性。且仅从资本流动的稳定性来说，证券投资中的股权资本流动比债权流动更稳定，这些细分因素还未考虑。

最后，对于资本流动波动影响因素的考虑不够深入。Goldstein et al.（2006）在解释外国直接投资净流入有较小波动性和发展中国家对外国直接投资有较大依赖性时，建立了一个体现外国直接投资和外国证券投资之间所有权和控制权差异的模型。Albuquerque（2003）在解释国际资本流动的差异波动时，把征收风险和外商直接投资的不可剥夺性当作了解释变量。因此，细化的研究非常有价值。再加上各个国家存在自身的异质性，不同国家细分类型跨境资本流入波动差异很大，对每个国家细分类型的跨境资本流入波动影响因素进行单独研究很有必要。本章框架如图 4-1 所示。

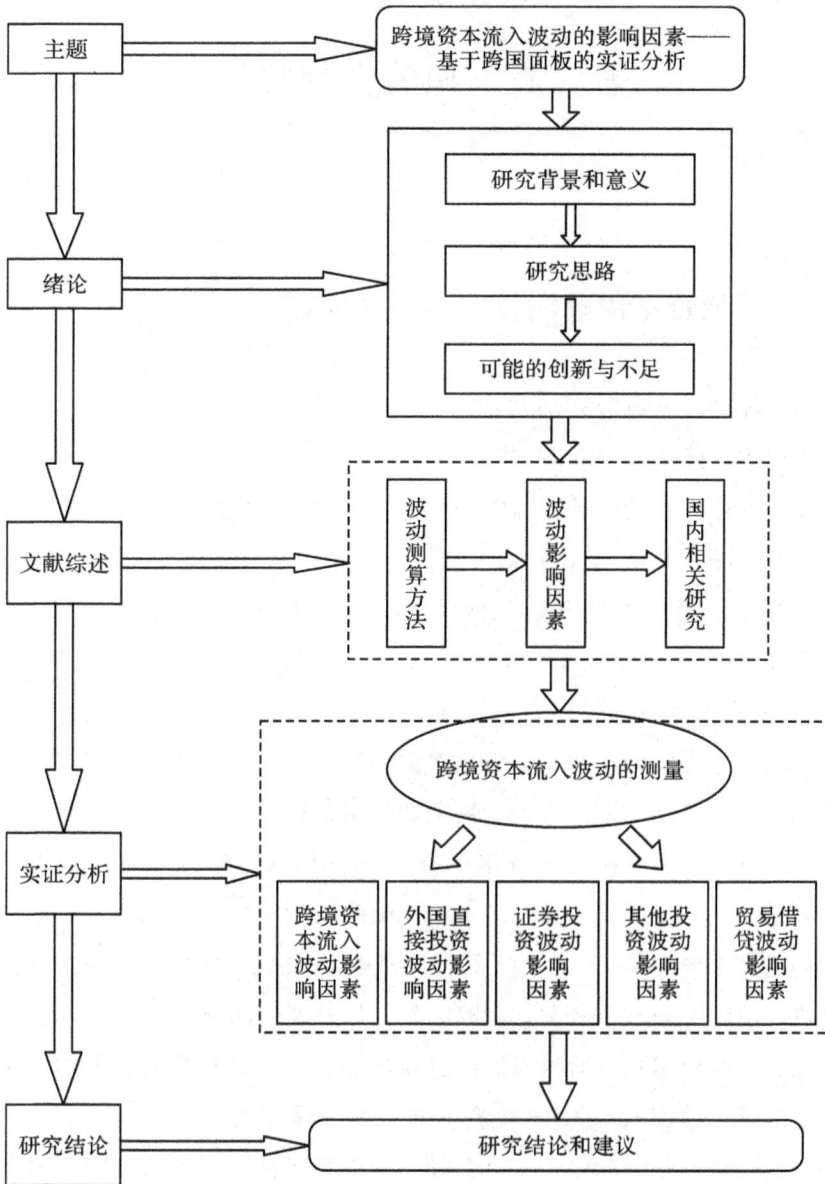

图 4-1　本章框架图

第二节　相关文献综述

一、跨境资本流动测算方法相关文献

资本流动波动测算方法的相关文献可以分两个维度来阐述，一个维度是测算对象，另一个维度是测算方法。

早期对资本流动波动测算的对象主要是净资本流动波动，例如 Calvo et al.（2004），Reinhart et al.（2009）。随着全球经济的发展，特别是 2011 年前后，更多学者开始研究跨境资本流入波动和跨境资本流出波动，例如 Broner et al.（2005），IMF（2007），Neumann et al.（2009），Forbes et al.（2012）。

对于国际资本流动波动，研究者主要将净资本流动作为测量对象，主要是因为对于发展中国家来说，其主要受国外资本流入的影响，而对于发达国家而言，则集中在国内资本外流。资本流入和资本流出总是以一方明显强于另一方呈现，因此把净资本流动的波动解释为国际资本流动波动是合理的，这与 Forbes et al.（2012）的观点一致。但是随着金融一体化的推进，发展中国家经济崛起，发达国家与发展中国家之间的国际资本流动加剧，发展中国家开始涌现国内资本流出，与之相对应的，发达国家开始有了国际资本流入。由于净资本流动等于跨境资本流入与跨境资本流出之间的差额（Advjiev，2017），如果只考虑净资本流动将不明确国际资本流动波动是否主要由国外资本流入波动引起还是国内资本流出波动引起。近期有大量文献对比跨境资本流动和净资本流动，Forbes et al.（2012），Broner et al.（2013），Milesi-Ferretti et al.（2011），Bluedorn et al.（2013）关注金融危机时期的跨境资本流入波动、跨境资本流出波动，并且与净资本流动波动进行对比，发现跨境资本流动无论在流动规模上还是在波动程度上都大于净资本流动。

在此基础上，学者们又开始细分跨境资本流入和跨境资本流出，研究它们细分类型的跨境资本流动波动。 Forbes et al.（2012）以跨境资本流动波动代替净资本流动波动，把跨境资本流动波动分为"激增"和"停止"（分别对应跨境资本流入的急剧增加和减少），以及"撤退"和"紧缩"（分别对应跨境资本流出的急剧增加和减少）来研究极端资本流入波动的影响因素。 Pagliari et al.（2017）发现对于新兴市场来说，证券投资流动波动幅度和其他投资流动波动幅度分别是外国直接投资波动的两倍和四倍，在证券投资流动的波动中，债权投资波动幅度大于股权投资波动幅度。 Alberolaa et al.（2016）使用标准面板回归模型研究国际储备与跨境资本流入、跨境资本流出的关系，发现国际储备是国际资本流动的稳定器。 特别是在金融危机期间，国际储备促进了居民对海外金融的投资减少，并且抵消了该时期外国资本流入的下降，同时认为更大的国际储备与更高的资本流入和更低的资本流出有关。

资本流动波动的测量方法在不断改进。 Neumann（2009），IMF（2007）在计算国际资本流动波动时基于年度数据使用滚动标准差衡量国际资本流动波动。 Bollerslev（1986），Bekaert et al.（1997），Lagoarde-Segot（2009）使用 GARCH（1，1）模型估计出的标准差作为资本流动波动值。 Broto（2011）基于 Engle et al.（2008）提出基于 ARIMA 模型估计得出的标准差作为资本流动波动值；Pagliari et al.（2017）在 Broto（2011）的基础上改进了 ARIMA 估计波动的模型，增加条件选择门槛，经过 ARCH 检验的用 GARCH 计算标准差作为资本流动波动值，未经过 ARCH 检验的用滚动平均得出标准差作为资本流动波动值，各种方法各有优缺点。 相对而言，Pagliari et al.（2017）更准确一些，但其也存在只能估算测量资本流动偏差，不能估算资本流动波动频率的缺点，更精确的测量方法有待进一步研究。

二、资本流动波动影响因素的相关文献

资本流动波动是全球宏观经济和金融稳定的主要关切点。 Forbes et al.（2012）， Hannan（2017）指出，从 20 世纪 90 年代中期到 21 世纪，国际资本流动增长加速，而 2000 年之后国际资本流动激增。 2008 年由于金融危机的干扰，资本流动出现急剧收缩，随后在 2010 年出现了较大的反弹，但到 2011 年再次下降。 资本流动波动会带来一国经济的剧烈波动，对于发展中国家更加明显，因此研究资本流动波动的影响因素非常重要。 目前的研究把国际资本流动波动影响因素分为三类：全球因素、国内宏观经济因素和国内结构变量因素。

从文献来看，影响资本流动的全球因素有美国实际 GDP 增长率、市场波动性指数（VIX）、油价原价、美国通货膨胀率等。 Agrippino et al.（2014）发现 VIX、美国的货币政策影响世界各地的风险资产收益率。由于各地的风险资产收益率是国际资本流向的重要依据，因此 VIX、美国的货币政策都对国际资本流动波动有重要影响，这符合 Ghosh（2014），Hannan（2017）对 VIX 影响能力的判定。 Ghosh（2014）同时指出像美国利率和 VIX 这样的全球因素在决定资本激增到新兴市场国家的过程中起着至关重要的作用。 Broto et al.（2011）把世界经济增长情况、标普500、美国通货膨胀率、美国 3 个月期国库券利率等归类到国际资本流动波动的全球影响因素，指出这些因素与细分类型跨境资本流入波动相关。Hannan（2017）增加了美国影子利率、美国实际经济增长率、原油价格到全球影响因素中，发现这些因素与细分类型跨境资本流入波动显著相关。

影响资本流动的国内宏观因素有实际 GDP 增长率、人均 GDP 等。宏观经济变量对特定类型的国际资本流动波动的影响是不同的，有些变量对这类资本流动影响显著，而对另外一类资本流动影响无影响。 Hannan（2017）研究发现，实际 GDP 增长与大部分的细分类型资本流动波动负相关，人均 GDP 与大部分的细分类型资本流动波动正相关。 Broto

（2011）研究显示，发展中国家国民生产总值和国民生产总值增长率对外国直接投资影响显著，但是这个因素对证券投资和银行资本流入都是不显著的。 Aghion（2004）发现一国的经济发展水平和外国直接投资波动性之间存在显著的倒 U 型非线性关系，即经济越发达的地区和越不发达的地区的外国直接投资的资本流动波动性都较弱。 Broner（2010）提到主权风险的存在会阻碍外国投资者进行投资。 在经济正常运行的时期，外国债权人相信国内的惩罚措施能保证他们拿回投入的资本，因此他们会持有债权到约定时期；但是如果一旦金融危机爆发，主权风险加剧，那么外国债权人就会积极去二级市场卖掉持有的债权，甚至低价回收也在所不惜。而对于本国居民来说，由于其比外国投资者更了解主权风险水平，外国投资者在二级市场上卖债权，国内投资者就有可能买，存在买方卖方市场交易就更容易达成，这也加剧了国际资本的流动波动。 Alfaro et al.（2007）运用交叉回归得出体制质量、宏观经济政策的健全性等国内因素在解释资本流动波动中的重要性。

　　贸易开放度、国际储备率、银行资产储备率、股票指数年变化率、广义货币变化率、存贷利差等国内结构因素影响国际资本流动波动。 Glick et al.（1999），Claessens et al.（2001），Claessens et al.（2001），Forbes（2002），Abeysinghe et al.（2005），Forbes et al.（2012）都提到贸易在资本流动波动中的重要性。 Forbes et al.（2012）指出，贸易与资本流动"停止"（跨境资本流入的急剧减少）、资本流动"紧缩"（总资本流出的急剧减少）密切相关。 Alberolaa（2016）研究表明，国际储备对国际资本流动有稳定器的作用，特别是在金融危机期间。 国际储备促进了居民减少海外投资，增加了国内经济增长的概率，跨境资本流入波动幅度增大。 Beck et al.（2009），Forbes et al.（2012）认为，银行系统的资本回报率可以表示一国金融体系的强度，并且发现银行资产增多可以稳定资本流动波动。 Broto et al.（2011），Aghion et al.（2004）发现，证券投资流动波动与股票市场的发展有着非线性的关系。 刘骞文等（2015）研究新兴市场异常资本流动时发现广义货币变化率与异常国际资本流出正相关，Broto et al.（2011）指出较高水平的国内信贷可能标志着经济过热的爆发，并导致波动性的增加。

虽然大部分资本流动波动影响因素分为全球因素和国内因素，早期的研究认同国内因素的重要性，后期研究则表明全球因素更加重要。Schadler（1993），Calvo et al.（1996）发现，内部影响是影响新兴市场经济国家大量资本流入的主导因素。 Kohli（2001）的研究表明，印度国内的经济发展，例如国内经济改革、宏观经济状况的改善提升了投资者的信心，使国际资本大量流入。 Broner et al.（2005）的交叉回归显示新兴市场的高波动性主要是由于这些国家倾向于建立贸易错配。 随着时间的推移，更多的研究得出全球因素的重要性， Broto et al.（2011）研究发现自 2000 年以来全球因素超出新兴经济体的控制，相对于国内特定驱动因素变得越来越重要。 Dungey et al.（2011）在解释危机中同时考虑国内因素、经济蔓延因素和全球因素对资本流动的作用，得出全球市场因素往往比经济蔓延因素、国内因素更加重要。

综上所述，对于资本流动波动的影响因素，现有文献普遍从全球因素、国内宏观经济因素和国内结构因素三方面来考察，而且随着全球经济的发展，全球因素越发重要，有些文献的研究成果也表示全球因素的重要性甚至超过了国内因素，意味着在金融全球化的市场环境下，某一国家影响资本流动波动的能力越来越小。

三、国内相关研究

国内对国际资本流动及波动影响因素和国外研究框架基本相同，但是由于样本国家、指标选择、时间范围的不同，结果有所不同。

全球因素方面，张明（2015）认为全球投资者风险偏好影响资本流动波动，投资者风险偏好的下降加剧资本外流。 张广婷（2016）运用因子分析法研究 7 个主要因子对 28 个新兴市场国家资本流动的影响，结果发现 7 个因子中经济传染因子最重要，其次是国内流动性因子和国内经济因子，最后是国际因子和汇率因子等，并指出不同类型跨境资本流入的影响因素不同。 外国直接投资流入受国内宏观经济和国际经济双重影响，跨境银行信贷受全球市场波动影响较深等，并且在危机后，国际资本流动的影响作用加强，全球市场波动和美国经济情况对新兴市场国家的影响加强。 刘赟文等（2015）建立 Probit 模型来研究 17 个新兴市场国家 2005年以来的季度资本流动波动异常情况，结果发现美国宏观经济情况影响新兴市场国家跨境资本流入，美国 GDP 增长率增加带来跨境资本流入减少、美国货币市场利率增加带来跨境资本流入增加，并且得出新兴市场国家的跨境资本流入和总资本流出负相关，即两者的关系一定程度上减弱了国际净资本流动波动。 张斌等（2010）、谭小芬等（2015）、王奇珍等（2017）指出，原油价格对中国的通货膨胀率、出口贸易等方面有显著影响，赵茜（2017）指出作为能源消费大国的中国，原油价格变动引发国际资本流动波动，从而带来一国汇率波动。

国内宏观经济因素方面，冯凤荻等（2017）对中国国际资本流动影响因素进行探究。 结果发现，对于外国直接投资，中国国内经济增长率占主要影响地位。

国内结构因素方面，王擎等（2010）、朱孟楠等（2010）、赵进文等（2013）、钟震等（2015）均发现股价波动影响资本流动波动。 田敏（2016）运用 Probit 模型研究全球 40 个国家的季度数据，研究发现股票价格的波动可以增加资本流动波动的异常概率，当国内股票价格波动幅度加大时，该国的跨境资本流入减少，总资本流出增加，证券投资资本流出量也增加。 杨海珍等（2017）运用 VAR 模型研究得出，在 2010 年 7 月到 2015 年 6 月间国内股票上涨会引起国外资本流入，同时美元利率上升会引起国际资本流出。 秦梓华（2014）指出，由资本流动逆转导致的外汇储备和汇率的调整幅度大于国际收支危机所引起的。 国际资本流动逆转会对东道国经济和金融稳定产生冲击，甚至引发东道国金融危机。 国际资本逆转效应表现显著，影响深远，尤其对于新兴市场国家，金融危机已经发生数起。 随着国际资本的流入流出，墨西哥危机、亚洲金融危机、俄罗斯金融危机、阿根廷危机以及美国的次贷危机等造成新兴市场国际资本突然逆转，大量资本的流出带来了金融危机。

综观国内外文献，目前对于国际资本流动影响因素的研究较多，对于国际资本流动波动影响因素的研究较少，并且随着金融一体化的推进，大多数学者认为全球因素的重要性加强，但是由于样本、时间的选择不同，某些研究结果存在不同。鉴于此，本研究借鉴 Pagliari et al.（2017）对资本流动波动的测量方法，对细分类型跨境资本流入波动影响因素进行探究。

第三节　跨境资本流入波动的测量

一、资本流动波动测算方法汇总

如何测算国际资本流动波动是研究特定类型资本流动波动影响因素的关键，参照现有文献，主要有 4 种测量方法，分别是以滚动窗口计算的资本流动标准差作为波动值、用 GARCH（1，1）模型估计的标准差作为波动值、用 ARIMA 模型估计标准差作为波动值以及用 ARIMA（1，1，0）条件选择模型估计标准差作为波动值，具体如下。

（一）以滚动窗口标准差计算资本流动波动

Neumann（2009），IMF（2007）在计算国际资本流动波动时运用年度数据使用这种基于滚动窗口得出的标准差作为国际资本流动波动值。计算方法如下：

$$\sigma_{it} = \left(\frac{1}{n} \sum_{k=t-(n-1)}^{t} (flow_{ik} - \mu)^2 \right)^{\frac{1}{2}} \qquad (4\text{-}1)$$

其中 i 表示国家，t 表示年度，n 表示 4 个季度，$\mu = \frac{1}{n} \sum_{k=t-(n-1)}^{t} flow_{ik}$，即 4 个季度的资本流动平均值。这种用标准差表示资

本流动波动的方法比较有效，但是也存在一些缺陷，具体如下：

①开始时样本存在数据丢失现象；

② σ_{it} 具有很强的连续性，和前期相关性较大，这可能会导致内生性和序列相关性问题；

③从模型可以看出， $flow_{i(t-1)}$ 和 $flow_{i[t-(n-1)]}$ 被模型赋予了相同的权重，这就意味着不同时期的资本流动权重相同，这是过度平滑波动的表现。 与其他测量方式相比，当一个资本冲击发生时，此种计量方法算出的波动可能被低估，也可能被高估。

（二）以 GARCH（1，1）模型估计的标准差作为资本流动波动

第二种替代的测量方法由 Bollerslev（1986）， Bekaert et al.（1997）， Segot（2009）提出，使用 GARCH（1，1）模型估计波动。估计的过程如下所示：

$$y_{it} = \Delta flow_{it} \tag{4-2}$$

$$y_{it} = \varepsilon_{it} \sigma_{it} \tag{4-3}$$

$$\sigma_{it}^2 = \alpha_0 + \alpha_1 y_{i(t-1)}^2 + \alpha_2 \sigma_{i(t-1)}^2 \tag{4-4}$$

在这个模型里， ε_{it} 是一个高斯白噪声过程， σ_{it}^2 是对应的条件方差。 此种方法虽然在某些方面强于滚动窗口计算的资本流动标准差，但是也存在以下一些缺点：

①数据的缺失会使得 GARCH 估计出现收敛误差，特别是在样本前期对小样本的最大似然估计存在偏差。

②平稳性和正相关性估计要求 $\alpha_1 + \alpha_2 < 1$ ， $\alpha_0 > 0$ ， $\alpha_1 > 0$ 和 $\alpha_2 > 0$ 。 对于没有满足上述条件的国家，测量结果无效。

③在某些情况下，残差不存在 ARCH 效应，意味着使用 GARCH 模型出错。

（三）以 ARIMA 模型估计的标准差作为资本流动波动

Broto（2011）基于 Engle et al.（2008）运用 ARIMA 模型得出标准

差作为波动测量结果的研究，考虑到宏观经济变量的频率低于金融变量，宏观经济变量具有不确定性，需要对每个变量进行建模，然后对取得的残差采取四季度滚动平均作为年度波动的平方。 具体公式如下：

$$\sigma_{it}^2 = \frac{1}{4} \sum_{j=1}^{4} \mid v_{itj} \mid \tag{4-5}$$

其中 v_{itj} 表示 t 年 j 季 i 国资本流动的残差，σ_{it}^2 的标准差即年度资本流动波动结果，但是以上模型存在结果不稳定。

（四）以 ARIMA 条件选择模型估计的标准差作为资本流动波动

Pagliari et al.（2017）在 Broto et al.（2011）的基础上，增加了是否通过 ARCH 检验的条件，在此基础上采取后续不同的处理方式，同时估计值是对于数据进行 ARIMA（1，1，0）条件模型估计后得到残差的标准差。 首先，估计 AR（1）过程中的残差：

$$flow_{it} = c + \beta flow_{i(t-1)} + v_{it} \tag{4-6}$$

其次，检测残差是否存在任何的 ARCH 效应。 如果异方差的零假设被拒绝，则：

$$\sigma_{it}^2 = \frac{1}{4} \sum_{j=t-(n-3)}^{t+(n-2)} (v_{ij})^2 \tag{4-7}$$

否则，条件波动的估计适合 GARCH（1，1）模型对残差的估计，进行下列操作：

$$y_{it} = \Delta flow_{it} \tag{4-8}$$

$$y_{it} = \varepsilon_{it} \sigma_{it} \tag{4-9}$$

$$\sigma_{it}^2 = \alpha_0 + \alpha_1 y_{i(t-1)}^2 + \alpha_2 \sigma_{i(t-1)}^2 \tag{4-10}$$

其中，ε_{it} 是高斯白噪声过程，σ_{it}^2 是条件方差。

ARIMA（1，1，0）条件选择模型得出的波动估计值，一方面有助于提高估计结果的稳定性；另一方面，打破了仅仅使用 GARCH（1，1）有局限性的问题。 因此本研究选用 ARIMA（1，1，0）条件选择模型得出的标准差作为波动测量结果，从而更准确地计算波动结果。

二、细分类型跨境资本流入波动的趋势分析

为了进一步了解细分类型跨境资本流入波动变动情况，本研究根据 2007 年第四季度到 2016 年第三季度的季度数据研究发达国家、发展中国家、全样本国家不同细分类型跨境资本流入波动的变化趋势，并比较三种类型国家的波动差异，为深入了解细分类型跨境资本流入波动影响因素奠定基础。 具体数据处理方法是对每个时点上三类国家细分类型跨境资本流入波动取平均值。

（一）跨境总资本流入波动变化趋势

图 4-2 是 2007 年第四季度到 2016 年第三季度 29 个发展中国家、17 个发达国家同时期的跨境资本流入波动取平均值得到的波动结果。

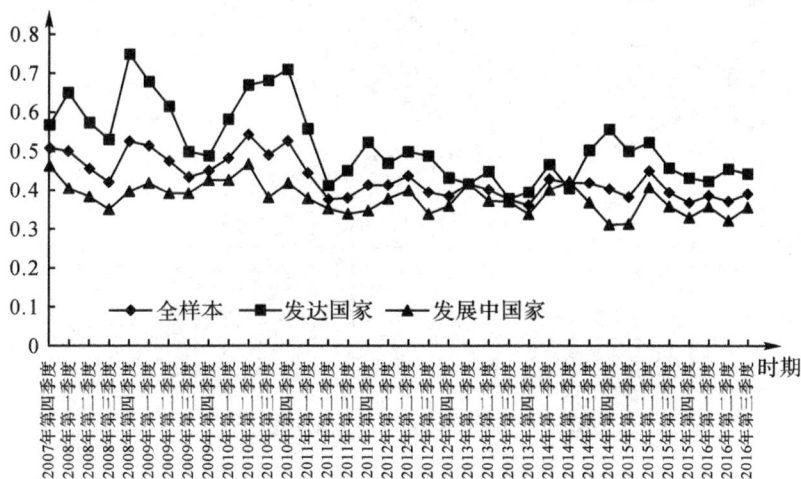

图 4-2　跨境总资本流入波动变化趋势图

对于该结果，本研究有以下几点发现：

①发达国家的跨境资本流入波动幅度普遍大于发展中国家的跨境资本流入波动幅，与 Pagliari et al.（2017）对发展中国家、发达国家跨境资本

流动波动、净资本流动波动对比的结果相同，与下文很多细分类型跨境资本流入波动发展中国家大于发达国家的结果相反，主要原因可能是发达国家各细分类型跨境资本流入波动协同程度大于发展中国家，发展中国家可能存在更多的细分类型资本流入波动相互抵消现象。

②从图中可以看出，跨境资本流入波动大概有三轮的上升期，第一轮开始于 2008 年第三季度，第二轮出现在 2009 年底，第三轮出现在 2014 年第二季度，前两轮应该与金融危机后美国相继推出的量化宽松有关，第三次跨境资本流入波动增加可能和欧债危机逐渐化解、世界经济形势转好有关。

（二）外国直接投资波动变化趋势

图 4-3 是 2007 年第四季度到 2016 年三季度 29 个发展中国家、17 个发达国家同时期的外国直接投资波动取平均值得到的波动趋势。

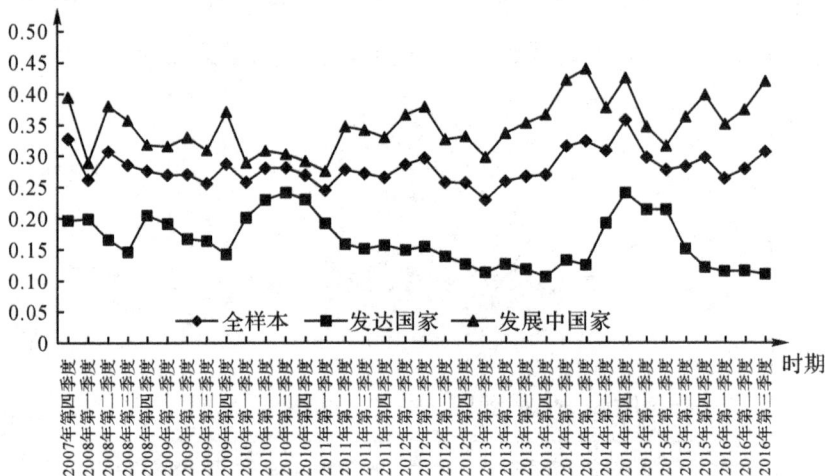

图 4-3　外国直接投资波动变化趋势

对于该结果，本研究有以下几点发现：

①不同于跨境资本流入波动，发展中国家的外国直接投资波动幅度普遍大于发达国家，原因可能在于发达国家和发展中国家的发展阶段不同。发达国家已经发展到一定阶段，它的基础设施基本完善，而发展中国家处于高速发展阶段，基础建设、各项工程急需完善，再加上发展中国家的经

济稳定性不如发达国家。 因此，发展中国家的外国直接投资波动较大。

②从图 4-3 中可以看出，外国直接投资波动大概也经历了四轮的波动期，第一轮波动上升开始于 2009 年第三季度，第二轮波动上升出现在 2011 年第一季度，第三轮波动上升出现在 2012 年第一季度，第四轮波动上升在于 2015 年第二季度。 第一轮、第二轮上升应该跟金融危机后美国相继推出的量化宽松有关，第三轮上升应该跟欧债危机转好、世界经济转好有关，第四轮上升可能是受最大的发展中国家中国 2015 年年初股市暴涨影响。

（三）证券投资波动变化趋势

图 4-4 是对 2007 年第四季度到 2016 年第三季度 29 个发展中国家、17 个发达国家同时期的证券投资波动取平均值得到的波动趋势图。 对于该结果，本研究发现，不同于跨境资本流入波动，发展中国家的证券投资波动幅度普遍大于发达国家，原因可能在于发达国家和发展中国家证券市场完善程度不同，经过这些年的发展，发达国家的证券市场基本完善，投资者对发达国家的证券市场有信心，即使出现金融危机，投资者情绪波动程度仍没有那么大。 而发展中国家的证券市场刚刚起步，有些国家甚至出现很多人为操纵股市事件，市场的规范性较弱，证券市场较不稳定。 因此发展中国家的证券投资波动较大。

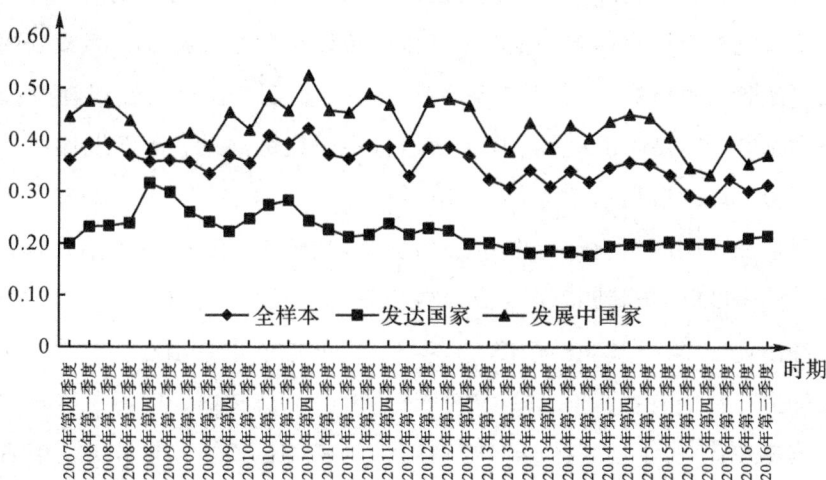

图 4-4　证券投资波动变动趋势图

（四）其他投资波动变化趋势

图 4-5 是对 2007 年第四季度到 2016 年第三季度 29 个发展中国家、17 个发达国家同时期的其他资本流动波动取平均值得到的波动趋势。

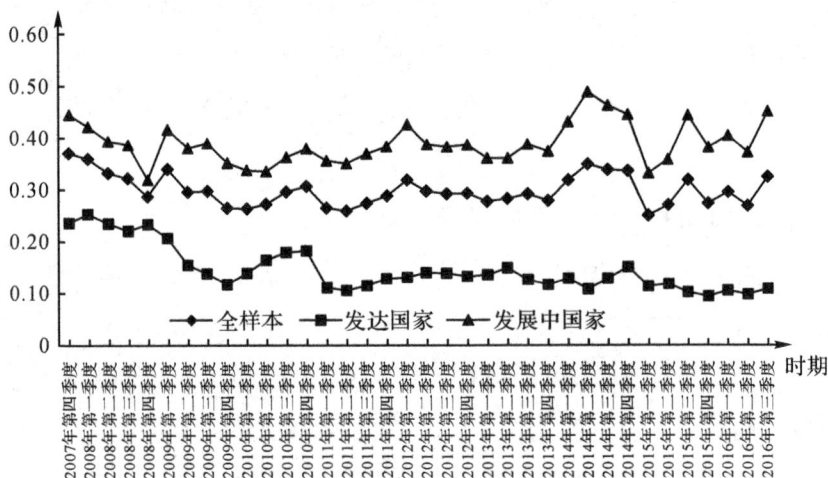

图 4-5　其他投资波动变化趋势图

对于该结果，本研究有以下几点发现：

①从结果来看，发展中国家的其他投资波动普遍高于发达国家，原因应该和外国直接投资波动类似，发达国家和发展中国家的发展阶段不同，发达国家经济已经发展到一定阶段，因而投资风险小收益低，而发展中国家投资风险大收益高。当没有明显的经济危机时，投资者还是喜欢投资发展中国家，但是由于发展中国家经济存在一定的波动，因而发展中国家的其他投资波动较高。

②从图中可以看出，其他投资波动大概也经历了三轮波动期，第一轮上升开始于 2008 年第四季度，第二轮上升出现在 2013 年第四季度，第三轮上升出现在 2015 年第一季度。第一轮上升应该跟金融危机后美国相继推出的量化宽松有关，第二轮上升应该跟欧债危机转好、世界经济转好有关，第三轮上升可能是受最大的发展中国家中国 2015 年年初股市暴涨影响。

（五）贸易信贷波动变化趋势

图 4-6 是对 2007 年第四季度到 2016 年第三季度期间 29 个发展中国家、17 个发达国家同时期的贸易信贷波动取平均值得到的波动趋势结果。

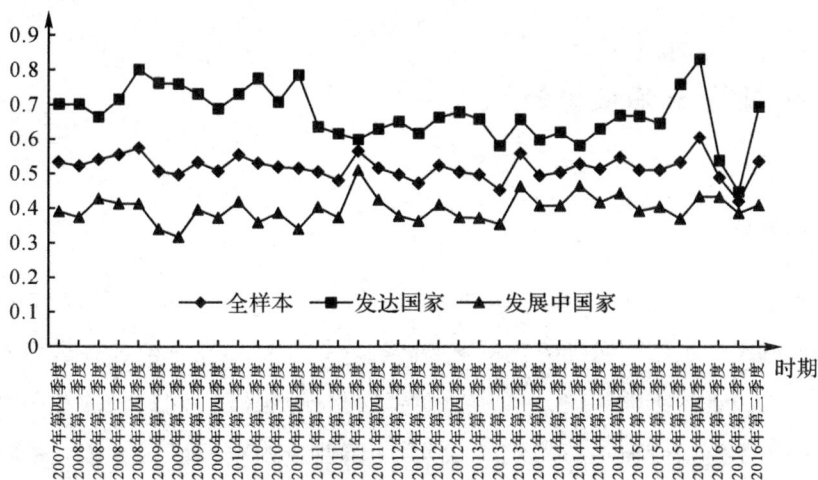

图 4-6　贸易信贷波动变动趋势图

对于该结果，本研究有以下几点发现：

①从结果来看，发达国家的贸易信贷波动普遍高于发展中国家，原因应该是发达国家的贸易对象多并且交易量大，而发展中国家的贸易对象较窄并且规模较小，因此发达国家的贸易信贷波动比较高。

②通过该图可以发现，发达国家的贸易借贷波动比发展中国家的高，贸易信贷涉及企业经营信誉问题，因此相对来说各时期的变动幅度不是太大。 从图上看来，发达国家的贸易信贷变动幅度以及频率比发展中国家的大，原因为其体量、规模大，至于发达国家 2015 年上半年贸易波动较大上升，下半年贸易波动骤降也跟中国 2015 年暴涨暴跌的股市行情有关。

第四节　跨境资本流入波动影响因素的实证检验

一、非平衡面板设计

1. 模型

基于 29 个发展中国家、17 个发达国家 2007 年第一季度到 2017 年第一季度的季度数据，通过建立非平衡面板模型研究不同国家细分类型跨境资本流入波动的影响因素，并对受国际资本流动波动影响较大的发展中国家替换重要解释变量进行稳定性检验。模型中的被解释变量是对跨境资本流入细分类型使用 ARIMA（1，1，0）条件选择模型计算出的波动估计值，包括跨境资本流入波动、外国直接投资波动、证券投资波动、其他投资波动和贸易信贷投资波动。解释变量是根据各个细分类型跨境资本流入的特点，挑选相关的重要解释变量进行研究，主要包括三大类的影响因素，分为全球因素、国内宏观经济因素和国内结构变量因素。全球因素包括美国实际 GDP 增长率、市场波动性指数（VIX）、油价原价、美国通货膨胀率，国内宏观经济因素包括实际 GDP 增长率、人均 GDP，国内结构变量包括贸易开放度、国际储备率、银行资产储备率、股票指数变化率、广义货币变化率、存贷利差。

具体的面板模型构建如下：

$$\sigma_{it} = \acute{x_{it-1}} \beta + \varepsilon_{it}, \quad \forall i = 1, \cdots, N, \ t = 1, \cdots, T$$

$$(4\text{-}11)$$

其中 σ_{it} 表示 i 国在 t 年的资本流动波动，$\acute{x_{it-1}}$ 是一个（$J+1$）×1 的自变量向量，其中 $x_i = (\acute{x_{i1}}, \cdots, \acute{x_{iT}})'$，即由各个 i 国资本流动的影响因素组成，$\beta$ 是一个（$J+1$）×1 的自变量系数集合，表示自变量的未知

系数, 即 $\beta = (\beta_0, \cdots, \beta_j)'$, 另外 $\varepsilon_{it} = \eta_i + \omega_{it}$, η_i 表示一个国家的固定效应, ω_{it} 则是一个误差项, 它是可以序列相关也可以空间相关的。 对于整个方程而言, 左边是被解释变量, 右边是控制变量。 为了尽量减少内生性问题, 对于右边的解释变量, 本研究一律选取滞后一期。

2. 样本选择和数据来源

根据数据的可得性, 本节研究了从 2007 年第一季度到 2017 年第一季度 29 个发展中国家、17 个发达国家各个细分类型的跨境资本流入波动影响因素。 数据主要来自 EIU 国家数据库、IMF 数据库以及 FRED 数据库, 样本国家名称如下。

表 4-1　样本国家名称

类型	名称
发展中国家 (29 个)	孟加拉国、白俄罗斯、玻利维亚、巴西、保加利亚、智利、哥伦比亚、哥斯达黎加、克罗地亚、捷克、萨尔瓦多、爱沙尼亚、危地马拉、匈牙利、印度、哈萨克斯坦、拉脱维亚、立陶宛、北马其顿、纳米比亚、巴拉圭、秘鲁、波兰、罗马尼亚、斯洛伐克、斯洛文尼亚、土耳其、乌克兰、委内瑞拉
发达国家(17 个)	澳大利亚、奥地利、比利时、加拿大、丹麦、芬兰、法国、德国、韩国、荷兰、新西兰、葡萄牙、西班牙、瑞典、瑞士、英国、美国

3. 被解释变量

根据国际货币基金组织的分类, 本研究选取跨境资本流入、外国直接投资、证券投资、其他投资、贸易信贷投资研究它们波动的影响因素。

①外国直接投资, 指一种与某一经济体的居民有关的跨境投资, 对在另一个经济体中居住企业的管理有控制作用或重大影响。 它包含股权投资, 以及关联企业的债务和逆向投资等。 一般来说, 外国直接投资在跨境资本流入中至少占 10%, 旨在反映基于控制和影响的投资关系。

②证券组合投资, 指除直接投资之外的涉及债务或股权证券的跨境交易和头寸。

③其他投资, 指除直接投资、证券投资、金融衍生工具之外的投资项

目，包括货币和存款、贷款（包括使用国际货币基金组织的信贷和贷款）、保险和养老金、贸易信贷和预付款、其他可支付或应收账款和特别提款权分配等。

④贸易信贷，指发生在境内居民和境外（含港、澳、台地区）非居民之间，由于商品的交付时间和资金的支付时间不同，交易双方在基于信任的前提下产生的对外负债。

选择外国直接投资、证券组合投资和其他投资，是因为这是发展中国家资本总流入的主要类型，选择贸易信贷是基于发展中国家陆续打开国门的事实，双边贸易是两国资本流动的开始。

表 4-2 描述的是被解释变量的名称、含义和数据来源，波动类型可分为跨境资本流入波动、外国直接投资波动、证券组合投资波动、其他投资波动和其他投资细分下的贸易信贷波动。

表 4-2　被解释变量含义

分类	变量名称	含义	数据来源
波动类型	Liabilities	跨境资本流动波动/名义 GDP	IMF-BOP 数据库
	Direct investment	外国直接投资波动/名义 GDP	IMF-BOP 数据库
	Portfolio	证券投资波动/名义 GDP	IMF-BOP 数据库
	Other investment	其他投资波动/名义 GDP	IMF-BOP 数据库
	Corp	其他投资细分下的贸易信贷波动/名义 GDP	IMF-BOP 数据库

4. 解释变量

根据过往的研究经验，对于解释变量的选择目前主要分为三类：全球因素、国内宏观经济因素和国内结构变量因素。

金融一体化的大背景下，全球因素在资本流动波动中显得越发重要，资本特别是国际游资短暂逐利性明显，因此本研究关注世界经济动态，同时也关注超级大国美国的经济状态。本研究对于全球因素的确定，包括以下几类：VIX（市场波动指数），美国实际 GDP 增长率，美国通货膨胀率。

市场波动指数（VIX）：VIX 被称为"投资者情绪指标""恐惧指数"，是芝加哥期权期货交易所计算的用来衡量市场波动率的指数，由标准普尔 500 指数成分股的期权波动性组成，每日计算，数值越高，表示投资者预期未来股价波动变化越大，反之则表示投资者认为未来股价更平稳。随着金融一体化的推进，VIX 是影响资本流动波动的重要指标。

油价：这里指的是原油价格。本研究对油价取对数主要是为了观察资本流入波动对油价的弹性。取油价为主要解释变量，一方面由于很多发展中国家本身就是石油的出口国（比如巴西、墨西哥等是石油出口国），石油价格的变化对国内的经济、资本流动波动影响巨大；另一方面，石油作为"工业的血液"是大量产品的原材料。对于发展中国家而言，石油价格的变化影响其资本流动波动。

美国是超级大国，市场非常发达而且影响广泛，其经济变化影响全球资本流动。本研究用美国实际 GDP 增长率、美国通货膨胀率来刻画美国的经济现状。

除全球因素外，国内宏观因素、国内结构因素也影响资本流动波动。国内宏观因素包括实际 GDP 增长率、人均 GDP、广义货币变化率。

国内实际 GDP 增长率反映一国的经济发展前景，是投资者比较看重的指标之一。国内实际 GDP 增长率越高，表示一国的经济发展环境越乐观，越能引发国际资本流入。

人均 GDP 即人均国民生产总值，反映一国人民的生活现状，是重要的宏观经济指标之一。Broto（2011）发现，人均国民生产总值和外国直接流入波动存在倒 U 型关系。

广义货币变化率表示经济货币化程度。一方面，这个数值越高，金融化程度越高，国际资本流入波动也会加剧；另一方面，如果变化率超过了一定界限，也有可能是货币乱发，将导致经济危机。

国内结构因素包括贸易体系的国际储备率、贸易开放度、银行体系的商业银行资产率、存贷利差、股票体系的股票指数年变化率。

国际储备是官方持有的用来支付国际收支、平衡汇率的重要资产。

一般而言，投资者认为国际储备是一国的自我保险资产，国际储备可以降低资本流动。 Alberolaa（2016）创新性地发现金融危机期间国际储备与更高的资本流入、更低的资本流出有关。 本研究为验证这一思想，加入了国际储备因素。

国际贸易开放度是指进出口与国民生产总值的比值，其变化可能影响一国的国际资本流动波动，特别是对于出口品种较窄的大宗商品，国际贸易开放度加大和缩小可能引起国际资本较大幅度的流入与流出，从而引起国际资本流动波动。 比如，仅仅出口石油的石油出口国，石油价格变化可能引起其资本流入剧烈波动。

对于银行体系影响因素来说，本研究参考 Broto（2011）对银行系统指标的选取，选择银行资产率、存贷利差。 由于发展中国家大多数是以银行为主导，市场化体系不够完善。 就像在中国，利率市场化的进程一直在完善中。 Broto et al.（2011）指出，银行资产、存贷利差和国际资本流入波动的关系较为复杂。 一方面，较高的银行资产、存贷利差可能意味着较为发达的国内银行体系，但同时，对于较为封闭的国家来说，较高的银行资产可能是中央政府控制的，而且对于存贷利差而言，较高的存贷利差可以说明该国经济发展较好，但也有可能存在较大的经济泡沫，泡沫戳穿前与戳穿后，都可能引起资本流入波动。

最后，本研究用股票指数变化率来衡量一国的股票市场变化情况。资本都是逐利的，特别对于国际游资而言，国内股市的下行可能使投资者看衰一国经济，从而引发跨境资本流入波动。

表 4-3 描述的是本研究解释变量的名称、符号和含义，解释变量分为三大类，包括全球因素、国内宏观经济因素和国内结构变量因素，全球因素包括美国实际 GDP 年增长率、市场波动指数（VIX）、油价原价、美国通货膨胀率等，国内宏观经济因素包括实际 GDP 增长率、人均 GDP 等，国内结构变量包括贸易开放度、国际储备率、银行资产储备率、股票指数变化率、广义货币变化率、存贷利差。

表 4-3　解释变量含义

分类	符号	含义	数据来源
全球因素	VIX	市场波动指数	FRED 数据库
	S&P500	美国 500 家上市公司的一个股票指数	EIU 国家数据库
	Oil	原油的价格	EIU 国家数据库
	USG	美国实际 GDP 年增长率	EIU 国家数据库
	USI	美国货币超发与实际需要的比值	EIU 国家数据库
国内宏观因素	RGDP	国内实际 GDP 的年度增长率	EIU 国家数据库
	GDPP	某年 GDP 与当年人口的比值	EIU 国家数据库
	M2	广义货币量 M2 的增长率	EIU 国家数据库
国内结构变量	RES	一国的国际储备额/名义 GDP	EIU 国家数据库
	TRO	一国的进出口总额/名义 GDP	EIU 国家数据库
	BANK	商业银行资产/名义 GDP	EIU 国家数据库
	IRS	贷款利率与存款利率之差	EIU 国家数据库

5. 描述性统计

从表 4-4 可以看出，对于全样本国家来说，虽然贸易信贷流动波动远大于其他类型跨境资本流入波动，但是平均值却和其他类型跨境资本流入波动相差不远，而且它的最小波动值也是几种类型跨境资本流入波动中最小的，说明贸易信贷流动波动的变化幅度较大。此外，市场波动指数、标普 500 的标准差较大，说明投资者对于世界股票前景预期变动较大。美国的经济增长率和通货膨胀率存在有正有负情况，人均 GDP 平方值、银行资产率、广义货币率、国内年度股票指数变化率的标准差都比较大，而这个描述性统计是根据面板得出的，说明在 2007 年到 2017 年全样本国家国内经济变化较大。

表 4-4　全样本国家描述性分析

变量	样本容量	平均值	标准差	最小值	最大值
Liabilities	1,760	0.432	0.297	0.042	2.687

续　表

变量	样本容量	平均值	标准差	最小值	最大值
Direct investment	1,756	0.286	0.263	0.004	1.535
Portfolio	1,758	0.356	0.224	0.003	0.998
Other investment	1,756	0.298	0.252	0.004	0.999
Corp	1,687	0.596	2.671	0.003	99.102
VIX	1,886	20.631	7.892	11.886	47.387
Oil(log)	1,886	4.362	0.350	3.584	4.785
USG	1,886	1.385	1.783	−4.062	3.759
USI	1,886	0.461	0.640	−2.290	1.542
RGDP	1,651	1.974	3.792	−19.593	14.800
$(GDPP)^2(log)$	1,852	15.416	3.058	5.560	20.149
GDPP(log)	1,852	7.719	1.636	1.790	10.074
IRS	1,168	5.352	7.601	−25.393	42.463
RES	1,873	0.677	0.603	0.018	4.428
TRO	1,854	0.757	0.466	−0.888	2.525
BANK	1,868	41.549	304.372	0.111	3,362.235
SYC	1,580	0.830	16.565	−76.131	174.365
M2	1,886	919.779	527.988	1.000	1,821.000
S&P500	1,886	1,535.602	405.633	807.670	2,325.930

表 4-5 的内容是对发达国家的描述性分析，其结果与全样本国家较为相似，但是略有差别。贸易信贷流动波动平均值与其他类型跨境资本流入波动差距变大，这主要与发达国家多边贸易有关。还有对于国内因素，人均 GDP 平方值、银行资产率、广义货币率的标准差比全样本国家小很多，原因在于发达国家的经济已经发展到一定程度，国内经济发展稳定，再加上发达国家经济体量庞大，其一个百分点的变化可能在规模上就是发展中国家的好多倍。不过对于国内年度股票指数变化率来说，发达国家的国内年度股票指数变化率标准差大于全样本国家，原因可能在于发达国家股票市场完善，竞争激烈。

表 4-5　发达国家描述性分析

变量	样本容量	平均值	标准差	最小值	最大值
Liabilities	654	0.522	0.369	0.042	2.687
Direct investment	649	0.165	0.201	0.004	1.535
Portfolio	653	0.225	0.122	0.003	0.638
Other investment	649	0.145	0.134	0.004	0.773
Corp	578	0.966	4.527	0.003	99.102
VIX	697	20.631	7.896	11.886	47.387
Oil(log)	697	4.362	0.350	3.584	4.785
USG	697	1.385	1.784	−4.062	3.759
USI	697	0.461	0.640	−2.290	1.542
RGDP	695	1.292	2.371	−9.157	7.889
$(GDPP)^2(log)$	695	18.620	0.630	16.579	20.149
GDPP (log)	695	9.310	0.315	8.289	10.074
IRS	255	2.150	1.110	−1.278	4.383
RES	695	0.414	0.610	0.018	4.428
TRO	695	0.642	0.353	0.120	2.518
BANK	695	2.759	1.742	0.504	8.802
SYC	695	3.431	24.909	−63.323	85.784
M2	697	5.662	4.722	−8.821	22.682
S&P500	697	1,535.602	405.817	807.670	2,325.930

　　表 4-6 的内容是对发展中国家的描述性分析，大部分数据与全样本国家的数据相似，但是略有差别。贸易信贷流动波动平均值与其他类型跨境资本流入波动差距变成了同一水平，标准差也比较接近，并且它的最大值也显著降低，这可能与发展中国家贸易规模小有关。还有对于国内因素，银行资产率、广义货币率的标准差比发达国家大得多，可以侧面反映出发展中国家经济不稳定，可能与发展中国家近些年迅猛发展有关。

表 4-6　发展中国家描述性分析

变量	样本容量	平均值	标准差	最小值	最大值
Liabilities	1,106	0.379	0.228	0.085	1.798
Direct investment	1,107	0.357	0.269	0.020	0.999
Portfolio	1,105	0.434	0.234	0.047	0.998
Other investment	1,107	0.388	0.261	0.008	0.999
Corp	1,109	0.402	0.275	0.028	1.750
VIX	1,189	20.631	7.893	11.886	47.387
Oil(log)	1,189	4.362	0.350	3.584	4.785
USG	1,189	1.385	1.783	−4.062	3.759
USI	1,189	0.461	0.640	−2.290	1.542
RGDP	956	2.471	4.492	−19.593	14.800
$(GDPP)^2(log)$	1,157	47.534	16.840	3.204	76.391
GDPP(log)	1,157	6.763	1.338	1.790	8.740
IRS	913	6.246	8.362	−25.393	42.463
RES	1,178	0.832	0.543	0.115	3.647
TRO	1,159	0.825	0.510	−0.888	2.525
BANK	1,173	64.532	382.304	0.111	3,362.235
SYC	718	7.278	47.950	−84.458	304.888
M2	1,189	585.881	338.320	1.000	1,166.000
S&P500	1,189	1,535.602	405.696	807.670	2,325.930

二、回归结果与分析

　　本研究通过建立面板数据模型来研究发展中国家、发达国家、全样本国家细分类型跨境资本流入波动的影响因素。由于不同细分类型国际资本流动波动影响因素不同，根据各个细分类型跨境资本流入的特性，挑选对其重要的解释变量进行研究，具体回归结果如下：

（一）跨境资本流入波动影响因素

对于跨境资本流入波动的影响因素，本研究选取 VIX、实际 GDP 增长率、存贷利差、国际储备率、股票指数变化率、广义货币变化率进行研究，研究结果如表 4-7 所示。 从研究结果可以看出，无论是随机效应还是固定效应，跨境资本流入波动和市场波动指数显著正相关，即市场波动指数增加，投资者对股市未来预期波动较大，出于避险心理，积极减少跨境资本流入，从而引起跨境资本流入波动增大，反之，则跨境资本流入波动减少。 这与张广婷（2016）研究市场波动因素（VIX）对新兴市场资本流入的影响结果相符。 其次，国内结构变量中的股票指数变化率也与跨境资本流入波动呈现显著正相关关系。 股票指数变化率增加，人们对未来股价的不确定预期增强，从而引发跨境资本流入的波动加剧，这与田敏（2016）运用 Probit 模型研究股票价格的波动增加资本流动波动异常相同。 不过，本研究中股票指数的年变化率对发展中国家、全样本国家跨境资本流入波动影响显著，对发达国家跨境资本流入波动影响不显著，可能与发达国家股票市场比较完善有关。 再者，国内宏观变量中的广义货币变化率与跨境资本流入波动呈现显著负相关关系，这与刘骞文等（2015）研究新兴市场异常资本流动时发现广义货币变化率与异常国际资本流出正相关不一致，即意味着广义货币变化率将加剧异常国际资本流出波动结论不相符，但与张广婷（2016）研究新兴市场资本流入与流动性因子负相关一致，应该是国际资本流入的变化强度大于流出的变化强度。因此跨境资本流入波动与广义货币变化率负相关。 本研究认为，广义货币变化率增加代表政府支持金融发展，金融化程度变高，国际资本流入波动也会加剧，但也有可能是在金融危机的刺激下，政府为救市而采取宽松的货币政策以刺激经济增长，此时的广义货币变化率增加就可能带来国际资本流入波动减少。 另外，发达国家的国际储备率与跨境资本流入波动显著负相关，这与正常的逻辑一致，即一国国家储备越高，抗经济风险能力越强，因此跨境资本流入波动越小，而发展中国家的国际储备率与跨境资本流入波动越呈显著正相关关系，和 Alberolaa et al.（2016）研究得出的国际储备促进了居民减少海外投资、增加国内经济增长的概率、增加跨境资本流入波动的结论相同。 他们经过标准面板检验提出在金融危机时期，较高的国际储备与较高的跨境资本流入、较低的跨境资本流出有关，并且指出这种外汇储备对资本流入的稳定作用，是新兴经济体所特有的。

表 4-7　跨境资本流入波动影响因素

	全样本国家		发达国家		发展中国家	
	随机效应	固定效应	随机效应	固定效应	随机效应	固定效应
VIX	0.00448***	0.00447***	0.00771**	0.00434***	0.00403***	0.00422***
	(0.00102)	(0.00102)	(0.00346)	(0.00167)	(0.00130)	(0.00132)
RGDP	0.00179	0.00186	−0.0458***	−0.000757	0.00176	0.00244
	(0.00197)	(0.00198)	(0.0132)	(0.00678)	(0.00215)	(0.00220)
IRS	−0.000374	−0.000174	−0.192***	0.00187	0.000650	−0.000225
	(0.00240)	(0.00249)	(0.0215)	(0.0228)	(0.00177)	(0.00268)
RES	0.00292	0.00240	0.0733***	−0.0455**	0.0750***	0.0963***
	(0.0200)	(0.0204)	(0.0252)	(0.0230)	(0.0253)	(0.0354)
SYC	0.000574***	0.000571***	0.00172	0.000794	0.000666***	0.000566***
	(0.000186)	(0.000187)	(0.00111)	(0.000525)	(0.000208)	(0.000210)
M2	−0.0000347**	−0.0000341**	−0.0142**	0.00249	−0.0000877***	−0.0000901***
	(0.0000155)	(0.0000156)	(0.00651)	(0.00318)	(0.0000304)	(0.0000307)
N	700	700	241	241	459	459
R^2		0.042		0.076		0.062
Hausman-p		0.9975		0.0000		0.0110

注：*、**、*** 分别代表的是系数估计量在 10%、5% 和 1% 在置信水平上显著，（　）内数值代表标准误。

（二）外国直接投资波动影响因素

对于外国直接投资的影响因素，本研究主要选取 VIX、美国经济增长率、实际 GDP 增长率、人均 GDP、银行资产率、油价进行研究，见表4-8。 从研究结果来看，全样本国家的外国直接投资波动主要与国内因素相关，与全球因素相关度较小，可能是由于外国直接投资蕴含控制权，占股或者占债比例较大，因而不会因为暂时的外部环境发生较大变化。 而对于发达国家和发展中国家而言，市场波动指数与发达国家的外国直接投资波动正相关，与发展中国家的外国直接投资波动负相关。 并且，美国实际 GDP 增长率提高，发达国家的外国直接投资波动增大，发展中国家则与其不相关。 对于发展中国家而言，实际 GDP 增长率与外国直接投资波动呈显著正相关关系，人均 GDP 的增长和外国直接投资波动正相关，银行资产率与跨境资本流入波动呈显著负相关，这与 Broto（2011）的研究结论相似，他研究得出发展中国家实际 GDP 增长率对外国直接投资具有显著影响。 同时以上结论与施建淮（2017）的研究结论相似，他研究发现在中国，国内经济增长率中国内经济在外国直接投资的影响因素中占主要影响地位。 至于发展中国家的银行资产率与跨境资本流入波动呈显著负相关。 这可能跟发展中国家的银行体系更多受政府影响有关。

表 4-8 外国直接投资波动影响因素

	全样本国家		发达国家		发展中国家	
	随机效应	固定效应	随机效应	固定效应	随机效应	固定效应
VIX	-0.000721	-0.000674	0.00341^{***}	0.00344^{***}	-0.00384^{***}	-0.00386^{***}
	(0.000865)	(0.000864)	(0.000695)	(0.000696)	(0.00140)	(0.00140)
USG	-0.000629	-0.000552	0.0147^{***}	0.0144^{***}	-0.00877	-0.00899
	(0.00416)	(0.00416)	(0.00365)	(0.00365)	(0.00661)	(0.00663)
RGDP	0.00392^{**}	0.00381^{**}	-0.00146	-0.00123	0.00470^{**}	0.00487^{**}
	(0.00166)	(0.00167)	(0.00237)	(0.00237)	(0.00220)	(0.00222)
Log (GDPP)	0.0136^{**}	0.0174^{***}	-0.0152	-0.0327	0.0183^{***}	0.0183^{**}
	(0.00709)	(0.00558)	(0.00572)	(0.0444)	(0.0468)	(0.00702)
Log (GDPP)^2 (log)	-0.00922^{***}	-0.00608			-0.00619	-0.00651
	(0.00356)	(0.00372)			(0.00455)	(0.00462)
BANK	-0.0000631^{**}	-0.0000691^{**}	0.0101	0.00678	-0.0000591^{*}	-0.0000660^{*}
	(0.0000300)	(0.0000314)	(0.00662)	(0.00685)	(0.0000356)	(0.0000388)

	全样本国家		发达国家		发展中国家	
	随机效应	固定效应	随机效应	固定效应	随机效应	固定效应
Log(Oil)	−0.00247	−0.00389	0.00634	0.00967	−0.0148	−0.0149
	(0.0142)	(0.0142)	(0.0126)	(0.0128)	(0.0232)	(0.0233)
N	1548	1548	649	649	899	899
R^2		0.016		0.054		0.027
Haus man-p		0.1842		0.6379		0.9988

注：*、**、*** 分别代表的是系数估计量在10％、5％和1％在置信水平上显著，（　）内数值代表标准误。

（三）证券投资波动影响因素

对于证券投资波动的影响因素，本研究主要选取 VIX、国际油价、实际 GDP 增长率、银行资产率、股票指数变化率和人均 GDP 进行研究，见表4-9。对于全样本国家和发展中国家，除了股票指数年变化率，研究内其他解释变量都显著。证券投资波动和市场波动指数、油价对数、实际 GDP 增长率显著正相关，与银行资产率、人均 GDP 的对数显著负相关。市场波动指数是人们对股票市场的未来预期，市场波动指数增加，人们对股市未来的预期不看好，证券投资中一个主要部分就是股权投资，因此证券投资波动加大。证券投资波动与油价对数显著正相关，与 Pagliari et al.（2017）对新兴市场的油价对证券投资波动的研究成果相反。但本研究认为石油是大量产品的原材料，而且很多国家本身就是石油的进出口国，因此油价的变动加大证券投资波动。另外，实际 GDP 增长率变大，表明一国经济发展良好，因此跨境资本流入量加大，从而证券投资波动变大。银行资产率与发展中国家证券投资波动呈显著负相关，可能是因为发展中国家的大量银行更多是受国家控制的银行，自主性较差，因此银行资产率与跨境资本流入的波动呈显著的负相关。但对于发达国家而言，银行资产率与发展中国家证券投资波动呈显著正相关，正如 Broto（2011）所说，较高的银行资产、信贷和存款比率应该反映出更为发达的国内银行体系，因此它们会呈正相关。 人均国内生产总值反映一国人民的生活现状，在金融危机和后金融危机时期，人均国内生产总值的增长表明一国经济发展状态良好，因此人均国内生产总值增加，证券投资波动减少，符合张广婷（2016）研究新兴市场资本流入与人均GDP的影响结果。

表 4-9　证券投资波动影响因素

	全样本国家		发达国家		发展中国家	
	随机效应	固定效应	随机效应	固定效应	随机效应	固定效应
VIX	0.00304***	0.00332***	0.00205***	0.00214***	0.00340***	0.00398***
	(0.000623)	(0.000633)	(0.000401)	(0.000401)	(0.00113)	(0.00114)
Log(Oil)	0.0291**	0.0305**	0.00531	0.0104	0.0685***	0.0740***
	(0.0123)	(0.0123)	(0.00780)	(0.00794)	(0.0231)	(0.0231)
RGDP	0.00626***	0.00590***	0.00114	0.00129	0.00418**	0.00341
	(0.00136)	(0.00136)	(0.00121)	(0.00120)	(0.00208)	(0.00209)
BANK	−0.0260***	−0.0359***	0.0176***	0.0133***	−0.0992***	−0.122***
	(0.00757)	(0.00863)	(0.00403)	(0.00426)	(0.0176)	(0.0189)
SYC	0.000107	0.000125	−0.000131	−0.000119	0.000198	0.000234
	(0.000127)	(0.000127)	(0.000120)	(0.000120)	(0.000184)	(0.000184)
log(GDPP)	−0.0207***	−0.0180***	−0.0737***	−0.105***	−0.0137**	−0.0139**
	(0.00504)	(0.00520)	(0.0266)	(0.0291)	(0.00684)	(0.00687)
N	1324	1324	653	653	671	671
R^2		0.052		0.165		0.104
Hausman-p		0.0005		0.0444		0.0001

注：*、**、*** 分别代表的是系数估计量在10%、5%和1%在置信水平上显著，（ ）内数值代表标准误。

（四）其他投资波动影响因素

其他投资是一个综合体，是指除直接投资、证券投资、金融衍生工具之外，包括货币和存款贷款（包括使用国际货币基金组织的信贷和贷款），保险和养老金，贸易信贷和预付款，其他可支付、应收账款和特别提款权分配等的投资，研究结果如表 4-10 所示。它的波动主要受全球因素、国内结构因素影响。研究发现，对于全样本而言，其他投资波动与美国实际国民生产总值增长率、银行资产率正相关，与国际储备率、股票指数变化率负相关；对于发达国家而言，不同之处在于其他投资与国际储备率、股票指数变化率不相关；对于发展中国家而言，不同之处在于其他投资与银行资产率不相关。美国实际国民生产总值增长，表示全球经济发展趋势较好，因此其他投资波动加大。其次，其他投资中的大部分是对商业银行的投资，银行资产率增加，意味着银行的抗风险能力增强。因此，银行资产率加大，其他投资波动加大。虽然国家的还债能力增强，但是其他投资之外的外国直接投资和证券投资是投资者的主要投资方式。因此，国际储备率加大，则其他投资波动较小。仅含发展中国家时，银行资产率不再那么重要，但仅含发达国家时，发达国家证券投资波动与银行资产率正相关，原因可能是投资者更相信发达国家较高的银行资产意味着较为发达的国内银行体系，而发展中国家较高的银行资产率可能是中央政府控制造成的，因此，两者结果不同。

表 4-10　其他投资波动影响因素

	全样本国家		发达国家		发展中国家	
	随机效应	固定效应	随机效应	固定效应	随机效应	固定效应
VIX	0.00160	0.00141	0.000272	−0.000279	0.00280	0.00254
	(0.00133)	(0.00134)	(0.000627)	(0.000491)	(0.00201)	(0.00202)
USG	0.0151***	0.0153***	0.00341	0.00503***	0.0213***	0.0206**
	(0.00544)	(0.00543)	(0.00246)	(0.00191)	(0.00820)	(0.00819)
IRS	0.000250	−0.00186	0.000363	−0.00523	0.00198	−0.00173
	(0.00224)	(0.00247)	(0.00360)	(0.00586)	(0.00209)	(0.00303)
RES	−0.0625***	−0.0713***	−0.00585	−0.00499	−0.0698**	−0.101**
	(0.0193)	(0.0205)	(0.00400)	(0.00763)	(0.0354)	(0.0438)

续 表

	全样本国家		发达国家		发展中国家	
	随机效应	固定效应	随机效应	固定效应	随机效应	固定效应
BANK	0.0326**	0.0442***	0.0525***	0.0995***	0.0132	0.0413
	(0.0137)	(0.0156)	(0.00230)	(0.00680)	(0.0235)	(0.0275)
SYC	−0.000484***	−0.000493***	0.0000129	−0.0000803	−0.000548**	−0.000526**
	(0.000180)	(0.000180)	(0.000159)	(0.000125)	(0.000228)	(0.000229)
N	702	702	238	238	464	464
R^2		0.052		0.673		0.036
Hausman-p		0.0963		0.0000		0.1101

注：*、**、*** 分别代表的是系数估计量在 10%、5% 和 1% 在置信水平上显著，（　）内数值代表标准误。

（五）贸易信贷波动影响因素

最后，本研究选取贸易信贷来研究其波动的影响因素，从表 4-11 可以看出对于全样本国家、发达国家而言，贸易信贷波动和美国实际 GDP 增长率负相关，与贸易开放度正相关。 美国实际 GDP 增长率变小，资本市场经济不景气，因此投资者更愿意把资金转移到实业市场中，从而贸易信贷波动变小。 国际贸易开放度是指进出口总额与国民生产总值的比值，其变化可能影响一国的国际资本流动波动，特别是对于出口品种较窄的大宗商品，国际贸易开放度的加大、缩小可能引起国际资本较大幅度的流入、流出，从而引起国际资本流动波动，比如仅仅出口石油的石油出口国，其石油价格的变化可能引起其资本流入剧烈波动。 对于仅仅包含发达国家和发展中国家的贸易波动，它们分别与市场波动指数（VIX）显著负相关，这与 Advjiev et al.（2017）的研究结果相符。 其指出 VIX 增加时，即全球风险偏好较低时，流入银行和企业的资本将在发达经济体和新兴市场中双双下降，进而引起贸易信贷波动下降。 同时当人均 GDP 增加时，表示一国经济发展前景较好，发展中国家和发达国家的贸易信贷波动都增加。 另外对于发展中国家而言，国内实际经济增长率增加，贸易信贷波动加大，因为投资者看好该国未来发展，而且投资发展中国家收益相对来说比较大，因此贸易信贷波动加大。另外，对于发达国家而言，贸易信贷波动还与美国宏观经济环境（美国经济增长率、美国通货膨胀）有关，美国宏观经济环境变好意味着世界经济环境变好，因此贸易信贷波动下降。

表 4-11 贸易信贷波动影响因素

	全样本国家		发达国家		发展中国家	
	随机效应	固定效应	随机效应	固定效应	随机效应	固定效应
VIX	−0.0176	−0.0173	−0.0534**	−0.0571***	−0.00299*	−0.00296*
	(0.0132)	(0.0129)	(0.0271)	(0.0212)	(0.00161)	(0.00162)
USG	−0.0949	−0.108*	−0.446***	−0.533***	−0.00722	−0.00735
	(0.0591)	(0.0578)	(0.142)	(0.111)	(0.00710)	(0.00714)
USI	−0.0766	−0.121	−0.497**	−0.709***	0.00318	0.00261
	(0.118)	(0.115)	(0.250)	(0.198)	(0.0145)	(0.0145)
RGDP	0.0117	−0.0157	0.0876	0.00918	0.00800***	0.00755***
	(0.0229)	(0.0229)	(0.0905)	(0.0713)	(0.00231)	(0.00239)
Log（GDPP）	0.0756	0.0202	1.769	3.010**	0.0124*	0.0121
	(0.0694)	(0.0749)	(1.349)	(1.240)	(0.00719)	(0.00738)
TRO	2.542***	5.150***	21.11***	34.23***	−0.00826	0.0241
	(0.308)	(0.422)	(1.121)	(1.118)	(0.0307)	(0.0452)
N	1472	1472	578	578	894	894
R^2		0.096		0.633		0.027
Hausman-p						0.9791

注：*、**、*** 分别代表的是系数估计量在 10%、5% 和 1% 在置信水平上显著，（ ）内数值代表标准误。

综上所述，全球因素、国内宏观因素、国内结构因素都会影响一国跨境资本流入细分类型波动。

本研究认为对于全球因素而言，市场波动指数（VIX）是非常重要的一个变量。除了其他投资波动外，它与跨境资本流入波动、外国直接投资波动、证券投资波动和贸易信贷投资波动都显著相关，这说明国际资本市场和国内资本市场联动加强，需要所有国家一起努力来稳定全球股价，降低人们对未来股市的不确定性，从而降低资本流入波动的风险。 美国的宏观经济环境主要影响发达国家的外国直接投资波动、贸易信贷，发展中国家、发达国家的其他投资波动。 油价则主要影响发展中国家的证券投资波动。

对于国内因素而言，国内宏观因素如实际 GDP 的增长会带来发展中国家直接投资、证券组合投资、贸易信贷波动；不过相信这三个波动影响都是有利的，带来的是资本的流入，不过还需要稳定实际 GDP 的增长，因为同理，实际 GDP 的减少同样会带来跨境资本流入的快速减少。 再者，对于国内经济结构因素，各个国内经济结构因素都对资本流入波动有一定影响，不过影响对象、影响程度存在区别。 对发达国家来说，银行资产率、股票指数变化率更为重要，对直接投资和证券投资波动的影响都为负，对其他投资波动的影响为正；而对于发展中国家而言，银行资产率、广义货币变化率更为重要。

三、稳健性检验

为了检验实证结果的有效性，本研究选取标普 500 指数替换重要解释变量市场波动指数（VIX）进行检验发展中国家跨境资本流入细分类型的波动情况。 赵越等（2016）通过标普 500 指数与市场波动指数（VIX）的相关性分析，得出两者呈现负相关关系。 表 4-12 和表 4-13 是本研究的检验结果，从结果来看，标普 500 指数的显著性和作用方向基本符合预期，其他影响因素的基本结果也与以前的结论一致，只不过稍有改变，证券投资波动不再与油价的对数呈现正相关，其他投资与美国实际 GDP 不再显著，外国直接投资开始与油价的对数在 10％的水平下显著相关，其他投资中的美国经济增长率不再与其他投资波动正相关，贸易信贷波动与市场指数不相关。

表 4-12　替换重要解释变量后的各细分类型资本流动波动影响因素

	跨境资本流入		证券投资		外国直接投资	
	随机效应	固定效应	随机效应	固定效应	随机效应	固定效应
S&P500	−0.0000946***	−0.000101***	−0.0000982***	−0.000112***	0.000128***	0.000128***
	(0.0000258)	(0.0000260)	(0.0000226)	(0.0000228)	(0.0000292)	(0.0000292)
RGDP	0.00146	0.00210	0.00509**	0.00441**	0.00439**	0.00458**
	(0.00211)	(0.00216)	(0.00209)	(0.00209)	(0.00218)	(0.00220)
SYC	0.000489**	0.000368*	0.0000699	0.0000811		
	(0.000199)	(0.000201)	(0.000175)	(0.000175)		
IRS	0.000668	−0.000246				
	(0.00172)	(0.00266)				
RES	0.0701***	0.0899**				
	(0.0247)	(0.0351)				
M2	−0.0000733**	−0.0000750**				
	(0.0000307)	(0.0000309)				
Log (GDPP)			−0.0137**	−0.0140**	0.0188***	0.0188***
			(0.00679)	(0.00681)	(0.00698)	(0.00704)
BANK			−0.111***	−0.137***	−0.0000525	−0.0000588
			(0.0178)	(0.0191)	(0.0000352)	(0.0000386)
Log (Oil)			0.0224	0.0214	0.0527*	0.0525*
			(0.0241)	(0.0239)	(0.0276)	(0.0276)
USG					−0.0163**	−0.0164**
					(0.00664)	(0.00665)
N	459	459	671	671	899	899
R^2		0.072		0.120		0.040
Hausman-p		0.0009				0.0009

注：*、**、*** 分别代表的是系数估计量在 10％、5％和 1％在置信水平上显著，( )内数值代表标准误。

表 4-13 替换重要解释变量后的各细分类型资本流动波动影响因素(续)

	其他投资		贸易信贷	
	随机效应	固定效应	随机效应	固定效应
S&P500	0.0000239	0.0000321	0.0000391	0.0000389
	(0.0000374)	(0.0000376)	(0.0000256)	(0.0000257)
USG	0.0117	0.0111	−0.00350	−0.00374
	(0.00628)	(0.00758)	(0.00760)	(0.00625)
IRS	0.00212	−0.00129		
		(0.00216)	(0.00302)	
RES	−0.0853**	−0.115***		
		(0.0361)	(0.0437)	
BANK	0.0289	0.0589**		
		(0.0242)	(0.0280)	
SYC	−0.000569**	−0.000539**		
	(0.000229)	(0.000230)		
RGDP			0.00764***	0.00709***
			(0.00228)	(0.00237)
Log(GDPP)			0.0132*	0.0128*
			(0.00720)	(0.00740)
TRO			−0.0104	0.0284
			(0.0289)	(0.0453)
USI			0.0161	0.0153
			(0.0131)	(0.0131)
N	464	464	894	894
R^2		0.034		0.026
$Hausman-p$		0.0691		0.0691

注:*、**、*** 分别代表的是系数估计量在 10%、5% 和 1% 在置信水平上显著,
( )内数值代表标准误。

第五节　研究结论与建议

一、研究结论

本章基于 29 个发展中国家、17 个发达国家 2007 年第一季度到 2017 年第一季度的季度数据研究细分类型跨境资本流入波动影响因素，首先根据 Pagliari et al.（2017）提出的 ARIMA 条件选择模型估计的标准差来估算资本流动波动，其间对各个细分类型资本流动波动在不同层级国家水平上的差异进行比较。在此基础上，建立多个非平衡面板模型研究细分类型跨境资本流入波动影响因素，并对各细分类型跨境资本流入影响因素全样本国家、发达国家、发展中国家进行比较，最后对受国际资本流动波动影响较大的发展中国家替换重要解释变量进行稳定性检验。本研究认为全球因素、国内宏观因素、国内结构因素都会影响一国跨境资本流入细分类型波动。

从跨境资本流入波动细分类型来看，各细分类型跨境资本流入波动的影响因素不同，对于跨境资本流入波动，主要受到 VIX、国际储备率、股票指数变化率、广义货币变化率的影响；对于外国直接投资波动，主要受到 VIX、实际 GDP 增长率、人均 GDP、银行资产率的影响；对于证券投资波动，主要受 VIX、国际油价、实际 GDP 增长率、人均 GDP、银行资产率的影响；对于其他投资波动，主要受到美国实际国民生产总值增长率、国际储备率、银行资产率、股票指数变化率的影响；贸易信贷波动主要受 VIX、贸易开放度影响。

二、建　议

基于以上结论，本研究有以下几条建议：

①国际资本流动波动很大程度上受全球因素的影响，尤其是 VIX 的影响，美国实际 GDP 增长率、油价等也有一定程度的影响。随着金融一体化的推进，全球因素对资本流动波动的影响加剧，国际金融市场和国内经济市场的联动性加剧，经济繁荣时，有助于各国经济发展，金融危机时则会导致危机蔓延。因此如果能制定相关的逆周期政策用来缓解国际资本流动的这种风险传递行为是最好不过了，比如加强资本流动管制，设立措施，稳定汇率预期等。发展中国家要尤其注意，因为资本流动对于发展中国家的冲击比发达国家大好几倍，发展中国家国内经济有着放大危机的倾向。

②不管是对于发达国家还是发展中国家，增强本国经济实力，使国际资本流动波动朝对自身有利的方向发展。对于发达国家来说，可以通过增加国内经济降低资本流动波动；而对于发展中国家来说，可以通过增强自身经济实力带来外国直接投资、证券组合投资、贸易信贷的增加。

③与一般思维相反，发展中国家需要稳定国际储备，不是说国际储备越多越稳定，特别是在金融危机期间，国际储备促进了居民对海外金融的投资减少，这部分抵消了此时外国资本流入的下降。此外，更大的国际储备与更高的资本流入和更低的资本流出有关。国际储备促进了居民减少海外投资，增加国内经济增长的概率，跨境资本流入波动增加，但一旦资本流动发生逆转，对发展中国家的影响也是致命的。因此只要保持适当的国际储备来防范经济风险即可（Alberolaa，2016）。

④加强国家层面的友好交流、互帮互助，增加政策沟通以及危难时期相互扶持。例如，一国发生了金融危机能够及时告知其他国家，使得其他国家提前有了预备，这样的话就可以减少世界经济的波动，同时其他国

家也更可能施以援手，帮助该国尽快走出危机。 另外，可以仿照特别提款权，建立区域性的或者发展中国家自己危机时期的"应急基金"，就像保险一样，按每国每年缴纳的金额，发生危机时拨以相对应的一笔"保费"。

第五章
中国跨境资本波动及全球冲击来源：
基于 1998—2017 年季度数据的分析[①]

第一节　引　言

　　随着新兴经济体资本账户开放步伐的加快、国际金融市场一体化程度的提升，全球资本流动表现出新特征。这不仅体现为国际资本流动规模膨胀，也表现为国际资本流动方向更具不确定性，其结果是全球资本流动不仅具有更长的周期性，而且表现出更大的波动性。当前，全球经济停滞不前，国际经济政治仍具较多的不确定性，如美联储"加息"和美国政府"税改"等政策，英国退欧、德国政治危机等事件频频冲击全球经济，发展中经济体亦因制度性缺陷导致经济改革面临挑战。在此背景下，全球跨境资本流动将愈加频繁，波动幅度亦将有所提高。IMF（2014）警告新兴经济体面临新一轮国际产业转移和资本流出风险。因此，面对全球资本流动新特征，加强对国际资本流动及其波动的监控，将成为各国慎审

---

　　① 本章部分内容发表于《上海金融》2019 年第 1 期。

宏观管理的重要内容。

中国作为经济全球化的重要参与者和推动者，随着我国改革的进一步深入和金融对外开放的进一步推进，跨境资本流动格局发生了较大变化。中国不仅是国际资本的被动接收者，而且成为重要的国际资本输出者，国际资本流动由单一净流入演变成双向流动。双向国际资本流动增加了中国跨境资本流动规模，加重了跨境资本流动波幅，并反馈于中国宏观经济，加剧国内金融资产价格波动，放大经济周期。中国跨境资本流动变化具有深刻的国际背景（Zhang，2017）。数据显示，21世纪以来，中国国际资本流动可分为截然不同流向的两个阶段。2007—2008年金融危机以来，发达经济体集体衰退、资本回报率低下以及随后的量化宽松货币政策，大量国际资本流入新兴经济体，包括中国。然而，2014年以后，美国等发达经济体退出量化宽松政策，美国经济向好，跨境资本流动开始转向。我国外汇储备在2014年中期升至历史最高水平，增至约3.99万亿美元，但接下来的三年内由于金融账户逆差导致外汇储备降至3万亿美元。虽然近期影响中国资本流出的市场力量减弱，但资本流出风险仍然存在，这包括：一是中美利差压力将在较长时期内持续存在。自2015年美元进入加息周期以来，虽然央行多次提高逆回购和中期借贷便利利率，但中美利差仍有扩大的可能，人民币贬值预期仍有可能引发跨境资本大规模流出。二是以美国为首的发达经济体货币政策转向，发达经济体经济回暖，将进一步强化资本流出预期。三是中国经济面临"调结构""去产能"和"降杠杆"压力，宏观经济短期内难以出现较大改观。故而，我国跨境资本仍存在大进大出的风险，而全球宏观经济未来动向仍将是中国跨境资本不稳定流动的重要推动因素。

针对当前国际资本周期性波动的加剧，近年来国外学者对新兴经济体跨境资本波动及其冲击来源的研究格外引人注目（Advjiev et al. 2017；Broto et al.，2011；Neumann et al.，2009；Lagoarde-Segot，2009）。这些文献的一个共同特征是运用面板数据方法研究全球跨境资本总体波动水平及影响因素，但这些研究并没有基于国家层面来讨论跨境资本如何波动及为何波动的问题，也就不能为各国跨境资本波动提供全面信息。从国内已有研究来看，现有文献解释了中国跨境资本流动的决定因素及对国内宏观经济的影响，而跨境资本流动的波动特征一直被国内学者所忽视。中国作为全球最大的发展中经济体，随着中国金融对外开放程度的深化，跨境资本流动规模增大，流向更加复杂，跨境资本流动越来越容易受到国际政治、经济等全球性因素的冲击而更具不确定性。全球性因素将在中国跨境资本波动中起着愈加重要的作用，但现有研究均没有系统分析全球宏观经济因素对中国跨境资本波动的冲击效应。本研究将跨境资本分为直接投资、证券投资以及其他投资，分别运用滚动标准差、ARIMA 以及 GARCH 方法测量跨境资本波动特征，并在此基础上运用贝叶斯向量自回归方法检验全球宏观经济对中国跨境资本波动的冲击效应。这不仅为理解中国跨境资本波动提供了更为翔实的信息，而且有利于中国资本账户自由化改革进程中对跨境资本流动的监控与管理。

第二节　相关文献综述

国际资本流动历来是国际经济学界研究的热点问题，近 30 年来围绕这一主题涌现出大量出色的研究成果。这些研究不仅表现为研究方法的创新发展，反映了研究内容的时代特征，更突出体现了开放宏观经济理论前沿发展与最新成果的实际应用。与本研究相关的文献可以从以下几个层面展开。

一、新兴经济体与发达国家国际资本波动差异的研究

国际资本流动具有一定的动机和索求，由于不同类型国家情况各异，即便相同因素对不同类别国家国际资本流动的影响差异亦较大。现有文献比较了发达国家与新兴经济体跨境资本波动差异及其内在根源。Broner et al.（2005）以 1990—2003 年间国际资本流动标准差来衡量国际

资本波动水平，研究显示新兴经济体资本流动标准差高于发达经济体约80％；新兴经济体资本流动过度波动，不仅体现在随机负面冲击更具传染性，而且负面冲击相比于发达经济体更具持久性，新兴经济体欠发达的金融市场、制度缺陷以及低收入是跨境资本过度波动的内在冲击来源。Alfaro et al.（2007）基于时间序列计算了1970—2000年间国际资本流动标准差，发现由历史决定的当前法律制度对直接投资波动具有显著影响，而政策差异能部分解释跨境资本波动的内在原因。 IMF（2007）发布的金融稳定报告指出，无论是发达国家还是发展中国家，金融开放与制度质量是吸引外部资本流入的重要因素，国际资本波动无疑受这两个因素制约。

新兴经济体与发达国家国际资本流动差异，也表现为国际资本流动不同类型上的差异。 Goldstein et al.（2006）研究发现，虽然新兴经济体FDI在总资本中的份额比证券投资组合更高，但新兴经济体与发达国家在FDI与证券投资组合波动水平上较为相似。 Nuemann et al.（2009）发现，金融一体化水平倾向于增加新兴经济体FDI波动，而减少发达经济体债务资本波动。 由此可见，即便相同因素对跨境资本波动的冲击在不同国家具有不同效应，在分析宏观经济对跨境资本波动的冲击时，应当考虑国家异质性影响。

二、国际资本波动影响因素的研究

从现有分析国际资本波动影响因素的研究来看，多数文献使用国际资本流动的影响因素作为解释变量来构建计量经济模型。 国际资本流动因素可分为两类，即东道国和全球性因素。 早期研究认为，国内因素相比于全球因素更为重要。 Calvo et al.（1996）研究发现，国内因素是影响新兴市场经济体国际资本流入的主导性因素。 Kohli（2001）研究发现，印度国内经济发展以及宏观经济状况提升了投资者信心，使国际资本大量流入。 Broner et al.（2005）认为，新兴市场跨境资本高波动性主要是由于这些国家倾向于贸易错配。 最近一些研究表明，相比于国内因素，全球因素在决定跨境资本波动时具有更为重要的作用。 Broto et al.
（2011）研究发现，自 2000 年以来全球因素超出新兴经济体的控制，相对
于国内特定驱动因素变得越来越重要。 Dungey et al. （2011）在解释金融
危机来源时考虑经济传染、国内和全球因素对资本流动的作用，认为全球
因素往往比经济传染和国内经济因素更为重要。 下面从国内和全球性因
素两个角度分别阐述。

（一）东道国因素

东道国宏观经济条件是影响跨境资本流动的重要因素，包括国内经济
增长、资产收益率、贸易开放度以及金融发展规模和深度。 Calvo et al.
（1996）认为，20 世纪 90 年代新兴经济体资本内流剧增，与国内政策和
经济业绩相关。 Smith et al. （2009） 利用新兴经济体资本流入数据发
现，债务、投资组合与国际投资高度关联于 GDP；较多文献发现国内经济
增长与 FDI 流入呈正相关（Glauco et al. , 2008；Neumann et al. ,
2009）。 De Pace（2012）使用非参数自举法研究了国际资本流动与宏观
经济变量的关系，发现跨境资本波动（以方差表示）及协同波动（以协方
差和相关系数表示）与 3 个宏观经济变量（产出、投资与实际利率）密切
相关。 Caballero et al. （2008）认为，经济衰退导致世界性的资产短缺，
进而导致大量资本涌向美国资产并创造出严重的资产泡沫。 因而，世界
其他国家金融抑制成为国际资本流动的重要驱动因素。 Mendoza et al.
（2009）认为，金融市场发展深度不仅影响发达国家累积国外债务规模，
而且也影响到国际资产组合结构，导致一些国家出现国外净资产下降而股
权、FDI 上升的异象。 Bacchetta et al. （2010）认为，近十年来源自新兴
经济体的国际资本流动是对流动性资产需求上升的结果。 为解释上述现
象，作者构建了一个动态开放的宏观经济模型，结果发现对外国债券的需
求互补于国内投资，而这一互补效应能否发挥作用则依赖于新兴经济体增
长收敛路径和 TFP 增长率。 Ju et al. （2011）基于多部门一般均衡模型
分析了金融发展对外部融资的作用，该研究以相对金融市场规模作为金融
发展测度指标，发现高质量金融体系能系统性地提高外部融资总额。 因

此，国际资本中的金融资本由南流向北。 然而，FDI 则由金融发展充分国家流向金融欠发展国家，与金融资本呈现相对的双向流动。

另外一些学者则从东道国资产质量和国家风险角度分析国际资本流动的拉动因素。 Uribe et al.（2006），Neumeyer et al.（2005）实证结果显示，发展中国家资产价格变化对国际资本流动具有决定性作用。 Broda et al.（2009）认为，当他国资产随金融危机而风险增加时，国际资本流向更安全的美国资产（如美国国债）。 Baldwin（2009），Milesi-Ferretti et al.（2011）实证研究表明，在控制世界经济增长和贸易开放度后，国际资本流动规模与风险显著负相关。 由于不同国家特征差异显著，即便处于相似发展水平的国家，其国际资本流动具有显著异质性，并且金融危机与债务水平能部分解释一国投资组合（Devereux et al.，2009；Broner et al.，2010；Tille et al.，2010）。 上述研究均基于宏观经济数据进行实证分析。 为了寻求更加翔实的经验支持，一些学者开始使用企业层面的微观数据进行实证检验，发现资产质量影响投资者的资产组合，从而决定国际资本流动方向和规模（Calvet et al.，2009；Froot et al.，2005；Hau et al.，2008；Jotikasthira et al.，2009）。

（二）全球性因素

全球性因素通常包括世界产出、全球流动性和衡量经济状态等 3 个指标（Broto et al.，2011）[①]。 实证研究表明，全球产出与 FDI 之间的关系具有多种可能，有的学者发现两者具有正向关系（Vita et al.，2008），但也有部分研究发现两者具有负向关系（Albuquerque et al.，2005）或不存在显著关系（Ratha et al.，2000）。 与此同时，全球产出对于其他类型的资本流动亦存在类似结论，如全球产出对证券资本流动具有显著的正效应（Forbes et al.，2012）或无显著关系（Ahmed et al.，2014）；对银行资本流动存在正向关系（Jeanneau et al.，2002）或无显著关系（Ferucci et al.，2004）。 在实证研究中，通过使用主要工业国实际 GDP 增长率

---

① 3 个指标分别指通胀、3 个月期国债利率和标准普尔股票交易指数。

或 Spring WEO 预测的经济增长率来衡量全球产出变化。

全球流动性以全球货币供给来衡量，具体包括美国、欧元区和日本的 M2 加上英国 M4，或是使用储蓄银行和其他金融机构私人信贷增长（Beck et al.，2009）。 Broto et al.（2011）使用跨国面板模型研究发现，内流的总资本波动与全球流动性呈现显著的负向关系；Goldstein et al.（2006）实证发现，信息不对称条件下流动性冲击对不同资本流动周期具有不同作用，投资者可能会由于流动性问题清算收益低或生产效率低下的投资项目。 同时，由于外国投资者不能有效甄别信息，当经济衰退时，流动性冲击导致外国投资者更倾向于通过直接投资而非证券投资进入国内市场，其原因在于直接投资能控制企业，降低信息不对称程度。 另外一些学者则基于全球信贷增长（Brunnermeier，2009；Calvo，2009；Kalemli-Ozcan et al.，2010）来讨论全球流动性对跨境资本流动的影响。

全球利率对跨境资本流动的影响一直是学者关注的重点。 Bellaterra（2001）基于具有资本积累和有限生命周期家庭的小型开放动态最优化模型分析了世界利率扰动对国际资本流动的影响。 在实证研究中，全球利率水平以美国政府、核心欧元区和日本债券长期平均利率，或是简单地以美国联邦储蓄基准利率为代理变量。 从实证结果来看，多数研究发现，利率变化对证券资本（Dahlhaus et al.，2014）以及银行资本（Bruno et al.，2013；Ghosh et al.，2014）体现出负向效应，但对 FDI 的影响却存在正向、负向或不显著三种结论。

除上述 3 个因素之外，部分学者强调全球风险（Gourio et al.，2010）对跨境资本流动的作用。 实证检验中，通常使用市场波动指数捕捉全球不确定性和风险，包括金融资产风险和投资者风险厌恶水平。 研究发现，市场波动指数影响世界各地风险资产收益率，而风险资产收益率是国际资本波动的重要因素（Agrippino et al.，2014；Ghosh，2014）。 Hannan（2017）将美国影子利率、美国实际经济增长率、原油价格归类于全球因素中，发现这些因素与细分类型的跨境资本波动显著相关。 另外一些学者则研究经济事件国际传导的贸易渠道、金融渠道[①]和国家类似度[②]（Claessens et al.，2001）在跨境资本波动中的作用。

上述研究无论是全球层面还是国内层面，均将影响跨境资本的因素划分为实体经济和金融变量进行讨论，而且在讨论跨境资本波动时，均对影响跨境资本流动的因素进行分析。从使用数据类型来看，多数研究基于跨国数据进行面板回归，缺少国别经验研究。

三、国内相关研究

中国国际资本流动一直是我国学者研究的焦点，特别是跨境资本出现异常时讨论尤为激烈，这些研究可归纳为国际资本流动对中国货币政策的作用（田素华等，2008；谈正达等，2011；袁仕陈等，2012；邱雨薇等，2015）；对中国资产价格的影响（赵进文等，2013；朱孟楠，2010；赵文胜等，2011；吴丽华等，2014；杨海珍等，2015）；对中国宏观经济稳定性及经济增长的影响（袁仕陈等，2015；陈瑾玫等，2012；张志明等，2013；李魏，2011；杨俊龙等，2010）；国际金融危机期间资本外逃及影响（王世华、何帆，2007；梁权熙等，2011；陈辉等，2013）。一部分学者讨论了中国国际资本流动的影响因素，如外部非常规货币政策（陶士贵等，2015；路妍等，2015；万淼，2014）、跨国套利（胡国良等，2015；苏多永等，2010）；对中国跨境资本流动监测预警及审慎管理（李伟等，2013；邓敏等，2012；敬琴等，2012）。上述研究虽然围绕中国跨境资本流动各个层面进行了非常系统而全面的研究，但亦存在研究空白，如文献涉及中国跨境资本流动的规模及影响因素，但鲜有文献讨论中国跨境资本波动，也没有对中国跨境资本波动水平进行测量及解释波动的原因。随

---

① 贸易渠道通常包括直接贸易、第三国市场竞争和进口价格变化，金融渠道包括银行借贷、证券投资。

② 如共同的地理位置和经济特征。

着中国跨境资本流动规模的不断增大，其波动亦更为频繁和波幅愈加剧烈。 因此，对国际资本流动的监管应当包括对跨境资本波动的管理。 本研究企图基于中国跨境资本季度数据，测量分类的跨境资本波动水平，并运用时间序列方法分析全球宏观经济对我国跨境资本波动的冲击效应，从而为中国跨境资本管理提供波动方面的信息。

第三节　中国跨境资本波动测量

一、跨境资本波动测量方法

测量国际资本波动的方法主要有以下三种。

（一）滚动标准差方法

Neumann et al. （2009），IMF（2007）使用滚动标准差来衡量国际资本波动，计算公式为

$$\sigma_{it} = \left(\frac{1}{n} \sum_{k=t-(n-1)}^{t} (flow_{ik} - \mu)^2 \right)^{\frac{1}{2}} \tag{5-1}$$

$$\mu = \frac{1}{n} \sum_{k=t-(n-1)}^{t} flow_{ik} \tag{5-2}$$

式中 $flow_{ik}$ 表示 i 国 k 期资本流量，n 为窗口期。 然而，由于采取滚动方法来进行计算需要事先确定窗口的长短，而窗口期将导致样本从初始期开始损失，窗口期越长，样本损失越多。 因此，该方法需根据样本长度选择适当窗口期，以保证充足的自由度。 同时，滚动计算标准差将导致相邻各期存在严重的自相关和内生性问题，同时对于不同时期资本流量均赋予同一权重的做法，波动过程变得过度平滑，国际资本波动幅度弱化。

（二）基于 GARCH 模型的估计方法

衡量国际资本波动的另外一种替代方法是由 Bekaert et al.（1997），Lagoarde-Segot（2009）提出的基于 GARCH 计量模型估计方法，其均值方程和方差方程为

$$\Delta flow_t = \varepsilon_t \sigma_t \tag{5-3}$$

$$\sigma_t^2 = \alpha_0 + \alpha_1 \Delta flow_{t-1}^2 + \alpha_2 \sigma_{t-1}^2 \tag{5-4}$$

其中，$\Delta flow_t$ 为资本流量的一阶差分，ε_t 服从高斯分布，σ_t^2 为条件方差。这一方法基于均值方程估计出残差，以残差平方作为方差的近似估计值，再由条件方差方程估计出各期条件方差，以条件方差来衡量国际资本波动水平。这一方法亦存在一定限制。首先，由于样本数据的不足导致 GARCH 模型估计出现收敛误差。此外，由于模型需使用最大似然估计方法进行参数估计，倘若样本数据不满足大样本要求时，将导致参数估计出现较为严重的偏误。

（三）基于 ARIMA 模型的估计方法

为克服上述方法缺陷，Broto et al.（2011）基于 Engle et al.（2008）模型，针对不同国家拟合出适当的 ARIMA 模型，近似得到国际资本流动的年度方差。方差的公式为

$$\sigma_{it}^2 = \frac{1}{4} \sum_{j=1}^{4} |v_{itj}| \tag{5-5}$$

其中，v_{itj} 表示季度残差绝对值，$j = 1, \cdots, 4$ 代表 t 年 4 个季度。Broto 方法估计结果与其他两种方法估计结果具有相同趋势，但平滑处理幅度更小，结果将出现更大的波动，更能识别金融危机等事件的冲击。同时，具有更低的时序相关性，在刻画国际资本周期性波动特征时更具优势。

二、中国跨境资本波动特征

由于不同方法具有不同特征，为了全面反映中国跨境资本波动特征，本研究使用上述三种方法来测量中国跨境资本波动，并对不同方法测量结果进行比较。 由于滚动标准差方法使用标准差来衡量波动，为了便于比较不同方法的差异，在运用 GARCH 方法估计得到条件方差后，再对条件方差进行了开方处理，得出条件标准差；同时，在运用 ARIMA 方法得到残差后，按照 Broto（2011）方法对残差取绝对值，消除负向残差的影响。 本研究不同于 Broto（2011）方法之处在于并没有对残差做滚动计算，从而避免滚动平均导致平滑处理。 中国跨境资本流动数据来源于中国外汇管理局网站，样本时间段为 1998 年第一季度至 2017 年第二季度。本研究使用相对指标来衡量国际资本流动水平，即跨境资本流动金额占GDP 比例来衡量。 考虑到季节波动性， 对跨境资本流动和 GDP 数据做季节处理。

（一）跨境直接投资波动

图 5-1-a 和图 5-1-b 反映了运用三种方法测度的中国 FDI 和 OFDI 波动特征，主要结论有：①从总体上看，三种方法测量的跨境直接投资波动趋势基本一致，说明三种方法测量跨境资本波动水平相近。 ②ARIMA 方法测度结果更为敏感，更能反映临时性冲击导致的波动效应，GARCH 条件异方差方法次之，滚动标准差方法则存在过度平滑临时性冲击，而且测度跨境直接投资时存在明显的时间滞后。 这一特征在 2007—2008 年金融危机期间尤为明显。 上述结果与 Broto et al.（2011）测量泰国跨境资本波动结论一致。 ③不同流向的跨境直接投资波动存在明显差异。 金融危机期间，FDI 流入波动峰值发生在 2007 年，而 OFDI 峰值发生在 2008 年间，说明流出直接投资波动滞后于流入直接投资的波动。 从波动大小比较来看，无论使用何种方法，FDI 波幅大于 OFDI。 使用 ARIMA 模型残

差衡量波动时，外国直接投资波动峰值为 0.14 左右，而对外直接投资峰值为 0.006 左右。 另外两种方法得出结论虽然两者差距较小，但亦较为清楚地体现了这一特征。

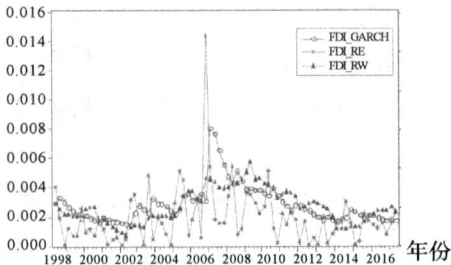

图 5-1-a　外国直接投资波动图　　图 5-1-b　对外直接投资波动图

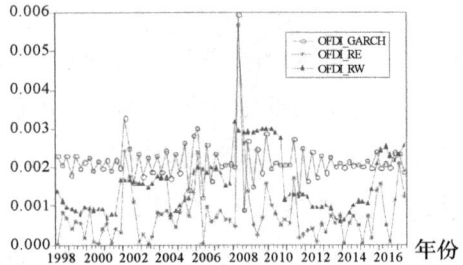

注：后缀名_ RE 表示使用 ARIMA 方法测量的结果，_GARCH 表示使用 GARCH 模型测量的结果，_RW 表示使用滚动标准差测量的结果，下文表示方法与此相同。

（二）证券投资波动

图 5-2-a 和图 5-2-b 反映了三种方法测度的跨境证券投资波动，具体为：①证券资本流入（PI）呈现针尖式波峰，其中最大的波幅出现在 2001—2002 年间，此外在 2004 年、2007 年和 2016 年左右出现中等程度的波动。 而证券资本流出（OPI）呈现钟状波动，以 2005—2008 年为界，之前波幅呈现上升趋势，但之后呈现下降趋势。 因此，无论是证券资本流入还是流出波动，从长期来看，波动幅度并不大，这反映出中国资本市场开放比较谨慎。 ②从流入的证券投资波动来看，在中国股票市场两个牛市期间表现较为相近，均出现一定程度的增加。 而流出证券投资受中国股票市场波动影响更为明显，且前后表现不一。 如 2006—2007 年间波动较大，随后迅速回落，并在 2014 年达到最低，随着中国股票市场在 2015 年的快速飚升而波动有所加大。 但相比于 2007 年牛市，2015 年牛市期间流出的证券资本波动相对小很多。 ③从三种结果比较来看，ARIMA 方法仍然是最具敏感的方法，其测度波动幅度最大，GARCH 方法次之，而滚动标准差方法难以较好地捕捉跨境证券资本流的波动，且其测度的波动峰值晚于其他两种方法。 其原因在于滚动标准差方法做波动

平滑处理后导致波动出现时滞。

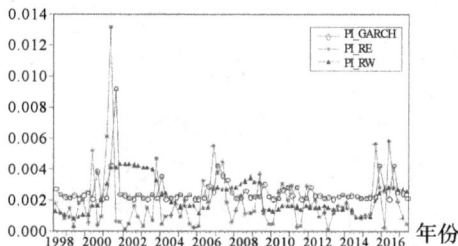

图 5-2-a　证券投资流入波动图

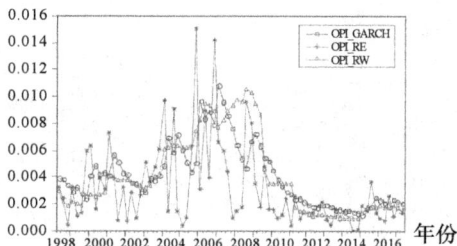

图 5-2-b　证券投资流出波动图

（三）跨境其他投资波动

从国际收支平衡表结构来看，其他投资主要包括贸易信贷、银行贷款、货币和存款以及其他资本流动。从性质上看，这三类跨境资本流动均与银行存在关联，故有学者将此类跨境资本流动定义为银行资本流动（Broto et al.，2011）。从构成规模上看，跨境贷款、货币与存款规模较大，且各年间波动较大，而贸易信贷规模较小且各年间波动不大。图 5-3-a 和图 5-3-b 反映了中国跨境流入（BANK）和流出（OBANK）的其他投资波动情况。其具体为：①与跨境直接投资波动相似，三种方法测度的波动趋势较为一致。同时，结果表明，两次金融危机之后，流入的其他投资波动有所增大，而流出的其他资本波动却有所减少，特别是在 2008 年金融危机之后，流出的其他资本波动下降趋势明显。②基于 GARCH 模型测度的其他投资流入体现为波动的集聚性，而且相比于其他两种方法，其测度的波动水平更高，但波幅相对较小；使用 ARIMA 模型测度的波幅最大，滚动标准差方法测度的波幅居中。③对于流入的其他投资而言，使用 GARCH 模型测度结果在两个时间段内出现较大波动，即 1998 年至 2001 年间和 2010 年之后，其波动呈现聚集现象。而使用 ARIMA 模型测度的波动水平虽然在 1998 年之后有所放大，但最大波幅出现在 2004 年；对于流出其他投资而言，最大波幅发生在 2007—2008 年金融危机期间。④三种方法比较来看，由于 GARCH 方法反映了波动聚集现象，因而测度出来的波动频繁过高，而滚动标准差方法同样存在过度平滑导致难以反映波动变化的缺陷，ARIMA 方法测度结果较为理想。

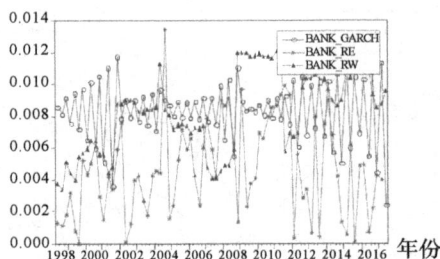

图 5-3-a　其他投资流入波动图

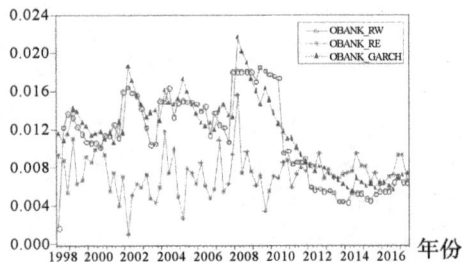

图 5-3-b　其他投资流出波动图

第四节　中国跨境资本波动影响因素：
基于 BVAR 模型的实证检验

一、估计方法：Bayesian-VAR

自 Sims（1980）的开创性工作以来，VAR 方法广泛应用于多变量宏观时间序列建模。 但是，VAR 模型存在过度参数化的内在缺陷。 Litterman（1986）对 BVAR 方法的创造性贡献，为 VAR 过度参数问题的估计提供了一致且便利的分析框架，同时高维多元时间序列计算方法的发展为 BVAR 参数求解提供了较好的工具，故近年来 BVAR 方法被大量应用。 将 VAR（p）定义为

$$y_A = \sum_{j=1}^{p} A_j y_{t-j} + u_t \qquad (5-6)$$

其中 y_t 为 $M \times 1$ 内生变量向量，A_j 为 $M \times M$ 系数矩阵，u_t 为独立同分布的随机项向量，且服从 $N(0, \sum)$。 为了表示方便，令 $Y_{M \times T} = (y_1,$ $\cdots, y_T) M \times T, X = [x_1, x_2, \cdots, x_T]$，$x_1 = (y_{t-1}, \cdots, y_{t-p})^1$，$A(M \times P)$ $\times M = (A_1, \cdots, A_p)$ 其中，可得到模型的矩阵表达式 $Y = AX + U$。进一步也可表示为 $y = (X \otimes I_M) \alpha + u$，其中 y、α 和 u 分别表示由 Y、A 和 U

堆叠而成的向量。

由于 BVAR 模型参数被视为已知先验分布的变量，不同的参数先验分布假定导致不同的先验密度。本研究使用 Minnesota 先验（也叫 Litterman 先验）进行估计，Minnesota 先验能有效解决超参数取值问题，通过确定超参数的合理取值区域，提高模型估计精度和预测效果。

在 Minnesota 先验分布下，参数向量服从均值为和方差的多元正态分布，得到先验概率密度为

$$f(\alpha) = \left(\frac{1}{2\pi}\right)^{M^2 p} \left| \sum_\alpha \right|^{-1/2} \exp\left[-\frac{1}{2}(\alpha - \widetilde{\alpha}) \sum_\alpha^{-1} (\alpha - \widetilde{\alpha})\right]$$

（5-7）

似然函数为

$$L(\alpha \mid y) = \left(\frac{1}{2\pi}\right)^{\frac{MT}{2}} \left| I_T \otimes \sum \right|^{-1/2} \exp\left[-\frac{1}{2}(y - (x \otimes I_M)\alpha)(I_M \otimes \sum)^{-1}(y - (x \otimes I_M)\alpha)\right]$$

（5-8）

最后，根据贝叶斯定理可得后验分布密度：

$$f(\alpha \mid y) = \frac{L(\alpha \mid y)f(\alpha)}{\int L(\alpha \mid y)f(\alpha)\mathrm{d}\alpha}$$

（5-9）

后验概率密度可以表示为

$$L(\alpha \mid y) \propto \exp\left[-\frac{1}{2}(\alpha - \widetilde{\alpha}) \overline{\sum_\alpha^{-1}} (\alpha - \overline{\alpha})\right]$$

（5-10）

其中 $\overline{\alpha}$ 为参数向量后验期望，$\overline{\sum_\alpha^{-1}}$ 为参数向量后验方差协方差矩阵。因此，贝叶斯方法估计出参数向量为随机变量。在实践中，Minnesota 先验需要事先确定参数的先验期望和方差，在自身方程的一阶滞后项系数期望为 1，在每个方程的其他项系数期望均为零；而在第 i 个方程变量 j 的 l 阶滞后项系数方差为

$$D_{ij}(l) = \begin{cases} (\lambda/l)^2 & if\, i = j \\ (\lambda\theta\sum_{ii}/l\sum_{jj})^2 & if\, i \neq j \end{cases}$$

（5-11）

其中，λ 为 A_1 对角元素的先验标准差，$\theta \in (0,1)$，$\sum_{ii}$ 为随机变量协方差矩阵对角线第 i 个元素。

参数求解为变量结构关系提供一种分析基础。 为分析各变量之间的关系，特别是全球宏观经济变量对跨境资本波动的影响，本研究计算出结构方程中跨境资本波动随机扰动项的脉冲反应。

二、变量选择及模型设定

从文献上看，影响跨境资本波动的因素共分为三类：全球宏观、国内宏观和国内金融变量，考虑到样本限制及分析目的，本研究选取如下内生变量：

全球流动性。 全球流动性不仅直接通过融资供给改变国际投资者运用资金进行全球资产配置的能力，还间接通过改变投资者风险偏好和预期来调整国际投资组合，上述两种渠道均推动国际资本流动并加剧波动。本研究使用美国、欧元区、日本 M2 总和表示全球流动性水平。 英国货币由于在划分上与上述国家统计口径差别较大，故没有将其列入。 全球流动性数据来源于 IMF。

世界利率水平。 利率水平通常内生地决定于经济条件，当全球经济陷入衰退时，各国央行普遍实施低利率政策以刺激经济，而全球经济状态往往决定国际资本流动水平。 因此，世界利率水平内生地影响全球跨境资本流动。 本研究参照 Broto（2011）的做法，使用美国 3 个月商业票据平均利率来衡量世界利率水平，数据来源于 IMF。

全球产出。 国际资本流动反映投资者风险偏好、投资组合偏好及分散化策略，揭示具有不同动机与投资激励的国内外经济代理人行为。 因此，其除了受金融因素影响外，也受实体经济的影响，如 G7 国家衰退影响流向新兴经济体的资本规模及结构。 为了反映全球实体经济对中国跨境资本波动的影响，本研究选取全球产出作为全球实体经济的代理变量[①]，使用 25 个欧盟国家和美国平均人均 GDP 来衡量全球产出，数据来源于 OECD 官方网站数据库。

为了反映国内因素对跨境资本的影响，本研究同时选取中国产出增长率、股票市场表现以及对外贸易开放度作为内生变量。使用中国季度 GDP 增长率反映中国产出增长，数据来源于 EIU 宏观数据库；选取上证综合指数来衡量中国股票市场走向，数据来源于 Wind；中国贸易开放度由我国进出口总额占 GDP 比例来衡量，数据来源于 IMF。样本跨度为 1998 年第一季度至 2017 年第二季度。VAR 模型最优滞后期根据 Sims 似然比统计量（LR）确定。

三、脉冲反应结果及分析

1. 直接投资波动脉冲反应（见图 5-4-a 和图 5-4-b）

相比于其他跨境资本流，跨国直接投资具有更高的沉没成本，面对不确定性，投资者更为谨慎。因此，当全球宏观经济面临不确实性时，全球直接投资将更具波动性。从脉冲结果来看，不同全球宏观变量对跨境直接投资的影响方向和深度不一。

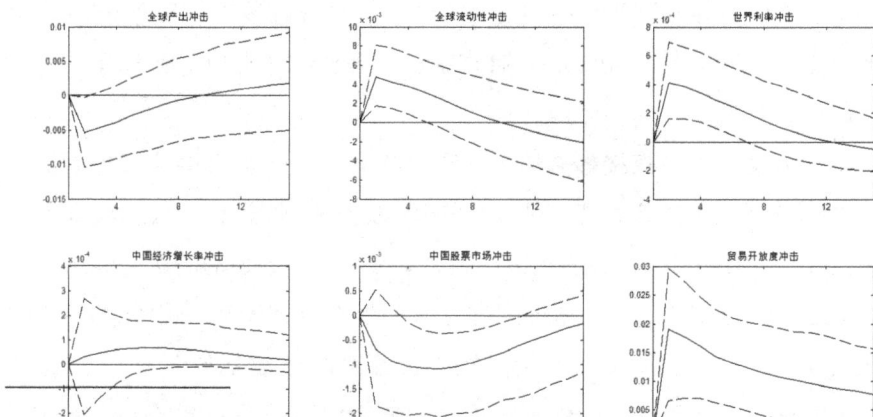

① 亦有文献使用工业化国家工业生产指数来衡量全球产出（Nuemann et al.，2009）。

图 5-4-a 外国直接投资波动脉冲反应图

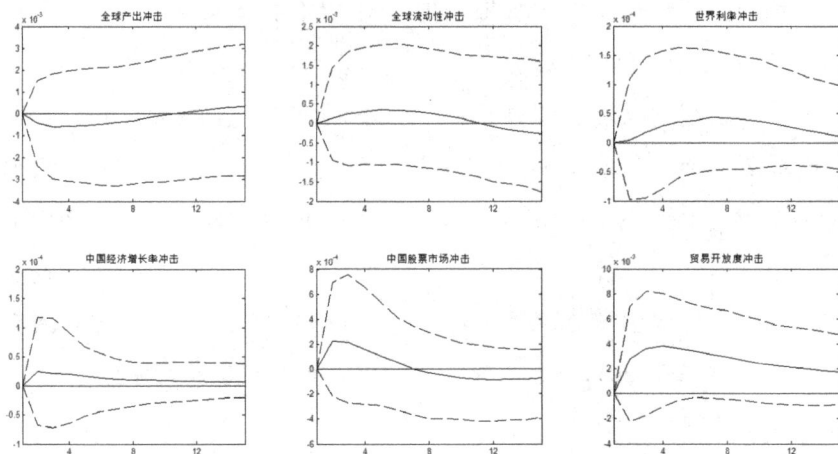

图 5-4-b 对外直接投资波动脉冲反应图

全球产出对外国直接投资波动具有显著的负向冲击，即全球产出一个正向标准差冲击，将降低流入中国直接投资波动，并在第 2 期前达到谷底，然后缓慢收敛至均衡状态。 与此同时，全球产出对中国 OFDI 波动亦具有负向效应，从冲击大小来看，冲击力度不强，冲击效应比较弱，大约在第 3 期开始收敛，在第 10 期达到均衡水平，衰减时间相对较长。 全球产出增长意味着全球经济向好，国际商品市场增长潜力较大，从而对全球直接投资起到稳定作用，不会引起全球直接投资在短时间内快速增加或减少。 已有研究表明，全球产出增长对 FDI 具有正向效应（Glauco et al.，2008）或是负向效应（Rui et al.，2005）。 本研究发现，全球产出对中国 FDI 波动具有稳定作用，这一结论对于理解全球产出与中国 FDI 关系提供了新的视角。

全球流动性供给直接影响到跨境资本流动，全球货币供给量越大，流动性充裕背景下全球直接投资增多，直接投资波动增大。 从结果来看，全球流动性对中国 FDI 波动冲击作用显著为正，在第 2 期前到达峰值，第 10 期收敛至均衡水平。 与之不同的是，虽然全球流动性对中国 OFDI 波动具有正向冲击，但冲击力度相对较小，且两倍标准差包含零值。 由此可见，全球货币性因素对中国不同流向的直接投资具有不同的冲击效应，流入的直接投资相对更容易受到全球流动性冲击，而中国 OFDI 受其冲击的影响相对有限。 其原因在于流入中国的 FDI 资金来源于国际市场，全球流动性直接影响到跨国投资资金可获得性和成本。 与之不同的是，中国 OFDI 资金多数来源于国内，全球流动性对其冲击较小，反而更容易受到国内流动性和外汇储备影响。

美国货币市场利率正向冲击导致中国 FDI 波动明显放大，在第 2 期到达峰值，并在 12 期后收敛至均衡水平。 Broto et al. （2011）研究发现，更高的美国利率与更低的 FDI 波动相关，本研究结果与之存在差异。 其原因在于本研究的对象仅限于中国，而 Broto et al.(2011)的研究则基于跨国面板数据展开。 与此同时，美国货币市场利率对中国 OFDI 波动亦具有正向作用，即美国货币市场收益越高，中国 OFDI 波动越大，在第 8 期左右达到峰值，然后缓慢收敛。 一般而言，美国货币市场利率上升，表明美国本土收益率上升，同时提高了直接投资成本，导致国际直接投资减少，进而影响到全球直接投资的波动。 由于美元为全球性货币，美国货币政策将影响到全球风险资产收益率，风险资产收益率的变化必然影响到跨国投资的全球性配置（Agrippino et al. ，2014），资本的全球性配置调整最终导致中国跨境直接投资波动。

2. 证券投资波动脉冲反应（见图 5-5-a 和 5-5-b）

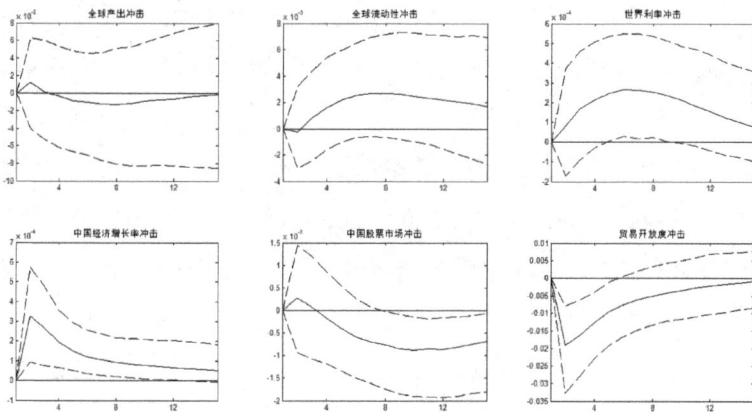

图 5-5-a　流入的证券投资波动脉冲反应图

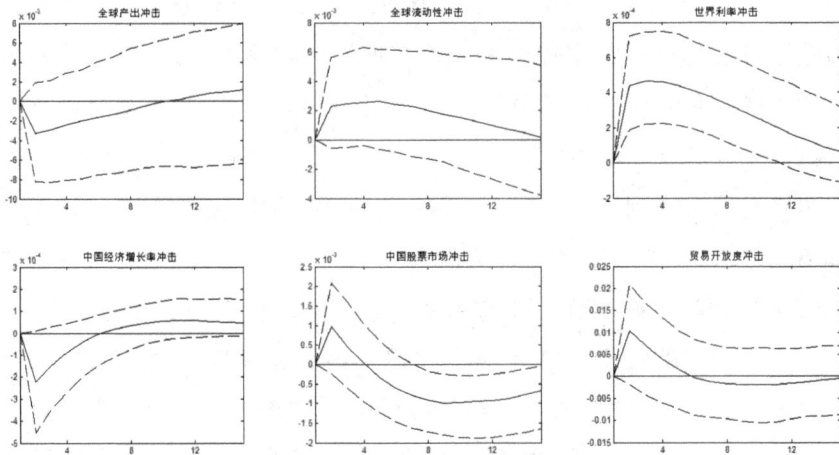

图 5-5-b 流出的证券投资波动脉冲反应图

证券投资主要包括股本证券和债务证券两类，债务证券主要包括中长期债券和货币市场工具。 从流入流出规模上看，各年流出债务证券金额高于股本证券，说明中国对外证券投资具有"重债券、轻股票"特征；从流入证券资本来看，股本证券多于债务证券，股本证券的增长速度也快于债务证券，说明中国资本市场对外开放以股票市场为主。 相比于流出证券资本，流入证券资本远高于流出证券资本，说明中国资本市场开放以对外开放为主，对内开放进展仍较慢，国内企业利用国外资本市场的深度还有待提高。 从理论上看，在三类跨境资本中，证券资本最具流动性，交易成本也最小，因而决定了其波动较大。 面对全球宏观经济冲击时，具体反应如下：

全球产出对流入中国境内的证券投资波动具有正向冲击，但该脉冲反应力度有限。 其原因在于：一是全球产出与流入中国境内的证券投资并不存在内在因果关联；二是中国资本市场采取了渐近的开放政策，对于流入境内的证券投资采取过渡性审核制度。 当前中国实施的 QFII 制度不仅严格限制投资范围和投资额度，也对资金汇兑和跨境流动存在诸多约束，确保流入境内的证券投资只能在政策框架内有限流动，从而能在一定范围内有效防范短期投机导致的金融风险。 与之相反，全球产出正向冲击对中国流出的证券投资波动具有负向效应，说明全球产出临时性冲击能降低中国对全球证券市场投资的波动。　从逻辑性上看，全球产出是全球宏观经济的重要指标之一，全球产出正向冲击传递全球经济向好的信号，从而能在心理上稳定国际投资者预期。　受此影响，中国对外证券投资亦表现出较好的稳定性。　与此同时，中国对外证券投资同样受到跨境资本管制约束，中国对外证券投资规模有限，流动和波动均不大。

全球流动性对流入和流出境内的证券投资波动具有正向冲击，说明面对全球流动性释放，跨境证券投资金额增加，波动性加大。　对于流入的证券投资而言，峰尖出现在第 8 期，之后衰减，而流出的证券投资峰尖出现在第 5 期，说明流入的证券投资波动相比于流出的证券投资具有更长的反应时间。　由于流入的证券资本来源于国际金融市场，故其对全球流动性的反应更为积极，而流出的证券资本多为中国境内资本，全球流动性对境内资本的波动冲击持续时间更短。

美国货币市场利率对中国跨境证券投资波动具有正向冲击，但流入与流出波动反应时间不一，流入波动在第 6 期达到峰值，而流出波动在第 2 期左右达到峰值，流出反应快于流入。　因此，当美国货币市场收益率走高时，流入中国的证券投资可能减少，而流出证券投资可能增加，两种情况均导致跨境证券投资波动增大。　这一结论与 Neumann et al.（2009）的研究结果一致，其研究发现世界利率（以联邦实际储蓄利率衡量）提高减少不同类别国际资本流动。　该结果亦与刘骞文等（2015）的研究结论较为一致，他们通过 Probit 模型研究了 17 个新兴市场国家资本流动波动的异常情况，结果发现美国货币市场利率增加带来跨境资本流入增加，即回流美国的跨境资本增加，其他国家证券资本流出增加，而流入减少。

3. 其他投资流入波动脉冲反应（见图 5-6-a 和图 5-6-b）

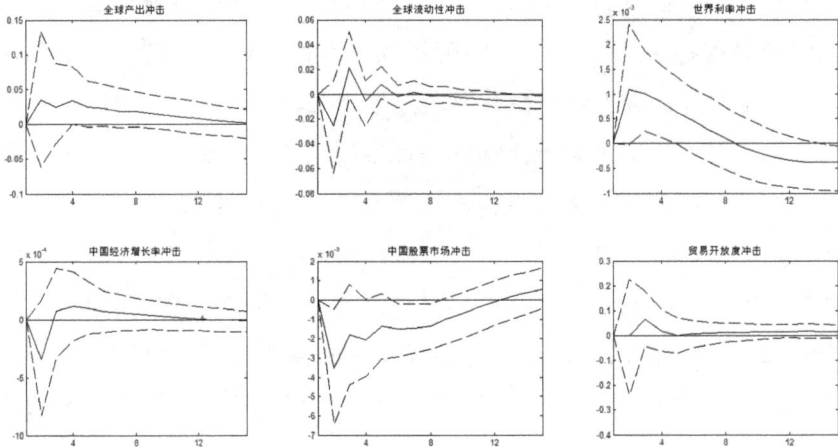

图 5-6-a　其他投资流入波动脉冲反应图

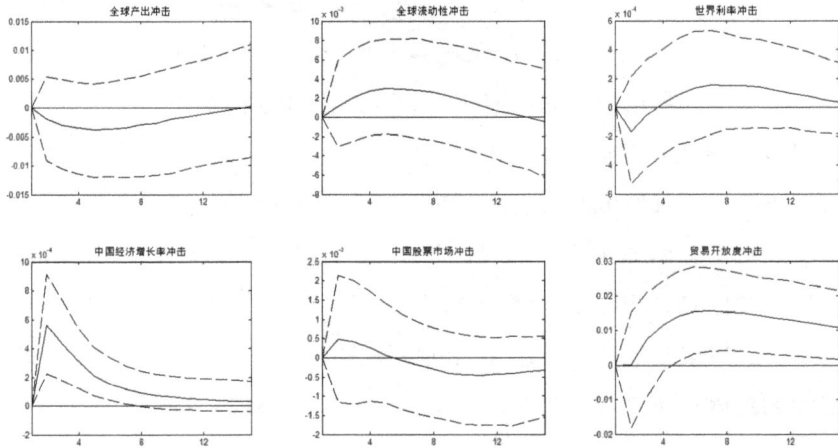

图 5-6-b　其他投资流出波动脉冲反应图

如前所述，其他投资反映了跨境银行资本流动水平。其中贸易信贷反映了进出口贸易相关的商业借贷，与真实经济交易相关，具有较大的稳定性；而其他存贷款反映了单纯的跨国资金借贷，不依赖于真实经济交易，更易发生波动。面对全球宏观经济冲击，其脉冲反应如下：

世界产出冲击对流入的其他投资波动具有正向效应，而对流出的其他投资波动具有负向冲击。 说明世界产出随机冲击将加剧流入的跨境其他投资波动，而降低流出的其他投资波动。 对流入的其他投资波动而言，其在第 2 期达到峰值，在第 14 期左右收敛至均衡水平。 对于流出的其他投资波动而言，其在第 5 期达到最低值，然后在第 14 期衰减至初始水平。 从反应强度比较来看，对流入的冲击力度大于流出。 出现上述现象的原因在于流入的其他投资相比于国内流出的其他投资更容易受全球经济增长影响。 因此，当面临全球产出冲击时，流入中国的其他投资更容易发生波动，而流出的其他投资波动有限。

全球流动性对流入的其他投资波动影响比较复杂，呈现先下降再上升的过程，说明全球流动性冲击具有稳定流入中国的其他投资波动的作用，但是稳定效应持续期较短，紧接着流入的其他投资波动有所增加，随后缓慢收敛。 而对流出的其他投资波动来看，其在第 5 期达到峰值，并在第 13 期左右收敛至原水平，说明其加剧流出的其他投资波动。 其原因在于当全球流动性放大时，可以更加便利和低成本地从全球金融市场获取融资，中国流出的其他投资将减少，从而波动呈现放大现象。

美国货币市场利率对流入的其他投资波动具有正向的冲击，而对流出的其他投资波动具有短暂的负向冲击，说明美国资金市场收益对其他投资流动的影响方向存在差异。 对于流入的其他投资波动而言，在第 2 期达到峰尖，然后在第 9 期左右收敛至均衡水平；而对于流出的其他投资波动而言，有一个短期下探过程，然后再向上，在第 8 期左右到达最高值。 从力度来看，世界利率变化对流入的其他投资波动冲击较大，而对流出的其他投资波动冲击力度有限。 从冲击反应强度来看，两者均不大。

4. 国内宏观经济的冲击

（1）跨境直接投资的脉冲反应

现有研究表明，直接投资面临东道国政治不稳定、经济与货币剧烈波动，甚至是经济和金融危机等突发性事件的冲击。 不仅如此，特定国家异质性特征，如商业环境、文化模式、市场结构及消费者选择偏好（Conconi，2016）等因素亦影响跨境直接投资。

从实证结果来看，中国经济增长率对流入和流出的直接投资波动均具有正向效应。这一结论与冯风荻、施建淮（2017）的研究结果部分一致，他们发现国内经济增长率对中国吸引 FDI 具有显著影响。由于 FDI 具有沉没成本高、流动性差的特点，故而国际投资者更注重东道国的经济增长潜力。与此同时，国内经济增长率越高，对外直接投资趋于增加，故而 OFDI 波动加剧。

一个重要发现是，贸易开放度对中国 FDI 波动具有较大正向效应，其两倍标准差明显高于零水平值，且持续时间亦较长。从内在机理上看，出口与 FDI 具有互补或替代效应，但无论何种关系，出口贸易增加表明贸易开放度上升，进而增加或减少 FDI，两者均导致 FDI 波动增加。我国对外开放始于出口贸易和 FDI，而出口与 FDI 相互作用进一步深化了两者互相因果关系。贸易开放度提高，向全球投资者传递中国将延续改革开放的基本国策，刺激外国直接投资流入，故而外国直接投资波动温和放大。从机理上看，多数学者证实了出口学习效应的存在（钱学锋，2011；Manjón et al.，2013；Foster et al.，2014；胡翠等，2015），通过出口贸易的学习效应能显著提升 FDI。贸易开放度对中国 OFDI 波动存在正向冲击，并在第 4 期达到峰值，但其冲击反应力度不及 FDI 强烈。

（2）跨境证券投资的脉冲反应

国内经济增长冲击对流入的证券投资波动具有较强的正向冲击，而对流出的证券投资波动具有较弱的负向效应。一般而言，由于各国宏观经济是国际证券投资决策的重要参考指标，当我国经济增长受随机的正向冲击时，表明中国宏观经济向好。这不仅增加了对外国证券资本的吸引力，而且对流出国内的证券投资起到稳定作用，最终表现为流入的证券投资波动加剧，而流出的证券投资波动下降。

国内类似研究均发现股价波动影响中国跨境资本流动（朱孟楠等，2010；赵进文等，2013；杨海珍等，2017）。Broto et al.（2011）、Aghion et al.（2004）发现证券投资波动与股票市场发展存在关联，但不同经济发展水平，股票市场发展对跨境证券投资流动影响存在差异。本研究的脉冲结果发现，中国股票市场对跨境证券投资波动具有短暂的正向冲击。　一个合理的解释是，当中国股票市场向好时，能吸引国际投资者投资于中国股票市场，从而表现为流入的证券投资波动加剧，但流出的证券投资相对减少。　由于中国跨境证券投资仍然保持审慎的开放政策，故而流入和流出的证券投资波动受中国股票市场冲击的反应强度均不大。

贸易开放度对流入的证券投资波动具有负向冲击，且其反应力度较强且及时，在第2期达到谷底，其收敛至稳定状态的衰退期较长。　由于贸易开放度的提高反映了中国坚持对外开放基本政策和全球一体化的真实水平，因而能起到稳定跨境证券投资的作用。　但是，贸易开放度对流出的跨境证券投资波动具有正向冲击，但冲击力度不强，2倍标准差包含零值，收敛衰减期也较短。

（3）其他投资的脉冲反应

国内经济增长率对流入的其他投资波动具有负向冲击，而对流出的其他投资波动具有正向冲击。　从冲击力度比较来看，流入的其他投资波动较小，而流出的其他投资波动较为剧烈。　不同方向的其他投资反映了不同的融资需求，流入的其他投资反映了境外机构向境内资金需求方提供了资金融通，而流出的其他投资反映了境内机构向境外提供了资金借贷。为了促进中国的出口贸易，中国境内机构倾向于向境外进口商提供资金融通。　因而，中国经济增长对流出的其他投资的冲击显著且力度高于流入。　这一研究结果与Broto et al.（2011）的研究结论部分一致，他们认为产出增长率对新兴经济体国家银行资本流动影响不显著。

中国股票市场存在一个正向冲击时，流入的其他投资波动表现为显著的负向反应，而流出的其他投资波动存在一个较小的正向反应。　说明当中国股票市场存在向上的波动异常时，能稳定流入的其他投资波动，而对流出的其他投资影响并不强。　此外，我国对跨境资本流动的管制更为严格，跨境银行信贷难以进入证券市场，从而股票市场冲击对跨境银行资本波动影响不大。

贸易开放度对流入和流出的其他投资波动均具有正向冲击。　对流入的其他投资波动而言，冲击力度有限且持续时间较短，但对流出的其他投资具有较大的冲击且持续时间较长。 由于其他投资主要包括贸易信贷和银行信贷，中国以出口贸易为主的对外贸易结构决定了上述特征。 本研究的脉冲反应符合理论预期。

第五节　结论及启示

国际资本波动水平及其冲击来源是一个重要的政策问题，本研究在将中国跨境资本流动分为直接投资、证券投资和其他投资的基础上，运用滚动标准差、GARCH 和 ARIMA 方法测度了其波动水平，并运用 BVAR 方法进行了实证检验，通过脉冲反应函数刻画出全球宏观经济因素对中国跨境资本波动的冲击效应，主要结论及启示有以下几点。

（1）不同方法测度的跨境资本波动总体一致，但也存在一定差异

使用不同方法来测度跨境资本波动时，直接投资、证券投资与其他投资均表现出一致的波动趋势，说明三种测度结果能从总体上反映各类跨境资本波动特征。 与此同时，不同方法表现出不同特征。 其中，基于 ARIMA 方法测度结果对诸如金融危机等临时性冲击更为敏感，更能捕捉到跨境资本波动特征；而滚动标准差方法则存在过度平滑处理，导致测度结果出现时滞，并加重了变量的自相关性，而 GARCH 方法测度结果居于上述两者之间。 因此，在测度跨境资本波动时，基于不同目标要选择合适的方法，特别要注意不同方法优势与不足，以及不同方法波动时的关联及对测度结果所产生的影响。

（2）不同类别、不同方向的跨境资本流体现出不同的波动特征

FDI 和 OFDI 具有不同的波动特征，OFDI 滞后于 FDI 波动，而 FDI 波幅大于 OFDI；流入和流出的证券投资波动呈现不同形态，流入的证券投资呈现针尖式波动，而流出呈现钟状波动，中国跨境证券投资波幅不大，反映出我国资本市场对外开放比较谨慎；不同流向的其他投资呈现不同的波动特征，在两次金融危机之后流入的其他投资波动增大，而流出的其他投资波动减小，特别是在 2010 年之后尤为明显。

（3）全球宏观经济变量对不同类别和不同流向的跨境资本波动具有不同的冲击效应

从脉冲反应结果来看，全球宏观经济是影响跨境资本波动的重要冲击来源，不同全球宏观经济变量作用效果也存在一定差异。具体为：全球产出对中国跨境直接投资、流出的证券投资以及其他投资均波动具有负向效应，而对流入的证券投资波动具有正向效应。此外，全球产出对 OFDI 波动冲击持续时间较长，对证券投资和其他投资波动冲击均有限。全球流动性对 FDI 波动具有显著正向冲击且持续时间较长，对 OFDI、证券投资和其他投资波动具有正向冲击但力度有限；与此同时，全球流动性对流入的证券投资波动冲击力度较大，且持续时间较长，但对流入和流出的其他投资波动冲击力度均有限。美国货币市场利率对直接投资、证券投资和流入的其他投资波动具有正向冲击，仅对流出的其他投资波动具有负向冲击。从冲击持续时间与力度的比较上看，其对 FDI 比 OFDI 波动的冲击效应更为迅速且力度更大，对流出的证券投资波动冲击快于流入冲击，而对流入和流出的其他投资冲击力度均较小。

随着中国资本账户自由化改革的深入，全球宏观经济冲击将成为中国跨境资本波动的重要来源。因此，在金融一体化进程中，保持跨境资本流动稳定不仅要关注国内宏观经济变化，更要密切关注全球宏观经济的冲击效应。在面临较大的临时性外部冲击时，有必要采取针对性的政策冲销国外宏观经济变化所带来的冲击。

（4）不同类别跨境资本波动对国内宏观经济变量冲击具有不同反应

本研究同时分析了中国经济增长率、股票指数和贸易开放度对不同类别跨境资本波动的冲击效应。结果显示：中国经济增长率对流入的证券投资、流出的其他投资波动冲击为正且力度较强，而对流出的证券投资波动冲击为负，力度亦较强，其对直接投资波动的冲击虽然为正，但力度有限。股票指数表现对 FDI、流入的其他投资波动冲击为负，其他不同类型资本波动冲击为正；从冲击力度上看，仅对流入的其他投资波动冲击力度较大。贸易开放度对 FDI、OFDI、流出的证券投资以及流出的其他投资波动冲击为正且力度较大，而对流入的证券投资波动冲击为负。这些结果说明，面临国内宏观经济变量冲击时，不同类型和不同流向的跨境资本波动不一。因而在政策制定时，特别要注意政策效应的异质性和时滞性，从而正确评估政策效应，并做出适时适度的政策决策。

—————第六章————

出口经验能促进中国对"一带一路"国家的直接投资吗：基于微观企业的实证研究[①]

第一节　引　言

近年来，中国对外直接投资（OFDI）步伐明显加快，越来越多的中国企业通过直接投资服务于国际市场。中国资本国际化新态势既受中国政府战略性政策安排（如"走出去"战略）和融资便利、税收激励等支持举措（Luo et al.，2010）的推动，也受中国企业国际化发展目标的内在驱动。在国内经济发展模式转换和全球产业轮动的经济环境下，中国 OFDI 被赋予多重使命，包括学习国外先进技术、获取稳定的资源供应（Gu et al.，2013）、消化过剩产能、放缓外汇储备积累以及缓解国内资源供应、环境恶化与贸易顺差的压力。国内企业通过跨国资本并购和绿地投资等形式，成功地实现了国际化战略目标，显著提升了中国企业的国际声誉。与此同时，中国企业在资本国际化进程中屡次由于政治干预或市场

---

① 本章与方霞、沈璐敏合作完成，发表在《国际贸易问题》2018 年第 9 期。

摩擦等不确定性因素的影响而使中国企业对外投资受阻。 由此可见，OFDI 面临东道国不确定性风险的冲击（Pasheed，2005；Schwens et al.，2011）。 这些不确定性风险具体包括政治不稳定、经济与货币剧烈波动，其至是经济和金融危机等突发性事件（Anderson et al.，1986；Erramilli et al.，1995）。 除上述因素外，还可能包括诸如商业环境、文化模式、市场结构及消费者选择偏好（Conconi，2016）等因素。 由于直接投资具有较高沉没成本和不可逆的特点，对外直接投资采取何种模式进入新的市场成为中国企业资本国际化过程中的重要问题。

从实践上看，OFDI 可以采取两种模式进入新的市场：直接投资进入和先出口再投资。 不同模式存在明显的投资风险与收益差异，前者的优势是能快速进入新的市场，掌握先机，缺陷是要求企业能迅速学习并对外部环境及时反应（Kostova et al.，1999），其成功与否受限于管理者的认知能力和理性程度；后者的优势是企业遵循渐近增长和缓慢适应的投资方略，能根据外部环境建立动态协调机制，缺陷是进入速度较慢，容易错失发展时机。 从现实情况来看，中国作为发展中国家进行大规模对外投资尚无国际经验可资借鉴，中国企业需结合自身现实情况探索国际化途径。

出口贸易可视为企业探索海外市场的行为。 现有文献研究表明，出口学习具有提升生产率（胡翠等，2015），企业通过出口学习显著提升企业技术优势而促成中国 OFDI（张先锋等，2016）。 但这些研究强调出口学习对于企业生产效率的作用，而未基于出口经验视角分析出口对 OFDI 的驱动作用。 面对不确定性，通过出口学习，积累出口经验，建立出口学习曲线，可以为投资决策提供先验信息。 因此，从理论上看，出口经验具有促成中国企业对外直接投资的内在机理，但这一结论尚未获得经验上的支持，这正是本研究的出发点。

本章以中国对"一带一路"国家直接投资为切入点，通过构建面板二元选择模型实证检验中国企业对"一带一路"经济带的出口经验是否影响其对外直接投资。 此外，通过引入出口经验与企业规模、行业及所有制性质的交互项来研究出口经验影响对外直接投资的渠道。 上述问题的解答，能为中国企业资本国际化提供经验借鉴和政策指向。 全章结构如下:第一部分为引言,第二部分为文献综述,第三部分为理论分析与研究假说,第四部分为实证检验,最后为结论及政策启示。

第二节 文献综述

出口与 FDI、OFDI 的关系一直是国际经济学界研究的热点问题。 从国外已有研究结论来看,一部分文献认为两者存在替代关系(Vernon,1966;Buckely et al.,1981;Gopinath et al.,1999;Chang et al.,2009;Lankhuizen et al.,2011;Oberhofer et al.,2012),但也有一小部分学者发现两者的互补关系(Kojima,1978;Jacquemin,1989;Patel et al.,1991)。 由于国家之间的经济联系起源于商品交易,故而学者们的早期研究聚焦于出口贸易。 随着跨国公司的兴起,国际直接投资的迅速发展,学界开始关注出口与国际直接投资的关系,重点研究国际直接投资对原有出口贸易是替代还是互补的关系。 随着中国经济实力的增强,中国通过跨国并购、绿地投资等形式增加了对外投资,较多学者围绕中国 OFDI 区位选择及影响因素、OFDI 对母国和东道国经济影响以及出口贸易与 OFDI 关系等方面展开研究,这为理解和评价中国 OFDI 提供了较为客观的依据。 与本章相关的文献主要包括以下几个方面。

第一,OFDI 与出口贸易之间双向因果关系的研究。 一部分学者认为,中国 OFDI 是出口贸易增长的 Granger 原因,出口增长同样是对外直接投资增长的 Granger 原因。 中国对外直接投资与出口增长之间为互补关系(张如庆,2005;项本武,2006;王英等,2007)。 中国企业"走出去"对我国出口贸易具有扩张效应,中国 OFDI 对出口存在创造效应(杨震宁等,2010)。 上述文献的共同特征是基于宏观时间序列数据,使用单位根、协整和 Granger 因果检验进行定量研究,揭示了我国 OFDI 与出口贸易之间的长期均衡关系。

第二,OFDI 与出口贸易关系随外部条件而变化的研究。 Melitz(2003)首先将生产率异质性引入动态的垄断竞争模型,认为只有生产率较高的企业才具有出口竞争力。 在此基础上，Helpman et al.（2004）认为只有具有生产率优势的企业才能以 FDI 的方式进入国际市场。 然而，上述两种理论难以解释部分企业出口与 OFDI 同时并存的现象，国内学者基于不同条件进一步讨论了两者可能同时并存。 廖利兵等（2013）基于国际市场风险因素拓展了 Melitz 和 Helpman 理论模型，研究发现生产率高的企业同时选择以出口与 FDI 的方式进入国际市场，生产率较低的企业选择出口方式，而生产率处于中间位置的企业以 FDI 方式进入国际市场。由此可见，生产率作为一个内生变量，是影响出口与 OFDI 关系的重要因素，不同生产率企业，其出口与 OFDI 的关系亦呈现不同的结果。 廖利兵等（2013）进一步的实证研究分析发现出口风险小于 FDI，故而企业可能通过先出口，然后再依据出口收集的信息做出是否对外直接投资的决定。这说明出口可视为减少 FDI 外部风险的重要渠道。 该研究不仅丰富了新新贸易理论，而且为企业国际化路径选择提供了导向。

第三，基于分类的 OFDI 讨论出口与 OFDI 关系的研究。 刘海云和聂飞（2015）基于企业对外直接投资动机对 OFDI 进行了分类，将资源寻求型 OFDI 归属于顺梯度 OFDI，而将技术寻求型归属于逆梯度 OFDI。 在此基础上，基于 2003—2012 年中国对 113 个国家的面板数据，实证检验了中国两类 OFDI 的贸易结构效应，发现中国顺梯度 OFDI 引发初级产业向发展中国家转移，导致中国出口减少；而逆梯度 OFDI 则会有效提升国内制造业生产水平，增加出口规模。 刘海云等（2016）进一步将 OFDI 分为水平和垂直型两种，发现中国制造业的水平和垂直型 OFDI 均显著提升了出口增加值，但垂直型 OFDI 对出口增加值的促进效应大于水平型OFDI。 这两项研究共同特征是基于不同种类 OFDI 来研究出口与 OFDI两者之间的关系，且均使用跨国面板数据模型进行实证检验，实证样本均为宏观数据。

第四，利用微观面板数据来研究企业出口与 OFDI 关系的研究。 随着国内数据库日臻完善和数据处理技术水平的提高，近年来国内学者大量使用微观计量方法来分析中国企业出口与 OFDI 的关系。 黄凌云等（2014）在控制内生性基础上，基于 1998—2007 年我国制造业企业的微观数据研究跨国公司 OFDI 的市场效应，结果表明跨国公司 OFDI 数量对本土企业出口具有积极作用，而跨国公司 OFDI 广度对出口具有消极作用，得出结论认为对外投资国越多、越分散，会替代企业出口。 冀相豹等（2015）基于《中国工业企业数据库》和《境外投资企业（机构）名录》匹配的数据集，从微观企业层面实证分析了母国制度环境对中国 OFDI 的影响，研究结果表明出口强度是影响中国 OFDI 的重要因素。 杨亚平等（2016）利用倾向性匹配方法为 2003—2008 年 1273 家 OFDI 的制造业企业找到可供比较的样本数据，采用倍差法实证检验 OFDI 给母公司带来出口效应。 研究结果显示，制造业企业在 OFDI 快速发展时期表现出通过商贸服务型 OFDI 加强出口，带动国内生产、投资和就业。 基于投资动机的进一步考察发现，当地生产型 OFDI 特别是劳动密集型行业以及投向中低收入国家的 OFDI 对出口具有替代作用，而投向高收入国家的技术研发型 OFDI 对母公司出口不产生挤出效应。 此外，还有学者研究发现出口对 OFDI 企业国内资本形成具有显著的挤入效应（綦建红和魏庆广，2009），也有学者并基于微观数据实证发现中国 OFDI 对出口产品质量具有净正效应，且 OFDI 对中国低、高、中技术组出口产品质量的提升效应存在依次递增趋势（景光正和李平，2016）。

第五，出口学习效应是否存在以及能否促成 OFDI 的研究。 多数学者证实了出口学习效应的存在（钱学锋等，2011；赵春燕等，2013；Manjón et al.，2013；Foster et al.，2014；胡翠等，2015）。 张先锋等（2016）进一步总结了出口学习效应对 OFDI 的影响机制，认为出口学习效应对 OFDI 作用的内在机制包括产业关联机制、竞争机制及成本机制。这些研究强调出口学习对国内企业的影响，特别是通过出口的逆技术效应形成技术优势，进而影响 OFDI 决策。

现有文献围绕出口与 OFDI 的关系进行了广泛的研究，为认识两者关系提供了理论与实证的证据。 但是，现有研究依然存在不足与可拓展的地方，具体而言：第一，出口学习促成 OFDI 的机理或是渠道不仅仅是技术溢出效应，还包括诸如出口经验累积等渠道。 现有研究均强调中国出口的逆技术效应（胡翠等，2015；张先锋等，2016），通常将出口视为企业形成技术优势的间接渠道。 然而，出口也可视为企业形成学习曲线的过程，是企业对外直接投资决策的重要信息来源，企业出口经验能否促成企业对外直接投资尚未得到经验上的支持。 第二，虽然国内学者运用微观数据进行实证检验，但是缺少对具体区域展开分析的研究。 随着中国"一带一路"倡议被广泛接受，中国与"一带一路"沿线国家经贸联系将越来越频繁，中国资本如何与这些国家的经济融合，实现共同发展的目标将是一个重要问题。 本研究认为出口是企业积累对外经济交易经验的重要方式，出口经验的积累将提升企业对外直接投资的可能性。

第三节　理论分析与研究假说

一、出口经验影响对外直接投资的内在机理分析

企业对外直接投资面临诸多不确定性因素，一旦投资失败将承担较高的沉没成本，故而企业在对外直接投资之前，采取各种方法减少信息不对称带来的决策失误。 以往文献在分析出口学习促进企业对外直接投资的内在机制可以归纳为3个方面：首先，信息收集机制。 从组织学习理论视角来看，缺少国际市场知识是企业进入国际市场的阻碍，而企业出口行为能够使企业通过正常的商业活动直接观察、搜集关于竞争对手和市场发展状态的信息与知识，加深了解域外市场，为企业直接投资提供信息。因此，出口贸易是企业对海外市场的探索行为，通过出口加深对国际市场顾客需求的了解，熟悉国际市场规则，降低企业对外直接投资信息成本，从而有利于企业对外直接投资（Luo，2010）。 其次，认同机制。 由于目标市场的文化、消费观念及宗教信仰等与本国存在差异，企业直接投资可能受到本土企业、居民及地方政府的抵制，企业累积的出口经验能够减少国外市场对企业和产品的负面情绪和认知，提升企业形象，从而出口经

验成为企业资本国际化过程中减少投资不确定性的重要因素。 最后，技术反馈机制。 传统的对外直接投资理论认为，企业基于某种优势对外直接投资，而企业出口通过逆技术溢出效应提升企业生产效率。 随着企业技术水平的提升，企业更有可能由出口跨入对外直接投资阶段。 上述三种机制均是通过出口渠道来实现，故而企业出口时间越长，出口经验越丰富，越有利于企业未来对外直接投资。 综上所述，本研究提出假说1。

理论假说1：控制其他重要变量后，出口经验对企业对外直接投资具有正向作用。

二、所有制类型与对外直接投资

较多研究发现，中国 OFDI 显著投向自然资源充裕的地区以获得稳定的能源和其他资源供给（Cheung et al.，2009；Cheng et al.，2010；Deng，2004；Hong et al.，2006；蒋冠宏等，2012）。 Kolstad et al.（2012）详细阐述了中国偏好自然资源领域投资的内在机制，认为以国有企业为主体的 OFDI 决策反映一定的政治目标，而非以利润最大化为目标，为支持国内经济发展而获取稳定的自然资源成为中国对外投资决策的重要依据。 在中国企业全球资源配置过程中，政府的资源配置能力与参与程度对中国 OFDI 具有较强的影响。 即便在缺乏所有权优势背景下，中国国有企业在政府推动下仍然具有较强的对外投资动机（陈岩等，2012；林治洪等，2012）。 Luo et al.（2010）归纳了中国政府促进 OFDI 政策的历史发展脉络，认为政府通过经济杠杆和制度支持等举措来弥补国内企业在国际市场上的竞争劣势。

"一带一路"沿线多数国家具有丰富的能源储量，且为重要的油气出口国。 中国对外直接投资具有以国有企业为主体的特征（Dong，2013），国有企业作为政府的资产（Okhmatovskiy，2010），其国际化战略具有实现政治目标的特征。 与之相反，民营企业 OFDI 区位受东道国市场规模和战略资产的影响（邱立成等，2015），更可能向发达经济体地区进行投资。外资企业则通常具有技术和管理优势，其在中国投资主要是充分利用中国劳动力优势，开拓中国国内市场，其对外直接投资的动机较弱。综上所述，所有制性质不同导致企业投资约束、投资目标与竞争优势存在差异，出口经验对企业对外直接投资的影响亦有所不同，其中国有企业最有可能受到政府决策的影响。基于此，提出本研究假说2。

理论假说2：不同所有制企业的出口经验对企业对外直接投资的影响具有差异，国有及国有控股企业的出口经验对"一带一路"投资的作用更强，民营和外资企业出口经验对"一带一路"投资的作用较弱。

三、行业类别、企业规模与对外直接投资

按照所有权优势理论（Dunning，1993），企业国际化源于企业特定的垄断优势，由于不同国家要素禀赋不一，不同行业的经济属性及发展条件不同，其特定的竞争优势亦存在较大差异。现有研究表明，发展中国家对外直接投资受到国内产业结构和内生技术创新能力约束（Cantwell et al.，1997）。因而，企业所属行业不同，技术水平存在差异，将导致企业在国际市场上的竞争优势存在差别，进而影响到企业出口与对外直接投资能力。因而，不同行业出口经验对企业对外直接投资的作用亦不同。

除行业因素外，企业规模亦是影响企业对外直接投资的重要因素。企业规模越大，综合竞争力越强，越具有进入国际市场的竞争优势（Caves et al.，2007；严兵，2014）。企业规模还通过影响企业融资约束和融资成本来影响企业的国际经营能力（伍丽娜，2004；谭伟强，2006）。规模越大的企业，经营现金流越大，信用等级越高，融资约束越小，融资成本更低。与此同时，大型企业具有经济规模效应，经营能力更强，具有更强的占领和开拓新市场能力。因而，企业规模是企业对外经营能力的重要影响因素，而出口和投资是企业最主要的对外经营活动，企业规模也就成为出口经验对企业对外直接投资发挥作用的内在约束条

件。 综上所述,提出本研究假说3。

理论假说3:企业规模越大,出口经验对企业对外直接投资的作用越强;不同行业企业出口经验对企业对外直接投资的作用存在差异。

第四节 研究设计与回归结果分析

一、模型、估计方法及变量

1.基本模型

为检验出口经验是否提升中国企业对外直接投资,建立以企业是否存在对外直接投资为被解释变量,以出口经验为解释变量,且包含其他控制变量的面板二元选择模型。 具体为

$$\Pr(OFDI_{it} = 1 \mid X_{it}) = \beta_0 + \beta_1 exper_{it} + \sum_k \gamma_k Ctrol_{it}^k + \varepsilon_i + u_{it}$$

$$(6\text{-}1)$$

其中 $\Pr(OFDI_{it} = 1 \mid X_{it})$ 表示在已知解释变量信息条件下企业对外直接投资的概率, $exper_{it}$ 表示出口经验, $Ctrol_{it}$ 为其他控制变量, ε_i 为个体效应, u_{it} 为随机扰动项。

2.模型说明

对外直接投资($OFDI$):由于无法获取企业对外投资金额,仅能根据商务部网站提供的企业对外直接投资核准信息推断企业是否存在对外直接投资,故而对外直接投资($OFDI$)为虚拟变量。 如果商务部披露了企业 i 在 t 年存在对外直接投资核准信息, $OFDI_{it}$ 取值为1,否则取值为0。

出口经验（ $exper$ ）：是指企业通过出口行为累积而得的技术、信息和知识，由于出口经验内化于企业，故而难以测度。 Conconi（2016）首次使用企业出口年数来捕捉企业从国际市场获取的出口经验，其做法是：为了避免数据左删失问题，作者严格定义企业出口行为，将企业过去 5 年间是否存在出口行为定义出口进入，存在出口进入则在下一年累计出口经验 1 年。 但是，如果企业连续 5 年不存在出口进入，则认为出口退出，不计入出口经验。 经过上述处理，将企业划分为三类：新进入国际市场的出口企业、具有较长出口经验的企业以及无出口经验企业。 具体而言，按照出口经验将企业分为三类：无经验（即取值为 0）、1—4 年出口经验以及 5 年以上出口经验企业。 借鉴上述思路，本研究亦使用出口年数作为企业出口经验的代理变量。 由于随着企业出口经验的增加，出口学习曲线累积，企业越了解国际市场的动态发展，相比于出口经验少的企业，其对外直投投资的可能性更高，故而预期出口经验能提升企业对外直接投资的概率，符号为正。 根据模型（1）出口经验的参数估计结果，可以验证假说 1。

借鉴张先锋等（2016）的做法，控制变量包括资本密集度对数（ lnCAP ）和企业规模的对数（ lnL ）。 资本密集度反映企业人均资本拥有量，是判断企业为资本密集型还是劳动密集型的一个主要标准。 一般而言，资本密集度越高的企业，其使用资本和技术的能力越高，国际竞争力越强，越拥有对外直接投资的能力。 但是，考虑到本研究仅分析"一带一路"沿线国家多数为发展中经济体，技术水平不高。 根据以往的研究，企业对外直接投资越可能发生在技术水平相近的国家之间。 由此，如果国内企业资本密集度越高，其与"一带一路"国家技术水平差距越大，导致对外直接投资的可能性更低。 因此，预期资本密集度对企业对外直接投资的影响方向具有不确定性。 企业规模反映企业运用资源的能力，一般来说，企业规模越大，不仅具有经营上的规模经济效应，而且具有融资优势和利用先进技术进行生产的能力，故而越有可能对外直接投资，预期符号为正。

为了验证假说 2，本研究引入企业所有制类别变量（ Owner ），在基本模型中加入出口经验与所有制虚拟变量交互项，预期出口经验对企业对外直接投资的影响因所有制性质不同而呈现一定的差异。

同样地，为了验证假设 3，除考虑上文的企业规模外，还引入企业行业虚拟变量（ $Industry$ ）与出口经验的交互项。预期出口经验对企业对外直接投资的作用具有行业差异性。拓展的计量模型为：

$$\Pr(OFDI_{it} = 1 \mid X_{it}) = \beta_0 + \beta_1 exper_{it} + \sum_j \delta_j Dummy_j +$$

$$\sum_j \alpha_j exper_{it} \times Dummy_j + \sum_k \gamma_k Ctrol_{it}^k + \varepsilon_i + u_{it} \qquad （6-2）$$

其中 $Dummy_j$ 分别定义为所有制性质、行业类别和企业规模，其中所有制性质和行业类别为虚拟变量，而企业规模为数值变量。

二、数据及指标说明

1. 数据来源

本研究中国对"一带一路"沿线国家直接投资数据来源于中国商务部网站提供的数据库，该数据库提供了 1980—2013 年间中国企业对外直接投资情况，包括企业名称、投资地、经营范围和核准时间。本研究选取 2008—2013 年间对"一带一路"沿线 65 个国家存在投资的企业作为一个样本组。原因在于 2008 年之前中国企业较少投资于"一带一路"沿线国家。本研究进行了如下处理得到样本数据。

第一，将商务部数据库中对"一带一路"沿线国家存在直接投资的企业与中国工业企业数据库进行匹配，得到 $OFDI$ 取值为 1 的样本企业，其他解释变量的数据来源于中国工业企业数据库。

第二，参考聂辉华等（2012）的方法对中国工业企业数据库进行了两次筛选。首先，剔除职工人数小于 30 人、总资产小于流动资产、总资产小于净资产、累计折旧小于当期折旧以及实收资本不大于 0 的观测值；其次，剔除 2008—2013 年间行业、所有制性质、固定资产、就业人数、总资产、销售额缺失较为严重的企业。 经上述处理，保留 8002 家企业 6 年的样本数据，共 48012 条观测值，其中存在对外直接投资的观测值共 6402 条，占总样本的 13.4％。

2. 解释变量的数据处理

（1）出口经验的测量及数据处理

本研究使用出口年数衡量企业出口经验，由于中国工业企业数据库最早只提供 1999 年以来的企业出口交货量数据。 因此，在测量企业出口年数时，以 1999 年为起始点，如果企业当年存在出口交货量数据，则将企业出口经验记为 1，并将之前年份的累计构成企业当年的出口经验。 计算公式为

$$exper_{it} = \sum_{j=1}^{15} export_j \qquad (6\text{-}3)$$

如果企业在第 j 年存在出口，则 $export_j$ 取值为 1，否则为 0。 其中，t 起始年份为 2008 年，而 j 起始年份为 1999 年。 上述出口经验的度量存在低估的可能性：一是由于企业出口数据最早只能追溯到 1999 年，而企业可能在 1999 年之前存在出口，但在计算企业出口经验时并未累加；二是中国工业企业数据库 2004 年缺少出口交货量数据，无法判断企业当年是否存在出口，故计算企业出口经验时将所有企业出口交货量设定为 0。

（2）企业所有制性质的处理

参照已有文献（罗长远等，2014；张先锋等，2016）分类标准，将企业按所有制划分为国有及国有控股企业（*SOEs*）、民营企业（*POEs*）、外资或外资控股企业（*FOEs*）以及其他国内企业（*Others*）。 本研究根据新标准的登记注册类型定义所有制，将国有企业、国有独资和国有联营统一划归于国有及国有控股企业（*SOEs*），将外资独资、合作与合资经营、外商投资股份有限公司等划归为外资或外资控股企业（*FOEs*），将私营独资企业、私营合伙企业、私营有限责任公司和私营股份有限公司划归为民营企业（*POEs*），其余统一划归为其他国内企业（*Others*）。 因此，模型中设置三个反映所有制性质的虚拟变

量与出口经验一起构建交互项（以 $SOEs$ 为基准组）。

（3）企业行业类别的处理

中国工业企业数据库提供了企业行业分类的详细数据，为了减少虚拟变量个数，本研究对行业类别进行了合并处理，划分为 6 个分类，分别为电力、水、燃气等供应类（ $Ind1$ ）、设备电气制造类（ $Ind2$ ）、木材、印刷、文教、石油、医药金属及非金属加工类（ $Ind3$ ）、纺织皮革类（ $Ind4$ ）、食品烟草加工类（ $Ind5$ ）以及采矿加工类（ $Ind6$ ）。 数据存在两个问题：一是同一企业有的年份存在缺失值，由于是非平衡面板数据模型，本研究对缺失值不做特别处理；二是同一企业可能由于改制、并购或转产等导致不同年份行业类别不一致，本研究亦不做处理，保留原有的行业类别，并根据上述分类来构建虚拟变量。 根据以上信息，共设置五个反映行业类别的虚拟变量（以 $Ind6$ 为基准组），并将其与出口经验构建交互项。

（4）企业规模和资本密集度

参照张先锋等（2016）的做法，本研究使用企业职工人数作为企业规模的代理变量，使用资本劳动比作为资本密集度的代理变量。 数据均来源于中国工业企业数据库。 为反映出口经验对企业对外直接投资的影响是否随企业规模变化而变化，构建出口经验与企业规模的交互项（ $exper \times lnL$ ）。

三、模型估计结果分析

（一）估计结果

面板数据可以选用的估计方法包括混合回归、随机效应与固定效应。如果不存在个体效应，混合 OLS 得到的参数估计量将是一致的。 若个体存在固定非时变异质性，则需要根据个体效应与解释变量的关系来确定估计方法。 如果个体效应随机于解释变量，则随机效应估计量具有渐近一致有效。 与线性面板随机效应估计方法不同，由于二元面板模型非线性，故不能使用线性面板条件下的 GLS 方法，转而使用最大似然估计方法。 本研究使用 Probit 模型进行参数估计，由于 Probit 模型不存在条件充分估计量，故不能进行固定效应模型估计。 Probit 回归结果见表 6-1。

表 6-1 Probit 回归结果

	(1)混合回归	(2)混合回归 (交互项)	(3)面板回归	(4)面板回归 (交互项)
$exper$	0.0008***	0.0036***	0.0015**	0.0014***
	(4.37)	(5.51)	(2.28)	(4.07)
$\ln L$	0.0015**	0.00149*	0.0098***	0.00973***
	(2.02)	(1.89)	(3.79)	(3.16)
$\ln CAP$	0.00157*	0.0147**	0.0093***	0.0036**
	(1.92)	(2.16)	(4.22)	(2.08)
$Ind1$	−0.0466***	−0.0475***	−0.0293**	−0.0217***
	(−7.15)	(−5.77)	(−2.15)	(−4.66)
$Ind2$	−0.0106*	−0.0149*	−0.0189***	−0.0375***
	(−1.76)	(−1.89)	(−3.42)	(−6.07)
$Ind3$	−0.0304***	−0.0286***	−0.0383	−0.0501
	(−5.00)	(−3.65)	(−1.09)	(−1.44)
$Ind4$	−0.0096	−0.0057	−0.0017	−0.0011
	(−1.41)	(−0.65)	(−0.49)	(−0.30)
$Ind5$	−0.0243***	−0.0229***	−0.0331***	−0.0446***
	(−3.77)	(−2.80)	(−2.83)	(−3.08)
$FOEs$	0.0233	0.0142	0.0455	0.0327
	(1.72)	(1.28)	(1.30)	(0.84)
$POEs$	0.0101***	0.0157***	0.0248***	0.0492***
	(21.01)	(12.33)	(16.12)	(15.11)
$Others$	0.0053**	0.0167***	0.0024**	0.0350**
	(2.15)	(4.64)	(2.05)	(2.24)

续　表

	(1)混合回归	(2)混合回归 (交互项)	(3)面板回归	(4)面板回归 (交互项)
$exper \times FOEs$		-0.0024		-0.0026
		(-1.15)		(-1.38)
$exper \times \ln L$		0.00001^{***}		0.00003^{***}
		(5.06)		(4.03)
$exper \times POEs$		0.0037^{***}		0.0021^{***}
	(9.80)		(6.25)	
$exper \times$ $Others$		0.0020^{***}		0.0034^{***}
		(4.55)		(7.59)
$exper \times Ind1$		0.00236		0.0020
		(0.43)		(0.12)
$exper \times Ind2$		0.0005^{*}		0.0012^{**}
		(1.86)		(2.13)
$exper \times Ind3$		-0.0019^{*}		-0.0020^{**}
		(-1.92)		(-2.20)
$exper \times Ind4$		-0.0017		-0.0092
		(-0.84)		(-0.09)
$exper \times Ind5$		-0.0015		-0.0016
		(-0.72)		(-0.16)
N	44346	44346	44346	44346

注:(　)内为 Z 统计量,* $p < 0.1$,** $p < 0.05$,*** $p < 0.01$,表中省略常数项。由于 Probit 模型为非线性模型,边际效应将随着解释变量本身变化而变化,单个回归系数不包含任何经济意义,表中系数为各变量处于平均值时的效应。由于 48012 条观测值中存在一部分数据缺失的情况,故实际观测值为 44346 条。

表 6-1（1）、（2）列为混合回归结果,（3）、（4）列为面板二元选择模型结果。 为了在混合回归与面板二元模型之间进行选择,需要计算复合随机扰动项（ $\varepsilon_i + u_{it}$ ）的自协方差,其计算公式为 $\rho = \frac{\sigma_{\varepsilon}^2}{\sigma_{\varepsilon}^2 + \sigma_u^2}$。 如果自协方差系数为 0,则使用混合回归。 具体而言,用

LR 统计量对 $H_0: \rho = 0$ 进行假设检验，进而根据假设检验结果来进行模型选择。 对回归结果（1）和（3），（2）和（4）进行配对检验，两者 LR 统计量伴随概率约为零，拒绝原假设。 因此，（1）列和（2）列回归结果不具有一致性，而（3）列和（4）列面板二元模型估计量是渐近一致有效的，故而根据（3）列和（4）列结果展开讨论

（3）列结果显示，在控制企业个体特征后，出口经验显著提升企业对外直接投资概率，说明企业出口经验对企业对外直接投资具有正向作用，验证了假说1。 该结果进一步证实了张先锋等（2016）的研究结论，他们研究结论显示出口有助于提高中国企业对外直接投资。 与之不同的是，本研究使用出口年限来衡量企业出口经验，而他们使用出口金额来衡量企业出口规模。 此外，本研究实证研究对象仅限"一带一路"国家，他们则使用中国对其他所有国家的直接投资。 本研究研究结论间接支持 Conconi et al.（2016）研究结论，其研究结论发现，相比于没有出口经验的企业，具有1—4年出口经验能提高企业对外直接投资概率5－27倍。

对于其他变量而言，企业规模和企业资本密集度对企业对外直接投资具有显著的正向效应，说明企业规模越大、资本密集度越高，越能提高企业对外直接投资的概率。 这一结论与张先锋等（2016）一致，而与 Conconi et al.（2016）研究结论存在一定的差异，Conconi et al. 发现企业规模对企业对外直接投资具有显著正向效应，但并没有分析资本密集度的影响，而是分析企业劳动生产率的影响，结果发现企业劳动生产率并未显著影响企业对外直接投资。

表 6-1（3）列行业虚拟变量结果显示，在以采矿加工类（ $Ind\,6$ ）为基准组的情况下，木材、印刷、文教、石油、医药金属及非金属加工类（ $Ind\,3$ ）、纺织皮革类（ $Ind\,4$ ）参数不具有统计上的显著性，而电力、水、燃气等供应类（ $Ind\,1$ ）、设备电气制造类（ $Ind\,2$ ）、食品烟草加工类（ $Ind\,5$ ）参数具有统计上的显著性，说明非金属加工类与纺织皮革类行业对外投资的平均水平与采矿加工行业并无显著差异，而其他几类行业与采矿加工行业的平均对外直接投资概率存在显著差异，并低于采矿加工行业平均水平。

同样地，表 6-1（3）列企业所有制性质虚拟变量结果显示，其他三类企业平均效应均为正，但外资企业平均效应不具有统计显著性，私营和其他类型企业平均效应具有统计显著性。 说明外资企业与国有企业直接投资的概率相近，而私营企业、其他类型企业相比于国有企业具有更高的对外直接投资概率。

表 6-1（4）列增加了交互项的面板二元回归结果，在控制了企业特征及出口经验与其他变量的交互项后，出口经验仍然对企业对外直接投资具有显著的正向效应，说明（3）列结果具有稳健性。

从出口经验与企业所有制性质交互项来看，私营企业与其他企业具有正向的显著效应，说明相比于国有企业，私营企业与其他企业出口经验提升对外直接投资的作用更强。 因此，即使本研究着眼于"一带一路"，也不能支持假说 2。 即国有企业相比于其他企业而言，对外直接投资动机确实比较弱。 其原因在于本研究样本时间为 2008—2013 年间，中国"一带一路"战略推出时间较晚，即使国有企业 OFDI 决策能反映一定的政治目标，但更可能发生在 2013 年之后。 出口经验与外资企业交互项边际效应虽然为负，但不具有统计上的显著性，说明外资企业出口经验对企业对外直接投资与国有企业并无显著差异。 本研究结论与张先锋等（2016）一致，他们研究发现国有企业与外资出口学习效应不具有统计显著性，私营企业和其他企业出口学习效应显著为正。

从出口经验与行业交互项检验结果来看，出口经验与 $Ind1$、$Ind4$ 和 $Ind5$ 的交互项并不显著，说明这 3 个行业与 $Ind6$ 企业出口经验作用于对外直接投资的效应并没有显著差异；而出口经验与 $Ind2$ 和 $Ind3$ 的交互项显著，说明相比于 $Ind6$，这两个行业出口经验作用于对外直接投资的效应存在差异。 出口经验与企业规模交互项参数显著为正，说明出口经验对企业对外直接投资的作用随着企业规模增大而增加，但由于交互项系数为 0.00003，说明企业规模每增加 1%，出口经验对企业对外直接投资的影响提高非常小，约为 0.0000003，不具有经济上的显著性。 因此，出口经验对企业对外直接投资的作用并未随着企业规模变大有较大的差异。综上所述，实证结论部分地验证了假说 3。

表 6-1（4）列其他控制变量的回归结果与（3）列无明显差异，说明企业规模和企业资本密集了仍是影响企业对外直接投资的重要解释变量，且属于不同所有制性质及行业的企业具有不同对外直接投资概率。

（二）稳健性检验

为了验证上述回归结果是否稳健，进行两种稳健性检验。一是考虑到 2008 年金融危机冲击以及随后各国央行量化宽松政策导致国际资本流动过度波动的影响，将 6 期时序压缩为 2 期，以减少时序波动或稀有事件冲击对回归结果稳定性的影响。时序压缩通常的做法是，将样本分段取平均值，以平均值作为新样本。本研究将原始样本分为两段：2008—2010 年和 2011—2013 年，分别求各变量两段的平均值。如果观测值存在缺失，则按实际值来计算平均值。二是对原样本数据进行 Logit 回归，以检验对于随机误差项的不同设定是否导致结果出现差异。稳健性检验结果见表 6-2。

表 6-2　稳健性分析

	（1）	（2）	（3）	（4）
$exper$	0.0014^{***}	0.0021^{***}	0.0023^{**}	0.0018^{***}
	（3.83）	（2.44）	（2.12）	（5.46）
$exper \times \ln L$		0.00001^{***}		0.00003^{***}
		（3.01）		（4.21）
$exper \times FOEs$		-0.00236		-0.00525
		（-0.92）		（-0.30）
$exper \times POEs$		0.0061^{**}		0.0012^{**}
		（2.25）		（2.08）
$exper \times Others$		0.0043^{*}		0.0048^{*}
		（1.74）		（1.91）
$exper \times Ind1$		0.0856		0.3082
		（0.74）		（0.74）

续　表

	(1)	(2)	(3)	(4)
$exper \times Ind3$		-0.0027^*		-0.0063^*
		(-1.77)		(-1.73)
$exper \times Ind2$		0.0059^{**}		0.0091^{***}
		(2.16)		(2.97)
$exper \times Ind4$		-0.00264		-0.00561
		(-0.72)		(-0.28)
$exper \times Ind5$		-0.00226		-0.00326
		(-0.59)		(-0.16)
行业虚拟变量	Yes	Yes	Yes	Yes
所有制虚拟变量	Yes	Yes	Yes	Yes
其他控制变量	Yes	Yes	Yes	Yes
N	14782	14782	44346	44346

注：表中仅保留了出口经验相关变量的结果，()内为 Z 统计量，* $p < 0.1$，** $p < 0.05$，*** $p < 0.01$，表中省略常数项。

表 6-2（1）列和（2）列为经过数据压缩之后的回归结果，（3）列和（4）列为非压缩数据 Logit 回归结果。 结果显示，在控制了行业、所有制性质、企业规模及资本密集度之后，表 6-2 出口经验、出口经验与企业规模、行业及所有制性质交互项的回归结果符号、显著性与表 6-1 结果基本一致，说明模型具有较好的稳定性。

四、结论及政策启示

本研究基于微观面板二元模型检验了中国企业出口经验对"一带一路"国家对外直接投资的影响，在控制了企业规模、资本密集度、行业以及所有制性质后，发现出口经验显著提升了中国企业对"一带一路"国家对外直接投资。 这一研究结论与国内外相关研究结论较为一致，即企业出口可以视为企业学习的动态过程，通过出口经验的积累，抬升企业出口学习曲线，增强企业参与国际化深度。 通过构建出口经验与其他变量交互项的实证结果显示，虽然企业规模能提高企业对外直接投资概率，但出口经验对企业对外直接投资的作用受企业规模影响不具有经济上的显著性。 这说明无论何种规模企业，出口经验对企业对外直接投资的作用较为相近。 研究还发现，相比于国有企业，私营企业和其他类型企业出口经验对企业对外直接投资的作用更强，而外资企业与国有企业无显著差异；同时发现不同行业出口经验对企业对外直接投资的作用存在一定差异。

本研究基于微观企业数据的研究结论除了对企业具有可资借鉴意义外，也具有重要的宏观政策内涵：第一，出口学习是减少和规避企业资本国际化风险的重要渠道，因而政府在引导和促进企业跨国直接投资时，应着力搭建出口与投资相融合的信息平台，为新企业提供历史信息，减少企业对外直接投资风险。 第二，鉴于国有企业出口经验对直接投资的作用低于私营企业和其他类型企业，说明国有企业对外直接投资时，缺乏风险意识和外部约束，故而需要进一步完善国有企业的激励相容约束机制，促进国有企业敢于承担风险和管理风险，充分发挥国有企业在"一带一路"沿线投资的主导性作用。 第三，考虑到不同行业企业出口经验对直接投资的作用存在差异，其中非金属加工类企业出口经验对直接投资的作用低于采矿业，而电力、水、燃气等供应类、纺织皮革类以及食品烟草加工类的企业出口经验对直接投资作用与采矿业并无明显差异。 因而，对于不同行业对外直接投资可实施不同的风险管理措施，对于具有竞争优势的设备电气制造类对外直接投资，政府应当引导企业加强风险管理意识，提高企业对外直接投资效率。

参考文献 —

［1］ AGBLOYOR E K, ABOR J Y, ADJASI C K D, et al, 2014. Private capital flows and economic growth in Africa: the role of domestic financial markets［J］. Journal of International Financial Markets, Institutions and Money, 30（2）: 137-152.

［2］ AĞCA Ş, MOZUMDAR A, 2008. The impact of capital market imperfections on investment-cash flow sensitivity［J］. Journal of Banking & Finance, 32（2）: 207-216.

［3］ AGOSIN M R, HUAITA F, 2012. Overreaction in capital flows to emerging markets: booms and sudden stops［J］. Journal of International Money and Finance, 31（5）: 1140-1155.

［4］ AHMED S, ZLATE A, 2014. Capital flows to emerging market economies: A brave new world? ［J］. Journal of International Money and Finance, 48（6）: 221-248.

［5］ AIZENMAN J, BINICI M, 2016. Exchange market pressure in OECD and emerging economies: domestic vs. external factors and capital flows in the old and new normal ［J］. Journal of International Money and Finance, 66（12）: 65-87.

［6］ ALBEROLA E, ERCE A, SERENA J M, 2016. International reserves and gross capital flows dynamics ［J］. Journal of International Money and Finance, 60（9）: 151-171.

［7］ ALFARO L, HAMMEL E, 2007. Capital flows and capital goods

[J]. Journal of International Economics, 72 (1): 128-150.

[8] ALFARO L, KALEMLI-OZCAN S, VOLOSOVYCH V, 2007. Capital flows in a globalized world: the role of policies and institutions [R]. NBER Working Paper.

[9] AMDUR D, 2010. International cross-holdings of bonds in a two-good DSGE model [J]. Economics Letters, 108 (2): 163-166.

[10] ARAUJO J D, DAVID A C, VAN HOMBEECK C, et al, 2017. Joining the club? Procyclicality of private capital inflows in lower income developing economies [J]. Journal of International Money and Finance, 70 (8): 157-182.

[11] ASDRUBALI P, KIM S, 2009. Consumption smoothing channels in open economies [J]. Journal of Banking & Finance, 33 (12): 2293-2300.

[12] ASEA P K, TURNOVSKY S J, 1998. Capital income taxation and risk-taking in a small open economy [J]. Journal of Public Economics, 68 (1): 55-90.

[13] AYANOU T, 2016. Foreign capital inflows to the USA and mortgage interest rates [J]. Journal of Housing Economics, 34 (12): 1-14.

[14] BACKUS D, COOLEY T, HENRIKSEN E, 2014. Demography and low-frequency capital flows [J]. Journal of International Economics, 92 (4): S94-S102.

[15] BAHARUMSHAH A Z, THANOON M A, 2006. Foreign capital flows and economic growth in East Asian countries [J]. China Economic Review, 17 (1): 70-83.

[16] BALAKINA O, D ANDREA A, MASCIANDARO D, 2017. Bank secrecy in offshore centres and capital flows: does blacklisting matter? [J]. Review of Financial Economics, 32 (10): 30-57.

[17] BANERJEE R, DEVEREUX M B, LOMBARDO G, 2016. Self-oriented monetary policy, global financial markets and excess volatility of international capital flows [J]. Journal of International Money and Finance, 68 (2): 275-297.

[18] BANERJEE R, DEVEREUX M B, LOMBARDO G, 2016. Self-oriented monetary policy, global financial markets and excess volatility of international capital flows [J]. Journal of International Money and Finance, 68 (11): 275-297.

[19] BANTI C, PHYLAKTIS K, 2015. FX market liquidity, funding constraints and capital flows [J]. Journal of International Money and Finance, 56 (9): 114-134.

[20] BARROSO J B R B, DA SILVA L A P, SALES A S, 2016. Quantitative easing and related capital flows into Brazil: measuring its effects and transmission channels through a rigorous counterfactual evaluation [J]. Journal of International Money and Finance, 67 (10): 102-122.

[21] BASKAYA Y S, DI GIOVANNI J, KALEMLI-ÖZCAN Ş, et al, 2017. Capital flows and the international credit channel [J]. Journal of International Economics, 2017 (5): 15-22.

[22] BASU A K, CHAU N H, 2007. A risk-based rationale for two-way capital flows: why do capital flights and inward foreign direct investments co-exist? [J]. International Review of Economics & Finance, 16 (1): 37-59.

[23] BAXA J, HORVÁTH R, VAŠÍČEK B, 2013. Time-varying monetary-policy rules and financial stress: does financial instability matter for monetary policy? [J]. Journal of Financial Stability, 9 (1): 117-138.

[24] BEIRNE J, FRIEDRICH C, 2017. Macroprudential policies, capital flows, and the structure of the banking sector [J].

Journal of International Money and Finance, 75（6）：47-68.

[25] BEKAERT G, EHRMANN M, FRATZSCHER M, et al, 2014. The global crisis and equity market contagion [J]. The Journal of Finance, 69（6）：2597-2649.

[26] BEKAERT G, HARVEY C R, 1997. Emerging equity market volatility [J]. Journal of Financial Economics, 43（1）：29-77.

[27] BEKAERT G, HARVEY C R, LUNDBLAD C, 2006. Growth volatility and financial liberalization [J]. Journal of International Money and Finance, 25（9）：370-403.

[28] BEN NACEUR S, BAKARDZHIEVA D, KAMAR B, 2012. Disaggregated capital flows and developing countries' competitiveness [J]. World Development, 40（2）：223-237.

[29] BENHIMA K, 2013. A reappraisal of the allocation puzzle through the portfolio approach [J]. Journal of International Economics, 89（2）：331-346.

[30] BENIGNO G, CHEN H, OTROK C, et al, 2016. Optimal capital controls and real exchange rate policies: a pecuniary externality perspective [J]. Journal of Monetary Economics, 84（12）：147-165.

[31] BENIGNO G, CONVERSE N, FORNARO L, 2015. Large capital inflows, sectoral allocation, and economic performance [J]. Journal of International Money and Finance, 55（7）：60-87.

[32] BHAMRA H S, COEURDACIER N, GUIBAUD S, 2014. A dynamic equilibrium model of imperfectly integrated financial markets [J]. Journal of Economic Theory, 154（11）：490-542.

[33] BIGIO S, SCHNEIDER A, 2017. Liquidity shocks, business cycles and asset prices [J]. European Economic Review, 97

（8）：108-130.

[34] BINICI M, HUTCHISON M, SCHINDLER M, 2010. Controlling capital? Legal restrictions and the asset composition of international financial flows [J]. Journal of International Money and Finance, 29（4）：666-684.

[35] BOTTAZZI L, PESENTI P, VAN WINCOOP E, 1996. Wages, profits and the international portfolio puzzle [J]. European Economic Review, 40（2）：219-254.

[36] BOUCEKKINE R, NISHIMURA K, VENDITTI A, 2017. Introduction to international financial markets and banking systems crises [J]. Journal of Mathematical Economics, 68（1）：87-91.

[37] BOUDIAS R, 2015. Capital inflows, exchange rate regimes and credit dynamics in emerging market economies [J]. International Economics, 143（10）：80-97.

[38] BREUER T, JANDAČKA M, MENCÍA J, et al, 2012. A systematic approach to multi-period stress testing of portfolio credit risk [J]. Journal of Banking & Finance, 36（2）：332-340.

[39] BRONER F, DIDIER T, ERCE A, et al, 2013. Gross capital flows: dynamics and crises [J]. Journal of Monetary Economics, 60（1）：113-133.

[40] BROTO C, DÍAZ-CASSOU J, ERCE A, 2011. Measuring and explaining the volatility of capital flows to emerging countries [J]. Journal of Banking & Finance, 35（8）：1941-1953.

[41] BRUNO V, SHIN H S, 2015. Capital flows and the risk-taking channel of monetary policy [J]. Journal of Monetary Economics, 71（4）：119-132.

[42] BUCH C M, DOEPKE J, PIERDZIOCH C, 2005. Financial

openness and business cycle volatility [J]. Journal of International Money and Finance, 24 (5): 744-765.

[43] BUSSIÈRE M, PHYLAKTIS K, 2016. Emerging markets finance: issues of international capital flows – Overview of the special issue [J]. Journal of International Money and Finance, 60 (7): 1-7.

[44] BYRNE J P, FIESS N, 2016. International capital flows to emerging markets: National and global determinants [J]. Journal of International Money and Finance, 61 (3): 82-100.

[45] CABALLERO R J, KRISHNAMURTHY A, 2006. Bubbles and capital flow volatility: Causes and risk management [J]. Journal of Monetary Economics, 53 (1): 35-53.

[46] CALVO G, IZQUIERDO A, MEJÍA L F, 2004. On the Empirics of Sudden Stops: the relevance of balance-sheet effects [J]. Research Department Publications, 69 (1): 231-254.

[47] CALVO G, IZQUIERDO A, MEJÍA L F, 2004. On the empirics of sudden stops: the relevance of balance-sheet effects [J]. Research Department Publications, 69 (1): 231-254.

[48] CALVO S G, REINHART C M, 1996. Capital flows to latin america: is there evidence of contagion effects? [R]. Working Paper.

[49] CAMPA J M, FERNANDES N, 2006 Sources of gains from international portfolio diversification [J]. Journal of Empirical Finance, 13 (4-5): 417-443.

[50] CARSTENS A, SCHWARTZ M J, 1998. Capital flows and the financial crisis in Mexico [J]. Journal of Asian Economics, 9 (2): 207-226.

[51] CHANG S S, 2013. Can cross-country portfolio rebalancing give rise to forward bias in FX markets? [J]. Journal of

International Money and Finance, 32（1）: 1079-1096.

[52] CHOONG C, BAHARUMSHAH A Z, YUSOP Z, et al, 2010. Private capital flows, stock market and economic growth in developed and developing countries: A comparative analysis [J]. Japan and the World Economy, 22（2）: 107-117.

[53] CLARK E, KASSIMATIS K, 2011. An alternative measure of the "world market portfolio": determinants, efficiency, and information content [J]. Journal of International Money and Finance, 30（5）: 724-748.

[54] COEURDACIER N, KOLLMANN R, MARTIN P, 2010. International portfolios, capital accumulation and foreign assets dynamics [J]. Journal of International Economics, 80（1）: 100-112.

[55] COEURDACIER N, KOLLMANN R, MARTIN P, 2007. International portfolios with supply, demand, and redistributive shocks（with Comments）[R]. Cambridge, MA: Nber International Seminar on Macroeconomics.

[56] COMBES J, KINDA T, PLANE P, 2012. Capital flows, exchange rate flexibility, and the real exchange rate [J]. Journal of Macroeconomics, 34（4）: 1034-1043.

[57] CONTESSI S, DE PACE P, 2009. Do European capital flows comove? [J]. The North American Journal of Economics and Finance, 20（2）: 145-161.

[58] CONTESSI S, DE PACE P, FRANCIS J, 2012. Changes in the second-moment properties of disaggregated capital flows [J]. Economics Letters, 115（1）: 122-127.

[59] CONTESSI S, DE PACE P, FRANCIS J L, 2013. The cyclical properties of disaggregated capital flows [J]. Journal of International Money and Finance, 32（1）: 528-555.

［60］ COOK D， 2009. The puzzling dual of the uncovered interest parity puzzle evidence from Pacific Rim capital flows ［J］. International Review of Economics & Finance， 18（3）： 449-456.

［61］ COVAS F， HAAN W J D， 2011. The cyclical behavior of debt and equity finance ［J］. American Economic Review， 101（2）： 877-899.

［62］ CUESTAS J C， 2017. House prices and capital inflows in Spain during the boom： evidence from a cointegrated VAR and a structural Bayesian VAR ［J］. Journal of Housing Economics， 37（3）：22-28.

［63］ DAVIS J S， 2015. The macroeconomic effects of debt- and equity-based capital inflows ［J］. Journal of Macroeconomics， 46（3）： 81-95.

［64］ DE PACE P， 2013. Currency union， free-trade areas， and business cycle synchronization ［J］. Macroeconomic Dynamics， 17（3）：646-680.

［65］ DE SANTIS R A， FAVERO C A， ROFFIA B， 2013. Euro area money demand and international portfolio allocation： a contribution to assessing risks to price stability ［J］. Journal of International Money and Finance， 32（1）：377-404.

［66］ DEVEREUX M B， 2009. A simple model of emerging market portfolio structure ［J］. International Review of Economics & Finance， 18（3）：457-468.

［67］ DEVEREUX M B， SUTHERLAND A， 2010. Country portfolio dynamics ［J］. Journal of Economic Dynamics and Control， 34（7）：1325-1342.

［68］ DEVEREUX M B， SUTHERLAND A， 2009. A portfolio model of capital flows to emerging markets ［J］. Journal of Development

Economics, 89 (2) : 181-193.

[69] DEVEREUX M B, SUTHERLAND A, 2010. Valuation effects and the dynamics of net external assets [J]. Journal of International Economics, 80 (1) : 129-143.

[70] DEVEREUX M B, SUTHERLAND A, 2008. Financial globalization and monetary policy [J]. Journal of Monetary Economics, 55 (8) : 1363-1375.

[71] DEVEREUX M B, SUTHERLAND A, 2011. Evaluating international financial integration under leverage constraints [J]. European Economic Review, 55 (3) : 427-442.

[72] DEVEREUX M B, SUTHERLAND A, 2009. A portfolio model of capital flows to emerging markets [J]. Journal of Development Economics, 89 (2) : 181-193.

[73] DEVEREUX M B, SUTHERLAND A, 2010. Country portfolio dynamics [J]. Journal of Economic Dynamics and Control, 34 (7) : 1325-1342.

[74] DEVEREUX M B, SUTHERLAND A, 2006. Solving for country portfolios in open economy macro models [Z]. Social Science Electronic Publishing, DP5966, 337-369.

[75] DEVEREUX M B, SUTHERLAND A, 2010. Valuation effects and the dynamics of net external assets [J]. Journal of International Economics, 80 (1) : 129-143.

[76] DÍAZ J P, 2012. Can enforcement constraints explain the patterns of capital flows after financial liberalizations? [J]. Journal of International Money and Finance, 31 (5) : 1180-1194.

[77] DING D, JINJARAK Y, 2012. Development threshold, capital flows, and financial turbulence [J]. The North American Journal of Economics and Finance, 23 (3) : 365-385.

[78] DING L, MA J, 2013. Portfolio reallocation and exchange rate

dynamics [J]. Journal of Banking & Finance, 37 (8):
3100-3124.

[79] DVOŘÁK T, 2003. Gross capital flows and asymmetric
information [J]. Journal of International Money and Finance, 22
(6): 835-864.

[80] EDWARDS S, 2007. Capital controls, capital flow
contractions, and macroeconomic vulnerability [J]. Journal of
International Money and Finance, 26 (5): 814-840.

[81] ELIK S, ERGIN H, 2014. Volatility forecasting using high
frequency data: evidence from stock markets [J]. Economic
Modelling, 36 (1): 176-190.

[82] ENG Y, WONG C. Asymmetric growth effect of capital flows:
Evidence and quantitative theory [J]. Economic Systems. 2016,
40 (1): 64-81.

[83] ENGEL C, MATSUMOTO A, 2009. The international
diversification puzzle when goods prices are sticky: it's really about
exchange-rate hedging, not equity portfolios [J]. American
Economic Journal Macroeconomics, 1 (2): 155-188.

[84] ENGLE R F, RANGEL J G, 2005. The spline-GARCH model
for low-frequency volatility and lts global macroeconomic causes
[J]. Review of Financial Studies, 21 (3): 1187-1222.

[85] EVANS M D D, 2014. Risk, external adjustment and capital
flows [J]. Journal of International Economics, 92 (10):
68-93.

[86] EVANS M D D, HNATKOVSKA V, 2012. A method for
solving general equilibrium models with incomplete markets and
many financial assets [J]. Journal of Economic Dynamics and
Control, 36 (12): 1909-1930.

[87] EVANS M D D, HNATKOVSKA V V, 2014. International

capital flows, returns and world financial integration [J]. Journal of International Economics, 92 (1): 14-33.

[88] FAIA E, ILIOPULOS E, 2011. Financial openness, financial frictions and optimal monetary policy [J]. Journal of Economic Dynamics and Control, 35 (11): 1976-1996.

[89] FEDDERKE J W, LIU W, 2002. Modelling the determinants of capital flows and capital flight: with an application to South African data from 1960 to 1995 [J]. Economic Modelling, 19 (3): 419-444.

[90] FENDOĞLU S, 2017. Credit cycles and capital flows: effectiveness of the macroprudential policy framework in emerging market economies [J]. Journal of Banking & Finance, 79: 110-128.

[91] FERNÁNDEZ A, REBUCCI A, URIBE M, 2015. Are capital controls countercyclical? [J]. Journal of Monetary Economics, 76 (C): 1-14.

[92] FORBES K J, WARNOCK F E, 2012. Capital flow waves: Surges, stops, flight, and retrenchment [J]. Journal of International Economics, 88 (2): 235-251.

[93] FORBES K, FRATZSCHER M, KOSTKA T, et al, 2016. Bubble thy neighbour: portfolio effects and externalities from capital controls [J]. Journal of International Economics, 99 (3): 85-104.

[94] FORBES K, FRATZSCHER M, STRAUB R, 2015. Capital-flow management measures: What are they good for? [J]. Journal of International Economics, 96 (S1): S76-S97.

[95] FRATZSCHER M, 2012. Capital flows, push versus pull factors and the global financial crisis [J]. Journal of International Economics, 88 (2): 341-356.

[96] FURCERI D, GUICHARD S, RUSTICELLI E, 2012. The effect of episodes of large capital inflows on domestic credit [J]. The North American Journal of Economics and Finance, 23 (3): 325-344.

[97] GALINDO M, ESCOT L, 2004. International capital flows, convergence and growth [J]. The Journal of Economic Asymmetries, 1 (1): 49-69.

[98] GALLAGHER K P, GRIFFITH-JONES S, OCAMPO J A, 2012. Regulating global capital flows for long-run development [Z].

[99] GERSBACH H, ROCHET J, 2017. Capital regulation and credit fluctuations [J]. Journal of Monetary Economics, 90 (5): 113-124.

[100] GIORDANI P E, RUTA M, WEISFELD H, et al, 2017. Capital flow deflection [J]. Journal of International Economics, 105 (3): 102-118.

[101] GKILLAS GILLAS K, TSAGKANOS A, SIRIOPOULOS C, 2016. The risk in capital controls [J]. Finance Research Letters, 19 (C): 261-266.

[102] GLEN J, MONDRAGÓN-VÉLEZ C, 2011. Business cycle effects on commercial bank loan portfolio performance in developing economies [J]. Review of Development Finance, 1 (2): 150-165.

[103] GLICK R, HUTCHISON M, 2009. Navigating the trilemma: capital flows and monetary policy in China [J]. Journal of Asian Economics, 20 (3): 205-224.

[104] GOYAL A, 2011. A general equilibrium open economy model for emerging markets: monetary policy with a dualistic labor market [J]. Economic Modelling, 28 (3): 1392-1404.

［105］ GU X, HUANG B, 2011. A new approach to capital flows: theory and evidence ［J］. Economic Modelling, 28 (3): 1050-1057.

［106］ GUNTER F R, 2017. Corruption, costs, and family: Chinese capital flight, 1984—2014 ［J］. China Economic Review, 43 (4): 105-117.

［107］ GUO K, JIN K, 2009. Composition and growth effects of the current account: a synthesized portfolio view ［J］. Journal of International Economics, 79 (1): 31-41.

［108］ HAMDI H, JLASSI N B, 2014. Financial liberalization, disaggregated capital flows and banking crisis: evidence from developing countries ［J］. Economic Modelling, 41 (8): 124-132.

［109］ HARRISON A E, LOVE I, MCMILLAN M S, 2004. Global capital flows and financing constraints ［J］. Journal of Development Economics., 75 (1): 269-301.

［110］ HEATHCOTE J, PERRI F, 2013. The international diversification puzzle is not as bad as you think ［J］. Journal of Political Economy, 121 (6): 1108-1159.

［111］ HNATKOVSKA V, 2010. Home bias and high turnover: dynamic portfolio choice with incomplete markets ［J］. Journal of International Economics, 80 (1): 113-128.

［112］ HOLINSKI N, KOOL C J M, MUYSKEN J, 2012. The impact of international portfolio composition on consumption risk sharing ［J］. Journal of International Money and Finance, 31 (6): 1715-1728.

［113］ HOLLANDER H, LIU G, 2016. The equity price channel in a new-keynesian DSGE model with financial frictions and banking ［J］. Economic Modelling, 52 (B): 375-389.

［114］ HOOPER V, KIM S, 2007. The determinants of capital inflows: does opacity of recipient country explain the flows? [J]. Economic Systems, 31 (1): 35-48.

［115］ HUNTER W C, SMITH S D, 2002. Risk management in the global economy: a review essay [J]. Journal of Banking & Finance, 26 (2-3): 205-221.

［116］ IN'T VELD J, KOLLMANN R, PATARACCHIA B, et al, 2014. International capital flows and the boom-bust cycle in Spain [J]. Journal of International Money and Finance, 48 (B): 314-335.

［117］ IN'T VELD J, RACIBORSKI R, RATTO M, et al, 2011. The recent boom – bust cycle: the relative contribution of capital flows, credit supply and asset bubbles [J]. European Economic Review, 55 (3): 386-406.

［118］ JANUS T, RIERA-CRICHTON D, 2013. International gross capital flows: new uses of balance of payments data and application to financial crises [J]. Journal of Policy Modeling, 35 (1): 16-28.

［119］ JERMANN U J, 2002. International portfolio diversification and endogenous labor supply choice [J]. European Economic Review, 46 (3): 507-522.

［120］ JONGWANICH J, KOHPAIBOON A, 2013. Capital flows and real exchange rates in emerging Asian countries [J]. Journal of Asian Economics, 24 (4): 138-146.

［121］ JOS X, LU X S O, 2005. Capital mobility, real exchange rate appreciation, and asset price bubbles in emerging economies: a post keynesian macroeconomic model for a small open economy [J]. Journal of Post Keynesian Economics, 28 (2): 317-344.

[122] JU J, WEI S, 2011. When is quality of financial system a source of comparative advantage? [J]. Journal of International Economics, 84 (2): 178-187.

[123] JUDD K L, GUU S M, 2001. Asymptotic methods for asset market equilibrium analysis [J]. Economic Theory, 18 (1): 127-157.

[124] JULIO B, YOOK Y, 2016. Policy uncertainty, irreversibility, and cross-border flows of capital [J]. Journal of International Economics, 103 (C): 13-26.

[125] KAMINSKY G L, REINHART C M, VEGH C A, 2005. When it rains, it pours: procyclical capital flows and policies [R]. NBER Working Paper.

[126] KANDIL M, TRABELSI M. On capital flows and macroeconomic performance: evidence before and after the financial crisis in Turkey [J]. Borsa Istanbul Review, 15 (4): 249-258.

[127] KENC T, DIBOOGLU S, 2010. The 2007 - 2009 financial crisis, global imbalances and capital flows: implications for reform [J]. Economic Systems, 34 (1): 3-21.

[128] KIM D, IWASAWA S, , 2017. Hot money and cross-section of stock returns during the global financial crisis [J]. International Review of Economics & Finance, 50 (C): 8-22.

[129] KIM S, YANG D Y, 2008. Managing capital flows: The case of the republic of Korea [J]. Chapters, 363 (3): 260-279.

[130] KIM S, YANG D Y, 2012. Are capital controls effective? The case of the republic of Korea [J]. Social Science Electronic Publishing, 29 (2): 96-133.

[131] KIM Y, 2000. Causes of capital flows in developing countries [J]. Journal of International Money and Finance, 19 (2):

235-253.

[132] KOLASA M, 2009. Structural heterogeneity or asymmetric shocks? Poland and the euro area through the lens of a two-country DSGE model [J]. Economic Modelling, 26 (6): 1245-1269.

[133] KOLLMANN R, 2005. International portfolio equilibrium and the current account [J]. Ssrn Electronic Journal, 9 (4): 393-396.

[134] Korinek A, 2011. Foreign currency debt, risk premia and macroeconomic volatility [J]. European Economic Review, 55 (3): 371-385.

[135] KORINEK A, SANDRI D, 2016. Capital controls or macroprudential regulation? [J]. Journal of International Economics, 99 (S): 27-42.

[136] KRAAY A, VENTURA J, 2000. The Current accounts in debtor and creditor countries [J]. The Quarterly Journal of Economics, 115 (4): 1137-1166.

[137] KRAAY A, VENTURA J, 2000. Current accounts in debtor and creditor countries [J]. Quarterly Journal of Economics, 115 (4): 1137-1166.

[138] KRAAY A, VENTURA J, 2002. Current accounts in the long and short run [J]. Social Science Electronic Publishing, 17 (1): 65-94.

[139] LAGOARDE-SEGOT T, 2009. Financial reforms and time-varying microstructures in emerging equity markets [J]. Journal of Banking & Finance, 33 (10): 1755-1769.

[140] LAIBSON D, MOLLERSTROM J, 2010. Capital flows, consumption booms and asset bubbles: a behavioural alternative to the savings glut hypothesis [R]. National Bureau of

Economic Research Working Paper Series.

[141] LANE P R, SHAMBAUGH J C, 2010. The long or short of it: determinants of foreign currency exposure in external balance sheets [J]. Journal of International Economics, 80 (1): 33-44.

[142] LEE H, PARK C, BYUN H, 2013. Do contagion effects exist in capital flow volatility? [J]. Journal of the Japanese and International Economies, 30 (C): 76-95.

[143] LEE K S, YOON S, 2007. Interrelationships and volatility of the financial asset prices under capital flows: the case of Korea [J]. Economic Modelling, 24 (3): 386-397.

[144] LEUNG C K Y, TEO W L, 2011. Should the optimal portfolio be region-specific? A multi-region model with monetary policy and asset price co-movements [J]. Regional Science and Urban Economics, 41 (3): 293-304.

[145] LI J, RAJAN R S, 2015. Do capital controls make gross equity flows to emerging markets less volatile? [J]. Journal of International Money and Finance, 59 (C): 220-244.

[146] LOTHIAN J R, 2006. Institutions, capital flows and financial integration [J]. Journal of International Money and Finance, 25 (3): 358-369.

[147] MALDONADO W L, TOURINHO O A F, VALLI M, 2007. Endogenous foreign capital flow in a CGE model for Brazil: The role of the foreign reserves [J]. Journal of Policy Modeling, 29 (2): 259-276.

[148] MARCHIORI L, 2011. Demographic trends and international capital flows in an integrated world [J]. Economic Modelling, 28 (5): 2100-2120.

[149] MARIN D, SCHNITZER M, 2011. When is FDI a capital

flow？ ［J］. European Economic Review， 55（6）：845-861.

［150］ MARTIN A， TADDEI F， 2013. International capital flows and credit market imperfections：a tale of two frictions ［J］. Journal of International Economics， 89（2）：441-452.

［151］ MCQUADE P， SCHMITZ M， 2017. The great moderation in international capital flows：a global phenomenon？ ［J］. Journal of International Money and Finance， 73（A）：188-212.

［152］ MENDOZA E G， RULL J V R， 2009. Financial integration， financial development， and global imbalances ［J］. Journal of Political Economy， 117（3）：371-416.

［153］ MIAO J， WANG P， 2015. Banking bubbles and financial crises ［J］. Journal of Economic Theory， 157（C）：763-792.

［154］ Milani F， 2011. The impact of foreign stock markets on macroeconomic dynamics in open economies：a structural estimation ［J］. Journal of International Money and Finance， 30（1）：111-129.

［155］ MILESI-FERRETTI G M， 2005. Capital flows and crises ［J］. Journal of International Economics， 67（1）：262-265.

［156］ MILLER N C， 1986. The structure of open economy macro-models ［J］. Journal of International Money and Finance， 5（1）：75-89.

［157］ MIRON D， ALEXE I， 2014. Capital flows and income convergence in the European Union. A fresh perspective in view of the macroeconomic imbalance procedure ［J］. Procedia Economics and Finance， 8（14）：25-34.

［158］ MODY A， MURSHID A P， 2005. Growing up with capital flows ［J］. Journal of International Economics， 65（1）：249-266.

[159] MONTIEL P, REINHART C M, 1999. Do capital controls and macroeconomic policies influence the volume and composition of capital flows? Evidence from the 1990s [J]. Journal of International Money and Finance, 18 (4): 619-635.

[160] MUKHERJEE R, 2015. Institutions, Corporate Governance and Capital Flows [J]. Journal of International Economics, 96 (2): 338-359.

[161] NEUMANN R M, 2006. The effects of capital controls on international capital flows in the presence of asymmetric information [J]. Journal of International Money and Finance, 25 (6): 1010-1027.

[162] NEUMANN R M, PENL R, TANKU A, 2009. Volatility of capital flows and financial liberalization: do specific flows respond differently? [J]. International Review of Economics & Finance, 18 (3): 488-501.

[163] NEUMANN R M, PENL R, TANKU A, 2009. Volatility of capital flows and financial liberalization: do specific flows respond differently? [J]. International Review of Economics & Finance, 18 (3): 488-501.

[164] OHNO S, SHIMIZU J, 2015. Do exchange rate arrangements and capital controls influence international capital flows and housing prices in Asia? [J]. Journal of Asian Economics, 39 (C): 1-18.

[165] OKADA K, 2013. The interaction effects of financial openness and institutions on international capital flows [J]. Journal of Macroeconomics, 35 (C): 131-143.

[166] OKAWA Y, VAN WINCOOP E, 2012. Gravity in international finance [J]. Journal of International Economics, 87 (2): 205-215.

［167］PACE P D, 2013. Gross domestic product growth predictions through the yield spread：time-variation and structural breaks ［J］. International Journal of Finance & Economics, 18（1）：1-24.

［168］PANG K, 2013. Financial integration, nominal rigidity, and monetary policy ［J］. International Review of Economics & Finance, 25（C）：75-90.

［169］PARLOUR C A, STANTON R, WALDEN J, 2012. Financial Flexibility, Bank Capital Flows, and Asset Prices ［J］. Journal of Finance, 67（5）：1685-1722.

［170］PASRICHA G K, 2012. Recent trends in measures to manage capital flows in emerging economies ［J］. The North American Journal of Economics and Finance, 23（3）：286-309.

［171］PAVLOVA A, RIGOBON R, 2010. An asset-pricing view of external adjustment ［J］. Journal of International Economics, 80（1）：144-156.

［172］RABE C, 2016. Capital controls, competitive depreciation, and the technological frontier ［J］. Journal of International Money and Finance, 68（1）：74-102.

［173］RAZIN A, SADKA E, 2001. Country risk and capital flow reversals ［J］. Economics Letters, 72（1）：73-77.

［174］REINHARDT D, RICCI L A, TRESSEL T, 2013. International capital flows and development：Financial openness matters ［J］. Journal of International Economics. 2013, 91（2）：235-251.

［175］REY H, 2015. Dilemma not trilemma：the global financial cycle and monetary policy independence ［R］. National Bureau of Economic Research Working Paper Series.

［176］SAMARINA A, BEZEMER D, 2016. Do capital flows change

domestic credit allocation? [J] . Journal of International Money and Finance, 62 (C) : 98-121.

[177] SARNO L, Taylor M P, 1999. Hot money, accounting labels and the permanence of capital flows to developing countries: an empirical investigation [J] . Journal of Development Economics, 59 (2) : 337-364.

[178] SARNO L, Taylor M P, 1999. Moral hazard, asset price bubbles, capital flows, and the East Asian crisis: the first tests [J] . Journal of International Money and Finance, 18 (4) : 637-657.

[179] SOTO M, 2003. Taxing capital flows: an empirical comparative analysis [J] . Journal of Development Economics, 72 (1) : 203-221.

[180] SOUSA T V E, 2013. Asymmetries in an open economy model [J] . Journal of International Money and Finance, 33 (3) : 358-380.

[181] SPENCER P, LIU Z, 2010. An open-economy macro-finance model of international interdependence: the OECD, US and the UK [J] . Journal of Banking & Finance, 34 (3) : 667-680.

[182] STEINER A, 2013. The accumulation of foreign exchange by central banks: fear of capital mobility? [J] . Journal of Macroeconomics, 38 (1) : 409-427.

[183] SUH S, 2017. Sudden stops of capital flows to emerging markets: a new prediction approach [J] . International Review of Economics & Finance, 48 (C) : 289-308.

[184] SULA O, WILLETT T D, 2015. The reversibility of different types of capital flows to emerging markets [J] . Emerging Markets Review. 2009, 10 (4) : 296-310.

[185] TAGUCHI H, SAHOO P, NATARAJ G. Capital flows and

asset prices：Empirical evidence from emerging and developing economies [J]. International Economics, 141 (1)：1-14.

[186] TERRA C, 2015. Portfolio Diversification and Capital Flows [M]. Principles of International Finance and Open Economy Macroeconomics, San Diego：Academic Press.

[187] THAPA C, PAUDYAL K, NEUPANE S, 2013. Access to information and international portfolio allocation [J]. Journal of Banking & Finance, 37 (7)：2255-2267.

[188] TILLE C, 2008. Financial integration and the wealth effect of exchange rate fluctuations [J]. Journal of International Economics, 75 (2)：283-294.

[189] TILLE C, VAN WINCOOP E, 2010. International capital flows [J]. Journal of International Economics, 80 (2)：157-175.

[190] TILLE C, VAN WINCOOP E, 2014. International capital flows under dispersed private information [J]. Journal of International Economics, 93 (1)：31-49.

[191] TILLMANN P, 2013. Capital inflows and asset prices：evidence from emerging Asia [J]. Journal of Banking & Finance, 37 (3)：717-729.

[192] TOMURA H, 2010. International capital flows and expectation-driven boom – bust cycles in the housing market [J]. Journal of Economic Dynamics and Control, 34 (10)：1993-2009.

[193] TRABELSI M, CHERIF M, 2010. Capital account liberalization and financial deepening：does the private sector matter? [J]. The Quarterly Review of Economics and Finance, 64 (3)：141-151.

[194] TSYRENNIKOV V, 2013. Capital flows under moral hazard [J]. Journal of Monetary Economics, 60 (1)：92-108.

［195］UEDA K, 2012. Banking globalization and international business cycles: cross-border chained credit contracts and financial accelerators [J]. Journal of International Economics, 86 (1): 1-16.

［196］VENTURA J, 2012. Bubbles and capital flows [J]. Journal of Economic Theory, 147 (2): 738-758.

［197］VENTURA J, 2012. Bubbles and capital flows [J]. Journal of Economic Theory, 147 (2): 738-758.

［198］VERDIER G, 2008. What drives long-term capital flows? A theoretical and empirical investigation [J]. Journal of International Economics, 74 (1): 120-142.

［199］WANG C, HWANG J, CHUNG C, 2016. Do short-term international capital inflows drive China's asset markets? [J]. The Quarterly Review of Economics and Finance, 60: 115-124.

［200］WANG M C, SHIH F M, 2013. Time-varying world and regional integration in emerging european equity markets [J]. European Financial Management, 19 (4): 703-729.

［201］WARNOCK F E, WARNOCK V C, 2009. International capital flows and U. S. interest rates [J]. Journal of International Money and Finance, 28 (6): 903-919.

［202］WRIGHT M L J, 2006. Private capital flows, capital controls, and default risk [J]. Journal of International Economics, 69 (1): 120-149.

［203］YAN C, PHYLAKTIS K, FUERTES A, 2016. On cross-border bank credit and the U. S. financial crisis transmission to equity markets [J]. Journal of International Money and Finance, 69: 108-134.

［204］ZULVERDI D, GUNADI I, PRAMONO B, 2007. Bank portfolio model and monetary policy in Indonesia [J]. Journal of

Asian Economics，18（1）：158-174.

[205] 宾建成，詹花秀，王凯，2013. 美国量化宽松货币政策对中国短期资本流动的影响分析 [J]. 财经理论与实践（2）：15-19.

[206] 卜林，李政，张馨月，2015. 短期国际资本流动、人民币汇率和资产价格——基于有向无环图的分析 [J]. 经济评论（1）：140-151.

[207] 陈辉，汪前元，2013. 金融危机对我国短期国际资本流动影响的实证研究 [J]. 国际经贸探索（8）：65-76.

[208] 陈瑾玫，徐振玲，2012. 我国国际短期资本流动规模及其对宏观经济的影响研究 [J]. 经济学家（10）：31-39.

[209] 陈钧，2010. 短期国际资本流动对证券市场的影响 [J]. 投资研究（6）：61-64.

[210] 邓敏，蓝发钦，2012. 金融开放背景下国际资本流动的审慎管理——新兴市场经济体的经验 [J]. 金融理论与实践（2）：20-25.

[211] 丁志国，赵宣凯，赵晶，2011. 国际资本流动对中国股市的影响 [J]. 中国软科学（11）：152-160.

[212] 董有德，肖杨希，2009. 国际金融视角下美国两次金融危机的比较及对中国的启示 [J]. 国际金融研究（8）：55-61.

[213] 董有德，谢钦骅，2015. 汇率波动对新兴市场国家资本流动的影响研究——基于 23 个新兴市场国家 2000—2013 年的季度数据 [J]. 国际金融研究（6）：42-52.

[214] 杜海强，2007. 我国短期资本流动问题讨论综述 [J]. 经济理论与经济管理（10）：76-80.

[215] 范爱军，卜学字，2013. 跨期消费平滑模型与中国国际资本流动性度量——兼析汇率因素的影响 [J]. 国际金融研究（3）：68-78.

[216] 范从来，2003. 论国际资本流动的货币冲击效应 [J]. 经济社会体制比较（4）：76-82.

［217］范小云，潘赛赛，2008. 国际资本流动理论的最新发展及其对中国的启示［J］. 国际金融研究（9）：61-67.

［218］范小云，潘赛赛，王博，2011. 国际资本流动突然中断的经济社会影响研究评述［J］. 经济学动态（5）：118-123.

［219］方天梯，曹桂元，2001. 国际短期资本流动的效应分析［J］. 上海金融（6）：33-34.

［220］傅钧文，2012. 国际资本流动的新特征及其影响［J］. 世界经济研究（12）：24-29.

［221］干杏娣，2002. 国际短期资本流动对本外币政策及其协调的影响［J］. 世界经济研究（6）：33-37.

［222］高志勇，刘贇，2010. 转型经济国家资本流动与银行稳定关系的实证研究——基于中东欧8国面板数据的分析［J］. 国际贸易问题（7）：48-54.

［223］苟琴，王戴黎，鄢萍，等，2012. 中国短期资本流动管制是否有效［J］. 世界经济（2）：26-44.

［224］顾高翔，王铮，2015. 国际资本流动模式及其国际经济影响模拟研究［J］. 财经研究（11）：58-70.

［225］管涛，曾卫京，1997. 国际短期资本流动对我国外汇供求的影响［J］. 管理世界（1）：88-93.

［226］韩剑，高海红，2012. 跨境资本自由流动的政治经济学分析［J］. 世界经济与政治（6）：123-136.

［227］胡国良，陈璋，龙少波，2015. 结构转变、套利行为与中国短期国际资本流动［J］. 国际贸易问题（7）：148-157.

［228］黄驰云，刘林，2011. 外汇市场压力、国际资本流动与国内货币市场均衡——基于中国数据的实证研究［J］. 国际贸易问题（9）：130-142.

［229］贾宪军，2014. 金融资本跨境流动与储备货币地位——基于日元经验的研究［J］. 国际金融研究（8）：35-43.

［230］姜立琴，1997. 国际短期资本流动的动因、影响及预防措施［J］.

新金融，（11）：3，4-6.

[231] 经济增长前沿课题组，2005. 国际资本流动、经济扭曲与宏观稳定——当前经济增长态势分析 [J]. 经济研究（4）：4-16.

[232] 荆中博，杨海珍，杨晓光，2012. 基于货币市场压力指数的银行危机预警研究 [J]. 金融研究（5）：45-55.

[233] 李宝伟，2008. 不均衡货币金融体系前提的全球资本流动、价格波动及应对策略 [J]. 改革（3）：98-102.

[234] 李稻葵，尹兴中，2010. 国际货币体系新架构：后金融危机时代的研究 [J]. 金融研究（2）：31-43.

[235] 李芳，李秋娟，2014. 人民币汇率与房地产价格的互动关系——基于 2005—2012 年月度数据的 MS-VAR 模型分析 [J]. 国际金融研究（3）：86-96.

[236] 李巍，2011. 跨境投机性资本流动对宏观经济增长影响的时变特征——兼论国际间"跨境资本流动量交易市场"的建构 [J]. 世界经济研究（8）：8-14.

[237] 李伟，乔兆颖，柳光程，2013. 中国跨境资金流动监测预警指标体系研究 [J]. 金融理论与实践（4）：56-59.

[238] 李伟，徐立玲，2010. 汇率预期挑战外汇收支 [J]. 中国外汇（19）：26-27.

[239] 梁权熙，田存志，2011. 国际资本流动"突然停止"、银行危机及其产出效应 [J]. 国际金融研究（2）：52-62.

[240] 刘澜飚，文艺，王博，2014. 短期资本流动对中国经济产出的影响 [J]. 经济学动态（4）：77-86.

[241] 刘莉亚，程天笑，关益众，等，2013. 资本管制能够影响国际资本流动吗？ [J]. 经济研究（5）：33-46.

[242] 刘仁伍，刘华，黄礼健，2008. 新兴市场国家的国际资本流动与双危机模型扩展 [J]. 金融研究（04）：37-54.

[243] 刘涛，周继忠，2011. 矛与盾：短期资本流入冲击与新兴市场国家的资本控制 [J]. 国际经济评论（5）：139-151.

［244］路妍，方草，2015. 美国量化宽松货币政策调整对中国短期资本流动的影响研究［J］. 宏观经济研究（2）:134-147.

［245］罗永立，杨海珍，牛广星，2004. QD II 的资金额度与市场影响分析［J］. 科技与管理（4）: 79-81.

［246］吕光明，徐曼，2012. 中国的短期国际资本流动——基于月度VAR 模型的三重动因解析［J］. 国际金融研究（4）: 61-68.

［247］马宇，杜萌，2013. 新兴市场国际资本流动影响因素——基于美元因素和 GMM 方法的实证分析［J］. 财贸经济（1）: 46-55.

［248］邱雨薇，秦博，阮成，2015. 国际短期资本流动、资产价格与货币政策独立性关系研究［J］. 武汉金融（4）: 12-15.

［249］石刚，王琛伟，2014. 中国短期国际资本流动的测算——基于BOP 表［J］. 宏观经济研究（3）: 43-56.

［250］宋文兵，1999. 国际短期资本流动与国际货币制度的变迁（上）—— 一种历史制度分析的新视角［J］. 国际金融研究（11）: 25-31.

［251］宋文兵，1999. 国际短期资本流动与国际货币制度的变迁（下）—— 一种历史制度分析的新视角［J］. 国际金融研究（12）: 19-25.

［252］苏多永，张祖国，2010. "四重套利"模型与短期国际资本流动［J］. 财经科学（8）: 17-24.

［253］孙秋美，2003. 短期资本流动监管的国际经验借鉴［J］. 中国外汇管理（9）: 24-26.

［254］谈正达，唐琳，胡海鸥，2011. 我国国际资本流动与货币冲销的有效性研究:1999—2010［J］. 国际金融研究（12）: 29-37.

［255］陶川，2010. 我国热钱流入的边际成本、热钱的影子价格和托宾q—— 一个理论分析框架及实证［J］. 金融研究（12）: 43-56.

［256］陶士贵，刘骏斌，2015. 影响中国国际资本流动的因素研究——引入外部非常规货币政策变量［J］. 亚太经济（3）: 48-55.

［257］田素华，徐明东，2008. 国际资本流动对东道国货币政策的抵消

效应——基于四种国际资本流动形式的讨论［J］．数量经济技术经济研究（12）：70-86.

［258］万淼，2014．美国四轮量化宽松货币政策对我国跨境资本流动的影响分析［J］．经济数学（1）：48-55.

［259］万荃，孙彬，2015．制度环境结构质量对利率市场化改革的影响［J］．国际金融研究（4）：52-63.

［260］王国松，刘曌，2012．我国国际资本流动：直接投资与非直接投资影响因素的比较研究［J］．经济理论与经济管理（10）：53-62.

［261］王世华，何帆，2007．中国的短期国际资本流动：现状、流动途径和影响因素［J］．世界经济（7）：12-19.

［262］王志军，2001．国际短期资本流动与国际货币合作方式的选择［J］．南开经济研究（5）：60-64.

［263］翁东玲，2010．我国短期国际资本流动的规模及特征分析［J］．亚太经济（5）：24-28.

［264］吴丽华，傅广敏，2014．人民币汇率、短期资本与股价互动［J］．经济研究（11）：72-86.

［265］吴文旭，陈学华，2004．论利率与储蓄率对国际短期资本流动的影响［J］．国际经贸探索（3）：34-39.

［266］项卫星，王达，2011．国际资本流动格局的变化对新兴市场国家的冲击——基于全球金融危机的分析［J］．国际金融研究（7）：51-58.

［267］肖继五，李沂，2010．顺周期国际资本流动——影响因素、负面效应及反向调节［J］．山西财经大学学报，32（3）：38-47.

［268］谢洪燕，罗宁，2011．跨境资本流动的最新风险与趋势解析及对我国的启示［J］．国际贸易问题（1）：137-147.

［269］熊衍飞，陆军，陈郑，2015．资本账户开放与宏观经济波动［J］．经济学（季刊）（4）：1255-1276.

［270］徐力，2014．我国国际资本流动与利率的相关性研究——基于国内外利率相关性的实证分析［J］．价格理论与实践（4）：98-100.

［271］ 许丁，宋徐徐，2011. 国际短期资本流动对我国经济的影响［J］.
财经科学（10）：57-64.

［272］ 许一涌，2015. 短期资本流动的影响因素及对货币政策调控的启
示——基于金砖五国证券投资基金数据的实证分析［J］. 金融与
经济（8）：47-52.

［273］ 杨海珍，FRANKR G，2002. 中国资本外逃与外国直接投资关系
的实证分析（1984—1999）［J］. 经济学（季刊），1（2）：
715-722.

［274］ 杨海珍，陈金贤，2002. 腐败、腐败治理与资本外逃关系的博弈分
析［J］. 管理工程学报（1）：1-5.

［275］ 杨海珍，陈金贤，1998. 资本流入下的宏观效应及政策选择［J］.
西安交通大学学报（社会科学版）（4）：59-61.

［276］ 杨海珍，黄秋彬，2015. 跨境资本流动对银行稳健性的影响：基于
中国十大银行的实证研究［J］. 管理评论（10）：9-18.

［277］ 杨海珍，李苏骁，史芳芳，2015. 国际证券资金流动对中国股市的
影响［J］. 系统工程理论与实践（8）：1938-1946.

［278］ 杨海珍，李银华，赵艳平，等，2009. 金融风暴下国际资本流动态
势及其对中国宏观经济的影响［J］. 管理评论（2）：40-45.

［279］ 杨海珍，罗永立，2002. 中国资本外逃影响因素的计量分析［J］.
数理统计与管理（6）：1-7.

［280］ 杨海珍，戾于靖，石昊，等，2010. 我国短期国际资本流动动因及
其政策启示［J］. 管理评论（11）：3-8.

［281］ 杨俊龙，孙韦，2010. 短期国际资本流动对我国经济潜在冲击的
实证分析［J］. 经济理论与经济管理（12）：13-18.

［282］ 杨娉，2013. 我国短期国际资本流动状况变动原因分析［J］. 金
融发展研究（5）：14-19.

［283］ 杨珍增，李宏，2010. 国际资本流动模式与内生金融发展［J］.
国际贸易问题（9）：106-116.

［284］ 杨子晖，陈创练，2015. 金融深化条件下的跨境资本流动效应研

究［J］．金融研究（5）：34-49.

［285］于洋，杨海珍，2005．中国资本控制有效性的实证检验及启示［J］．管理评论（5）：3-7.

［286］袁仕陈，范明，2012．近年来中国国内货币供给源于国际资本流动吗？［J］．世界经济研究（3）：28-33.

［287］袁仕陈，文学舟，代宝珍，2015．国际资本流动的经济增长效应——基于不同汇率制度的一个检验［J］．山西财经大学学报（11）：16-26.

［288］张碧琼，2009．国际资本流动与跨期消费模式：基于中美两国跨期贸易模型的启示［J］．国际金融研究（4）：64-71.

［289］张春生，2016．IMF的资本流动管理框架［J］．国际金融研究，348（4）：13-25.

［290］张纯威，2012．中国发生资本流入"急刹车"的可能性及其防范［J］．国际金融研究（9）：43-51.

［291］张璟，刘晓辉，2013．中国货币升值的早期预警系统：基于信号法的研究［J］．国际金融研究（11）：70-83.

［292］张明，2011．中国面临的短期国际资本流动：不同方法与口径的规模测算［J］．世界经济（2）：39-56.

［293］张明，谭小芬，2011．中国短期资本流动的主要驱动因素：2000—2012［J］．世界经济（11）：93-116.

［294］张明，王碧珺，陈博，等，2013．国际收支平衡新常态正在形成——2012年第4季度中国跨境资本流动报告［J］．国际经济评论（2）：59-73.

［295］张明，肖立晟，2014．国际资本流动的驱动因素：新兴市场与发达经济体的比较［J］．世界经济（8）：151-172.

［296］张晓朴，2002．入世后中国应对国际资本流动的政策选择（上篇）［J］．经济社会体制比较（4）：48-54.

［297］张晓朴，2002．入世后中国应对国际资本流动的政策选择（下篇）［J］．经济社会体制比较，（5）：52-61.

［298］张志明，崔日明，2013. 外资流入对经济增长率波动的影响——基于改进的标准长期国际资本流动模型及中国的数据检验［J］. 山西财经大学学报（2）：12-22.

［299］赵进文，张敬思，2013. 人民币汇率、短期国际资本流动与股票价格——基于汇改后数据的再检验［J］. 金融研究（1）：9-23.

［300］赵文胜，张屹山，赵杨，2011. 短期国际资本流动对中国市场变化的反应分析［J］. 数量经济技术经济研究（3）：104-117.

［301］中国科学院国际资本流动与金融稳定研究课题组，杨海珍，2015. 从欧元量化宽松政策看全球资本流动态势［J］. 中国银行业（4）：46-48.

［302］周丽华，2009. 对人民币贬值预期引起资本流动逆转的金融安全思考［J］. 时代金融（1）：6-7.

［303］朱超，林博，张林杰，2013. 全球视角下的人口结构变迁与国际资本流动［J］. 国际金融研究（2）：26-36.

［304］朱孟楠，刘林，2010. 短期国际资本流动、汇率与资产价格——基于汇改后数据的实证研究［J］. 财贸经济（5）：5-13.

附表

附表 1(a)　资本构成的稳健性检验结果（FE）

	发达国家			新兴经济体			其他发展中国家		
	(1)	(2)	(3)	(4)	(5)	(6)	(7)	(8)	(9)
TFP初始值	−0.0734**	−0.0505*	−0.0348	−0.1068***	−0.1051***	−0.1217***	−0.1381***	−0.1440***	−0.1486***
	(−2.84)	(−1.74)	(−1.10)	(−4.27)	(−3.86)	(−3.50)	(−7.56)	(−7.30)	(−6.89)
中学入学率	0.0001	0.0001	0.0001	−0.0002	−0.0000	−0.0000	−0.0005**	−0.0006**	−0.0006**
	(1.02)	(1.16)	(0.75)	(−0.99)	(−0.10)	(−0.15)	(−2.54)	(−2.44)	(−2.37)
生命预期	−0.0024**	−0.0034***	−0.0033***	0.0007	0.0003	0.0004	0.0014***	0.0016***	0.0016***
	(−2.43)	(−2.88)	(−3.42)	(0.87)	(0.49)	(0.55)	(2.67)	(3.39)	(3.40)
政府支出	−0.0068***	−0.0072***	−0.0064***	−0.0043***	−0.0038**	−0.0047***	−0.0006	−0.0006	−0.0005
	(−6.01)	(−5.35)	(−5.64)	(−2.75)	(−2.20)	(−2.65)	(−0.63)	(−0.60)	(−0.53)
贸易规模	0.0004***	0.0004***	0.0005***	0.0000	−0.0000	0.0000	−0.0002	−0.0002	−0.0002
	(3.42)	(5.49)	(6.44)	(0.15)	(−0.27)	(0.10)	(−1.23)	(−1.06)	(−0.97)
通货膨胀	−0.2548***	−0.2495***	−0.2571***	−0.0014***	−0.0015***	−0.0014***	−0.0292*	−0.0296**	−0.0301**
	(−6.83)	(−6.94)	(−7.74)	(−10.41)	(−13.16)	(−12.35)	(−1.98)	(−2.04)	(−2.05)
人口增长率	−0.0011	−0.0023	−0.0015	−0.0009	−0.0004	−0.0018	−0.0079***	−0.0081***	−0.0080***
	(−0.33)	(−0.67)	(−0.48)	(−0.57)	(−0.22)	(−0.77)	(−3.05)	(−2.98)	(−2.88)
金融发展	−0.0002***	−0.0002***	−0.0002***	−0.0004**	−0.0005**	−0.0003*	−0.0008***	−0.0009***	−0.0009**
	(−6.30)	(−7.39)	(−6.55)	(−2.42)	(−2.60)	(−1.87)	(−2.58)	(−2.63)	(−2.54)

续　表

	发达国家			新兴经济体			其他发展中国家		
	(1)	(2)	(3)	(4)	(5)	(6)	(7)	(8)	(9)
民主程度	-0.0021*	-0.0013	-0.0008	0.0006	0.0006	0.0007	0.0004	0.0003	0.0003
	(-1.98)	(-1.04)	(-0.64)	(1.62)	(1.37)	(1.62)	(0.91)	(0.81)	(0.68)
法定开放度	-0.0045***	-0.0044***	-0.0046***	-0.0018	-0.0018	-0.0017	0.0049*	0.0055*	0.0055*
	(-2.97)	(-3.22)	(-3.66)	(-0.99)	(-0.93)	(-0.92)	(1.88)	(1.86)	(1.85)
FDI负债	-0.0115**			0.0568***			0.0266		
	(-2.42)			(3.11)			(1.12)		
股权负债		-0.0062*			0.0970***			0.1666	
		(-1.81)			(4.34)			(1.56)	
债务负债			-0.0080***			-0.0177			-0.0031
			(-3.42)			(-1.62)			(-0.95)
常数项	1.3262***	1.3759***	1.3533***	1.0815***	1.0962***	1.1111***	1.0700***	1.0658***	1.0686***
	(19.26)	(18.23)	(19.63)	(21.85)	(25.37)	(19.68)	(25.97)	(26.20)	(26.06)
观测值	607	597	607	519	519	519	802	801	801
调整后 R^2	0.22	0.2147	0.2371	0.1131	0.1173	0.1074	0.1081	0.1066	0.1063
固定效应 F	4.35***	4.52***	4.82***	2.41***	2.55***	2.90***	2.01***	2.08***	1.95***

注：（　）内为对应系数的 t 值，[　]内为对应检验的 p 值。+、*、**、***分别表示在 20%、10%、5%、1%水平上显著。所有系数估计及参数检验均由 STATA11 完成。

附表 1（b） 资本构成的稳健性检验结果（GMM）

	发达国家			新兴经济体			其他发展中国家		
	(1)	(2)	(3)	(4)	(5)	(6)	(7)	(8)	(9)
TFP初始值	-0.0465	-0.0317	-0.0208	-0.1030***	-0.1120***	-0.0525	-0.1166***	-0.1737***	-0.1205***
	(-1.48)	(-0.97)	(-0.65)	(-3.00)	(-3.25)	(-1.34)	(-2.95)	(-3.99)	(-2.91)
中学入学率	0.0001	0.0001	0.0001	-0.0005**	-0.0002	-0.0003	-0.0004	-0.0009***	-0.0007**
	(0.75)	(0.54)	(0.52)	(-2.16)	(-0.90)	(-1.25)	(-1.28)	(-2.87)	(-2.19)
生命预期	-0.0034**	-0.0051***	-0.0045***	0.0009	0.0005	0.0007	0.0013	0.0007	0.0025**
	(-2.22)	(-3.22)	(-3.05)	(1.24)	(0.60)	(0.87)	(1.20)	(0.70)	(2.52)
政府支出	-0.0081***	-0.0089***	-0.0072***	-0.0028**	-0.0055***	-0.0058***	0.0016	-0.0012	0.0008
	(-4.45)	(-4.63)	(-3.78)	(-2.13)	(-3.25)	(-4.02)	(1.06)	(-0.86)	(0.49)
贸易规模	0.0002	0.0002	0.0004*	0.0002	0.0003*	0.0003**	-0.0017***	-0.0001	-0.0012***
	(0.61)	(0.99)	(1.74)	(1.14)	(1.78)	(2.05)	(-4.90)	(-0.86)	(-3.86)
通货膨胀	-0.2746***	-0.2615***	-0.2445***	-0.0013*	-0.0013*	-0.0014*	-0.0383***	-0.0272*	-0.0400***
	(-6.32)	(-5.51)	(-5.49)	(-1.86)	(-1.86)	(-1.79)	(-2.75)	(-1.78)	(-2.86)
人口增长率	-0.0103***	-0.0096***	-0.0082**	0.0005	-0.0045	-0.0080*	-0.0075**	-0.0080**	-0.0094***
	(-2.81)	(-2.68)	(-2.37)	(0.20)	(-1.45)	(-1.99)	(-2.16)	(-2.14)	(-2.71)
金融发展	-0.0001	-0.0000	-0.0000	-0.0004***	-0.0003	-0.0005***	0.0005	0.0010**	0.0009*
	(-1.17)	(-0.51)	(-0.27)	(-2.60)	(-1.54)	(-2.69)	(0.95)	(2.06)	(1.81)
民主程度	-0.0014	0.001	0.0031	0.0007	0.0008*	0.0004	0.0021***	-0.0001	0.0019***
	(-0.24)	(0.20)	(0.70)	(1.53)	(1.66)	(0.80)	(3.10)	(-0.10)	(2.78)

续　表

	发达国家			新兴经济体			其他发展中国家		
	(1)	(2)	(3)	(4)	(5)	(6)	(7)	(8)	(9)
法定开放度	-0.0029	-0.0012	-0.0027	-0.0018	0.0018	0.0058*	0.0012	0.0018	0.0039
	(-1.61)	(-0.65)	(-1.43)	(-0.72)	(0.70)	(1.84)	(0.43)	(0.67)	(1.39)
FDI负债	-0.0079			0.0912***			0.1717***		
	(-0.36)			(3.78)			(3.25)		
股权负债		-0.0111*			-0.0736			0.0813	
		(-1.68)			(-1.00)			(0.41)	
债务负债			-0.0101**			0.0721***			0.0121
			(-2.28)			(3.68)			(1.08)
观测值	526	515	526	482	482	482	680	601	679
DWH	0.47	0.01	0.43	0.03	0.01	0.00	0.00	0.65	0.06
KP LM	[0.00]	[0.00]	[0.00]	[0.00]	[0.00]	[0.00]	[0.00]	[0.00]	[0.00]
KP Wald F	6.01+	15.51**	14.03**	46.69**	13.07**	28.36**	9.77*	7.51+	9.30+
Hansen J	[0.23]	[0.59]	[0.73]	[0.18]	[0.13]	[0.53]	[0.28]	[0.22]	[0.21]

注：（ ）内为对应系数的 t 值，[ ]内为对应检验的 p 值。+、*、**、*** 分别表示在 20%、10%、5%、1% 水平上显著。所有系数估计及参数检验均由 STATA11 完成。

附表 2(a)　发达经济体短期国际资本流动对股票价格的面板回归

	(1)混合 OLS	(2)随机效应模型	(3)固定效应模型	(4)固定效应2SLS
$finflow$	0.3650	0.0627**	0.0656**	0.0681*
	(0.227)	(0.0320)	(0.0319)	(0.0355)
IR	−0.0496*	−0.0290***	−0.0290***	−0.0180**
	(0.0260)	(0.0071)	(0.0071)	(0.0080)
$\ln MS$	0.7860***	0.3520***	0.7860***	0.7860***
	(0.0216)	(0.0342)	(0.0356)	(0.0417)
$\ln RE$	0.3250***	−0.0113	0.3250***	0.3250***
	(0.0180)	(0.0573)	(0.0624)	(0.0738)
g	0.0526***	0.0200***	0.0200***	0.0200***
	(0.0089)	(0.0018)	(0.0018)	(0.0019)
INF	−0.0178	0.0137***	0.0137***	0.0137***
	(0.0189)	(0.0036)	(0.0036)	(0.0034)
IRA	0.0755***	0.0954***	0.0954***	0.0954***
	(0.0243)	(0.0054)	(0.0054)	(0.0061)
VIX	0.0013	−0.0033***	−0.0031***	−0.0031***
	(0.0053)	(0.0008)	(0.0008)	(0.0009)
常数	5.4890***	2.7000***	2.2250***	
	(0.1670)	(0.3610)	(0.2530)	
Obs	1068	1068	1068	1020
R^2	0.2330	0.5280	0.5290	0.5190
Hausman			0.0030	
D-M				0.0423
K-P rk LM				0.0000
Hansen J				0.2357

　　注：***、**、*分别表示在1%、5%、10%下的显著性水平，()表示稳健标准误。Hausman 检验、D−M 检验、K−P rk LM 检验、Hansen J 检验显示的是 P 值。D−M 检验结果表明存在内生性；K−P rk LM 检验表明工具变量设置合理；K−P rk Wald F 检验表明无弱工具变量问题；Hansen J 检验表明所有工具变量均有效。

附表 2(b)　发展中经济体短期国际资本流动对股票价格的面板回归

	(1)混合 OLS	(2)随机效应模型	(3)固定效应模型	(4)固定效应 2SLS
finflow	0.4350	0.8770***	0.8770***	0.8770***
	(0.4020)	(0.1310)	(0.1310)	(0.1420)
IR	0.1280***	−0.0112**	−0.0123**	−0.0123**
	(0.0168)	(0.0048)	(0.0048)	(0.0063)
ln*MS*	0.1890***	0.6920***	0.7010***	0.7010***
	(0.0378)	(0.0363)	(0.0365)	(0.0457)
ln*RE*	−0.1320***	0.1770***	0.1770***	0.1950***
	(0.0154)	(0.0292)	(0.0300)	(0.0481)
g	0.0189	0.0324***	0.0326***	0.0314***
	(0.0135)	(0.0032)	(0.0032)	(0.0047)
INF	−0.0621***	0.0189***	0.0189***	0.0178***
	(0.0091)	(0.0024)	(0.0024)	(0.0042)
IRA	−0.0541**	0.0458***	0.0494***	0.0434***
	(0.0267)	(0.0087)	(0.0088)	(0.0098)
VIX	−0.0143***	−0.0026**	−0.0026**	−0.0030**
	(0.0052)	(0.0012)	(0.0012)	(0.0014)
常数	7.7980***	3.9340***	3.9340***	
	(0.2670)	(0.3930)	(0.2380)	
Obs	1045	1045	1045	986
R^2	0.1690	0.4640	0.4650	0.4410
Hausman			0.0089	
D-M				0.0038
K-P rk LM				0.0000
Hansen J				0.4232

注:***、**、*分别表示在 1%、5%、10% 下的显著性水平,()表示稳健标准误。Hausman 检验、D−M 检验、K−P rk LM 检验、Hansen J 检验显示的是 P 值。D−M 检验结果表明存在内生性;K−P rk LM 检验表明工具变量设置合理;K−P rk Wald F 检验表明无弱工具变量问题;Hansen J 检验表明所有工具变量均有效。

附表 3　五年均值检验

	发达国家				新兴经济体				其他发展中国家			
	(1)	(2)	(3)	(4)	(5)	(6)	(7)	(8)	(9)	(10)	(11)	(12)
TFP初始值	-0.1262***	-0.1489***	-0.1086***	-0.1396***	-0.1649***	-0.1834***	-0.1578***	-0.1515***	-0.1315***	-0.1453***	-0.1418***	-0.1319***
	(-4.40)	(-5.21)	(-3.39)	(-4.86)	(-5.79)	(-5.74)	(-5.13)	(-5.32)	(-4.18)	(-4.70)	(-4.31)	(-4.15)
教育年份	0.0004	0.0012	-0.0002	0.0011	0.0117**	0.0117**	0.0145***	0.0135***	-0.0033	-0.0042	-0.006	-0.0041
	(0.11)	(0.35)	(-0.06)	(0.30)	(2.34)	(2.18)	(2.65)	(2.74)	(-0.49)	(-0.64)	(-0.88)	(-0.60)
生命预期	-0.0033**	-0.0031**	-0.0041***	-0.0031**	-0.0008	-0.001	-0.0008	-0.0008	0.0022***	0.0020***	0.0026***	0.0024***
	(-2.33)	(-2.19)	(-2.72)	(-2.17)	(-1.09)	(-1.33)	(-1.09)	(-1.11)	(3.67)	(3.38)	(4.42)	(3.99)
政府支出	-0.0072***	-0.0077***	-0.0070***	-0.0075***	-0.0035**	-0.0038***	-0.0039***	-0.0036***	-0.0018*	-0.0014	-0.0016	-0.0017*
	(-3.76)	(-4.01)	(-3.53)	(-3.89)	(-2.72)	(-2.83)	(-2.72)	(-2.80)	(-1.79)	(-1.43)	(-1.58)	(-1.75)
贸易规模	0.0007***	0.0007***	0.0006***	0.0007***	-0.0000	0.0000	0.0001	0.0001	-0.0002	-0.0002*	-0.0001	-0.0001
	(4.95)	(4.85)	(4.35)	(4.66)	(-0.08)	(0.06)	(1.01)	(0.86)	(-1.25)	(-1.70)	(-0.84)	(-1.01)
通货膨胀	-0.2263***	-0.2360***	-0.2471***	-0.2247***	0.0002	0.0004	0.0005	0.0002	-0.0011	-0.0011	-0.0015	-0.0012
	(-4.68)	(-4.86)	(-4.76)	(-4.57)	(0.24)	(0.52)	(0.68)	(0.24)	(-0.95)	(-1.01)	(-1.31)	(-1.07)
人口增长率	-0.0036	-0.0038	-0.0042	-0.0044	0.0005	-0.0004	0.0002	0.0006	0.0021	-0.0001	-0.0001	0.0015
	(-0.82)	(-0.89)	(-0.93)	(-1.00)	(0.14)	(-0.11)	(0.05)	(0.17)	(0.40)	(-0.02)	(-0.03)	(0.29)
金融发展	-0.0002***	-0.0002***	-0.0002***	-0.0002***	-0.0003***	-0.0004***	-0.0004***	-0.0003***	0.0005*	0.0001	0.0002	0.0005
	(-3.91)	(-3.97)	(-4.21)	(-3.84)	(-3.39)	(-3.49)	(-3.95)	(-3.41)	(1.72)	(0.56)	(0.76)	(1.64)
民主程度	0.0033	-0.0007	0.0051	0.0029	0.0002	0.0004	0.0003	0.0001	0.0005	0.0006	0.0002	0.0004
	(0.70)	(-0.16)	(0.70)	(0.61)	(0.37)	(0.88)	(0.63)	(0.17)	(0.88)	(1.06)	(0.39)	(0.71)
法定开放度	-0.0028	-0.0026	-0.0024	-0.0023	0.0012	-0.0001	0.0005	0.0018	0.0036	0.0027	0.0044*	0.004
	(-1.33)	(-1.23)	(-1.11)	(-1.09)	(0.57)	(-0.03)	(0.22)	(0.90)	(1.41)	(1.06)	(1.69)	(1.55)
国外总负债	-0.0069***				0.0227***				0.0183***			
	(-3.17)				(3.73)				(4.15)			
FDI负债		-0.0325***				0.0537**				0.0867***		
		(-3.03)				(2.29)				(4.30)		

续　表

	发达国家				新兴经济体				其他发展中国家			
	(1)	(2)	(3)	(4)	(5)	(6)	(7)	(8)	(9)	(10)	(11)	(12)
股权负债			-0.0131** (-2.43)				0.0232 (0.48)				0.0329 (0.11)	
债务负债				-0.0118*** (-2.75)				0.0277*** (3.69)				0.0163*** (3.39)
常数项	1.3757*** (22.50)	1.4206*** (11.32)	1.4064*** (11.74)	1.3808*** (10.15)	1.1610*** (11.18)	1.1977*** (20.95)	1.1702*** (20.29)	1.1482*** (19.54)	0.9751*** (20.58)	1.0013*** (22.79)	0.9775*** (23.24)	0.9711*** (22.18)
观测值	106	106	103	106	114	114	114	114	187	187	187	187
R²	0.6403	0.6366	0.6152	0.6293	0.4768	0.4255	0.391	0.4754	0.2645	0.2871	0.2421	0.2525
个体效应 F	4.36	4.2224	3.9161	4.1313	3.7444	3.5726	3.683	4.1387	1.3768	1.778	1.7705	1.4025

注:() 内为对应系数的 t 值。*、**、*** 分别表示在 10%、5%、1% 水平上显著。所有系数估计及检验均借助 STATA11 完成。